U0652661

梁启超 章太炎 朱自清 著

San Dashi Tan GuoXue
Cong Liang Qichao Dao Zhu Ziqing

三大师谈國學

从梁启超到朱自清

内蒙古科学技术出版社

目　录

1

梁启超·清代学术概论

自　序

（一）吾著此篇之动机有二。其一，胡适语我：晚清"今文学运动"，于思想界影响至大，吾子实躬与其役者，宜有以纪之。其二，蒋方震著《欧洲文艺复兴时代史》新成，索余序，吾觉泛泛为一序，无以益其善美，计不如取吾史中类似之时代相印证焉，庶可以校彼我之短长而自淬厉也。乃与约，作此文以代序。既而下笔不能自休，遂成数万言，篇幅几与原书埒。天下古今，固无此等序文。脱稿后，只得对于蒋书宣告独立矣。

（二）余于十八年前 [①]，尝著《中国学术思想变迁之大势》，刊于《新民丛报》，其第八章论清代学术，章末结论云：

此二百余年间总可命为中国之"文艺复兴时代" [②]，特其兴

[①]　据《新民丛报》，《中国学术思想变迁之大势》第八、九二章，即题作《近世之学术（起明亡以迄今日）》的第三节，刊出时间为 1904 年。以下引文三段，均见于此二章，故"十八年前"说不确，当作"十六年前"。

[②]　《新民丛报》原刊作"古学复兴时代"。

3

也，渐而非顿耳。然固俨然若一有机体之发达，至今日而葱葱郁郁，有方春之气焉。吾于我思想界之前途，抱无穷希望也。

又云：

有清学者，以实事求是为学鹄，饶有科学的精神，而更辅以分业的组织。

又云：

有清二百余年之学术，实取前此二千余年之学术，倒卷而缫演之，如剥春笋，愈剥而愈近里；如啖甘蔗，愈啖而愈有味；不可谓非一奇异之现象也。此现象谁造之？曰：社会周遭种种因缘造之。

余今日之根本观念，与十八年前无大异同。惟局部的观察，今视昔似较为精密。

且当时多有为而发之言，其结论往往流于偏至。——故今全行改作，采旧文者十一二而已。

（三）有清一代学术，可纪者不少，其卓然成一潮流，带有时代运动的色彩者，在前半期为"考证学"，在后半期为"今文学"，而今文学又实从考证学衍生而来。故本篇所记述，以此两潮流为主，其他则附庸耳。

（四）"今文学"之运动，鄙人实为其一员，不容不叙及。本篇纯以超然客观之精神论列之，即以现在执笔之另一梁启超，批评

4

三十年来史料上之梁启超也。其批评正当与否，吾不敢知。吾惟对于史料上之梁启超力求忠实，亦如对于史料上之他人之力求忠实而已矣。

（五）篇中对于平生所极崇拜之先辈，与夫极尊敬之师友，皆直书其名，不用别号，从质家言，冀省读者脑力而已。

（六）自属稿至脱稿，费十五日，稿成即以寄《改造杂志》应期出版，更无余裕复勘，舛漏当甚多，惟读者教之。

民国九年十月十四日　启超识

第二自序

（一）此书成后，友人中先读其原稿者数辈，而蒋方震、林志钧、胡适三君，各有所是正，乃采其说增加三节，改正数十处。三君之说，不复具引。非敢掠美，为行文避枝蔓而已。丁敬礼所谓"后世谁相知定吾文者耶"；谨记此以志谢三君。

（二）久抱著《中国学术史》之志，迁延未成。此书既脱稿，诸朋好益相督责，谓当将清代以前学术一并论述，庶可为向学之士省精力，亦可唤起学问上兴味也。于是决意为之，分为五部：其一，先秦学术；其二，两汉六朝经学及魏晋玄学；其三，隋唐佛学；其四，宋明理学；其五，则清学也。今所从事者则佛学之部，名曰《中国佛学史》，草创正半。欲以一年内成此五部，能否未敢知，勉自策厉而已。故此书遂题为"中国学术史第五种"。

（三）本书属稿之始，本为他书作序，非独立著一书也，故其体例不自惬者甚多。既已成编，既复怠于改作，故不名曰《清代学术史》，而名曰《清代学术概论》，因著史不能若是之简陋也。五部完成后，当更改之耳。

民国九年十一月二十九日　启超记

一　论时代思潮

今之恒言，曰"时代思潮"。此其语最妙于形容。凡文化发展之国，其国民于一时期中，因环境之变迁，与夫心理之感召，不期而思想之进路，同趋于一方向，于是相与呼应汹涌，如潮然。始焉其势甚微，几莫之觉；寖假而涨——涨——涨，而达于满度；过时焉则落，以渐至于衰熄。凡"思"非皆能成"潮"；能成"潮"者，则其"思"必有相当之价值，而又适合于其时代之要求者也。凡"时代"非皆有"思潮"；有思潮之时代，必文化昂进之时代也。其在我国，自秦以后，确能成为时代思潮者，则汉之经学，隋唐之佛学，宋及明之理学，清之考证学，四者而已。

凡时代思潮，无不由"继续的群众运动"而成。所谓运动者，非必有意识、有计划、有组织，不能分为谁主动、谁被动。其参加运动之人员，每各不相谋，各不相知。其从事运动时所任之职役，各个不同。所采之手段亦互异。于同一运动之下，往往分无数小支派，甚且相嫉视相排击。虽然，其中必有一种或数种之共通观念焉，同根据之为思想之出发点。此种观念之势力，初时本甚微弱，愈运动则愈扩大，久之则成为一种权威。此观念者，在其时代中，俨然现"宗教之色彩"。一部分人，以宣传捍卫为己任，常以极纯洁之牺牲的精神赴之。及其权威渐立，则在社会上成为一种共公之好尚，忘其所以然，而共以此为嗜，若此者，今之译语，谓之"流行"；古之成语，则曰"风气"。风气者，一时的信仰也，人鲜敢婴之，亦不乐婴之，其性质几比宗教矣。一思潮播为风气，则其成熟之时也。

佛说一切流转相，例分四期，曰：生、住、异、灭。思潮之流转也正然，例分四期：一、启蒙期（生），二、全盛期（住），三、蜕分期（异），四、衰落期（灭）。无论何国何时代之思潮，其发展变迁，多循斯轨。

启蒙期者，对于旧思潮初起反动之期也。旧思潮经全盛之后，如果至极熟而致烂，如血之凝固而成瘀，则反动不得不起。反动者，凡以求建设新思潮也。然建设必先之以破坏，故此期之重要人物，其精力皆用于破坏，而建设盖有所未遑。所谓未遑者，非搁置之谓。其建设之主要精神，在此期间必已孕育，如史家所谓"开国规模"者然。虽然，其条理未确立，其研究方法正在间错试验中，弃取未定，故此期之著作，恒驳而不纯，但在淆乱粗糙之中，自有一种元气淋漓之象。此启蒙期之特色也，当佛说所谓"生"相。

于是进为全盛期。破坏事业已告终，旧思潮屏息慑伏，不复能抗颜行，更无须攻击防卫以糜精力。而经前期酝酿培灌之结果，思想内容，日以充实；研究方法，亦日以精密。门户堂奥，次第建树，继长增高，"宗庙之美，百官之富"，粲然矣。一世才智之士，以此为好尚，相与淬厉精进；阘冗者犹希声附和，以不获厕于其林为耻。此全盛期之特色也，当佛说所谓"住"相。

更进则入于蜕分期。境界国土，为前期人士开辟殆尽，然学者之聪明才力，终不能无所用也，只得取局部问题，为"窄而深"的研究，或取其研究方法，应用之于别方面，于是派中小派出焉。而其时之环境，必有已异乎前；晚出之派，进取气较盛，易与环境顺应，故往往以附庸蔚为大国，则新衍之别派与旧传之正统派成对峙之形势，或且骎骎乎夺其席。此蜕分期之特色也，当佛说所谓"异"相。

过此以往，则衰落期至焉。凡一学派当全盛之后，社会中希附末光者日众，陈陈相因，固已可厌。其时此派中精要之义，则先辈已浚发无余，承其流者，不过捃摭末节以弄诡辩。且支派分裂，排轧随之，益自暴露其缺点。环境既已变易，社会需要，别转一方向，而犹欲以全盛期之权威临之，则稍有志者必不乐受，而豪杰之士，欲创新必先推旧，遂以彼为破坏之目标。于是入于第二思潮之启蒙期，而此思潮遂告终焉。此衰落期无可逃避之运命，当佛说所谓"灭"相。

吾观中外古今之所谓"思潮"者，皆循此历程以递相流转，而有清三百年，则其最切著之例证也。

二　略论"清代思潮"

　　"清代思潮"果何物耶？简单言之：则对于宋明理学之一大反动，而以"复古"为其职志者也。其动机及其内容，皆与欧洲之"文艺复兴"绝相类。而欧洲当"文艺复兴期"经过以后所发生之新影响，则我国今日正见端焉。其盛衰之迹，恰如前节所论之四期。

　　其启蒙运动之代表人物，则顾炎武、胡渭、阎若璩也。其时正值晚明王学极盛而敝之后，学者习于"束书不观，游谈无根"，理学家不复能系社会之信仰。炎武等乃起而矫之，大倡"舍经学无理学"之说，教学者脱宋明儒羁勒，直接反求之于古经。而若璩辨伪经，唤起"求真"观念；渭攻"河洛"，扫架空说之根据，于是清学之规模立焉。同时对于明学之反动，尚有数种方向。其一，颜元、李塨一派，谓"学问固不当求诸瞑想，亦不当求诸书册，惟当于日常行事中求之"。而刘献廷以孤往之姿，其得力处亦略近于此派。其二，黄宗羲、万斯同一派，以史学为根据，而推之于当世之务。顾炎武所学，本亦具此精神。而黄、万辈规模之大不逮顾，故专向此一方面发展。同时顾祖禹之学，亦大略同一径路。其后则衍为全祖望、章学诚等，于清学为别派。其三，王锡阐、梅文鼎一派，专治天算，开自然科学之端绪焉。此诸派者，其研究学问之方法，皆与明儒根本差异。除颜、李一派中绝外，其余皆有传于后。而顾、阎、胡尤为正统派不祧之大宗。其犹为旧学（理学）坚守残垒、效死勿去者，则有孙奇逢、李中孚①、陆世仪等，而其学风已由明而渐返于宋。即诸新学家，其思想中，留宋人之痕迹犹不少。故此期之复古，可谓由明以复于宋，且渐复于汉、唐。

其全盛运动之代表人物，则惠栋、戴震、段玉裁、王念孙、王引之也，吾名之曰正统派。试举启蒙派与正统派相异之点：一、启蒙派对于宋学，一部分猛烈攻击，而仍因袭其一部分；正统派则自固壁垒，将宋学置之不议不论之列。二、启蒙派抱通经致用之观念，故喜言成败得失经世之务；正统派则为考证而考证，为经学而治经学。正统派之中坚，在皖与吴。开吴者惠，开皖者戴。惠栋受学于其父士奇，其弟子有江声、余萧客，而王鸣盛、钱大昕、汪中、刘台拱、江藩等皆汲其流。戴震受学于江永，亦事栋以先辈礼。震之在乡里，衍其学者，有金榜、程瑶田、凌廷堪、三胡——匡衷、培翚、春乔②——等。其教于京师，弟子之显者，有任大椿、卢文弨、孔广森、段玉裁、王念孙。念孙以授其子引之。玉裁、念孙、引之最能光大震学，世称戴、段、二王焉。其实清儒最恶立门户，不喜以师弟相标榜。凡诸大师皆交相师友，更无派别可言也。惠、戴齐名，而惠尊闻好博，戴深刻断制。惠仅"述者"，而戴则"作者"也。受其学者，成就之大小亦因以异，故正统派之盟主必推戴。当时学者承流向风各有建树者，不可数计，而纪昀、

①　李中孚，李颙号。本书凡论及清代学者，均称名；此称号，当正。下同。

②　春乔，胡秉虔号。

讀書不求甚解

鼓琴足以自娛

忠敘先生清賞

段玉裁

段玉裁　篆书

王昶、毕沅、阮元辈，皆处贵要，倾心宗尚，隐若护法，于是兹派称全盛焉。其治学根本方法，在"实事求是""无征不信"。其研究范围，以经学为中心，而衍及小学、音韵、史学、天算、水地、典章制度、金石、校勘、辑佚等等；而引证取材，多极于两汉，故亦有"汉学"之目。当斯时也，学风殆统于一。启蒙期之宋学残绪，亦莫能续，仅有所谓古文家者，假"因文见道"之名，欲承其桃，时与汉学为难，然志力两薄，不足以张其军。

其蜕分期运动之代表人物，则康有为、梁启超也。当正统派全盛时，学者以专经为尚，于是有庄存与，始治《春秋公羊传》有心得，而刘逢禄、龚自珍最能传其学。《公羊传》者，"今文学"也。东汉时，本有今文古文之争，甚烈。《诗》之"毛传"，《春秋》之"左传"，及《周官》，皆晚出，称古文，学者不信之。至汉末而古文学乃盛。自阎若璩攻《伪古文尚书》得胜，渐开学者疑经之风。于是刘逢禄大疑《春秋左氏传》，魏源大疑《诗毛氏传》。若《周官》，则宋以来固多疑之矣。康有为乃综集诸家说，严划今古文分野，谓凡东汉晚出之古文经传，皆刘歆所伪造。正统派所最尊崇之许、郑，皆在所排击。则所谓复古者，由东汉以复于西汉。有为又宗公羊，立"孔子改制"说，谓六经皆孔子所作，尧舜皆孔子依托，而先秦诸子，亦罔不"托古改制"。实极大胆之论，对于数千年经籍谋一突飞的大解放，以开自由研究之门。其弟子最著者，陈千秋、梁启超。千秋早卒。启超以教授著述，大弘其学。然启超与正统派因缘较深，时时不慊于其师之武断，故末流多有异同。有为、启超皆抱启蒙期"致用"的观念，借经术以文饰其政论，颇失"为经学而治经学"之本意，故其业不昌，而转成为欧西思想输入之导引。

清学之蜕分期，同时即其衰落期也。顾、阎、胡、惠、戴、段、二王诸先辈，非特学识渊粹卓绝，即行谊亦至狷洁。及其学既盛，举国希声附和，浮华之士亦竞趋焉，固已渐为社会所厌。且兹学荦荦诸大端，为前人发挥略尽，后起者率因袭补苴，无复创作精神；即有发明，亦皆末节，汉人所谓"碎义逃难"也。而其人犹自倨贵，俨成一种"学阀"之观。今古文之争起，互相诋诹，缺点益暴露。海通以还，外学输入，学子憬然于竺旧之非计，相率吐弃之，其命运自不能以复久延。然在此期中，犹有一二大师焉，为正统派死守最后之壁垒，曰俞樾，曰孙诒让，皆得流于高邮王氏。樾著书，惟二三种独精绝，余乃类无行之袁枚，亦衰落期之一征也。诒让则有醇无疵，得此后殿，清学有光矣。樾弟子有章炳麟，智过其师，然亦以好谈政治，稍荒厥业。而绩溪诸胡之后有胡适者，亦用清儒方法治学，有正统派遗风。

综观二百余年之学史，其影响及于全思想界者，一言蔽之，曰"以复古为解放"。第一步，复宋之古，对于王学而得解放。第二步，复汉唐之古，对于程朱而得解放。第三步，复西汉之古，对于许郑而得解放。第四步，复先秦之古，对于一切传注而得解放。夫既已复先秦之古，则非至对于孔孟而得解放焉不止矣。然其所以能著著奏解放之效者，则科学的研究精神实启之。今清学固衰落矣，"四时之运，成功者退"，其衰落乃势之必然，亦事之有益者也。无所容其痛惜留恋，惟能将此研究精神转用于他方向，则清学亡而不亡也矣。

略论既竟，今当分说各期。

三　清学的出发点

吾言"清学之出发点，在对于宋明理学一大反动"，夫宋明理学何为而招反动耶？学派上之"主智"与"主意"、"唯物"与"唯心"、"实验"与"冥证"，每迭为循环。大抵甲派至全盛时必有流弊，有流弊斯有反动，而乙派与之代兴。乙派之由盛而弊，而反动亦然。然每经一度之反动再兴，则其派之内容，必革新焉而有以异乎其前。人类德、慧、智、术之所以进化，胥恃此也。此在欧洲三千年学术史中，其大势最著明。我国亦不能违此公例，而明清之交，则其嬗代之迹之尤易见者也。

唐代佛学极昌之后，宋儒采之，以建设一种"儒表佛里"的新哲学，至明而全盛。此派新哲学，在历史上有极大之价值，自无待言。顾吾辈所最慊者，其一，既采取佛说而损益之，何可讳其所自出，而反加以丑诋。其二，所创新派既并非孔孟本来面目，何必附其名而淆其实？是故吾于宋明之学，认其独到且有益之处确不少，但对于其建设表示之形式，不能曲恕，谓其既诬孔，且诬佛，而并以自诬也。明王守仁为兹派晚出之杰，而其中此习气也亦更甚，即如彼所作《朱子晚年定论》，强指不同之朱陆为同，实则自

唐代佛学大师鉴真（688—763）

附于朱，且诬朱从我。此种习气，为思想界之障碍者有二。一曰遏抑创造，一学派既为我所自创，何必依附古人以为重？必依附古人，岂非谓生古人后者，便不应有所创造耶？二曰奖励虚伪，古人之说诚如是，则宗述之可也；并非如是，而以我之所指者实之，此无异指鹿为马，淆乱真相，于学问为不忠实。宋明学之根本缺点在于是。

进而考其思想之本质，则所研究之对象，乃纯在绍绍灵灵不可捉摸之一物。少数俊拔笃挚之士，曷尝不循此道而求得身心安宅？然效之及于世者已鲜，而浮伪之辈，撮拾虚辞以相夸煽，乃甚易易。故晚明"狂禅"一派，至于"满街皆是圣人""酒色财气不碍菩提路"，道德且堕落极矣。重以制科帖括，笼罩天下，学者但习此种影响因袭之谈，便足以取富贵、弋名誉，举国靡然化之，则相率于不学，且无所用心。故晚明理学之弊，恰如欧洲中世纪黑暗时代之景教。其极也，能使人之心思耳目皆闭塞不用，独立创造之精神，消蚀达于零度。夫人类之有"学问欲"，其天性也。"学问饥饿"至于此极，则反动其安得不起？

16

四　顾炎武与清学的"黎明运动"

当此反动期而从事于"黎明运动"者，则昆山顾炎武其第一人也。炎武对于晚明学风，首施猛烈之攻击，而归罪于王守仁。其言曰：

今之君子，聚宾客门人数十百人，与之言心言性。舍"多学而识"以求"一贯"之方，置"四海困穷"不言而讲"危微

顾炎武（1613—1682）

清　叶衍兰　绘

精一"，我弗敢知也。(《亭林文集·答友人论学书》)

又曰：

> 今之学者，偶有所窥，则欲尽废先儒之说而驾其上；不学
> 则借"一贯"之言以文其陋，无行则逃之"性命"之乡以使人
> 不可诘。(《日知录》十八)

又曰：

> 以一人而易天下，其流风至于百有余年之久者，古有之
> 矣，王夷甫之清谈，王介甫之新说；其在于今，则王伯安之良
> 知是也。孟子曰："天下之生久矣，一治一乱。"拨乱世反诸
> 正，岂不在后贤乎！(同上)

凡一新学派初立，对于旧学派，非持绝对严正的攻击态度，不
足以摧故锋而张新军，炎武之排斥晚明学风，其锋芒峻露，大率类
是。自兹以后，王学遂衰熄，清代犹有袭理学以为名高者，则皆自
托于程朱之徒也。虽曰王学末流极敝，使人心厌倦，本有不摧自破
之势，然大声疾呼以促思潮之转捩，则炎武最有力焉。

炎武未尝直攻程朱，根本不承认理学之能独立。其言曰：

> 古今安得别有所谓理学者？经学即理学也。自有舍经学以
> 言理学者，而邪说以起。(全祖望《亭林先生神道表》引)

"经学即理学"一语，则炎武所创学派之新旗帜也。其正当与否，且勿深论。——以吾侪今日眼光观之，此语有两病。其一，以经学代理学，是推翻一偶像而别供一偶像。其二，理学即哲学也，实应离经学而为一独立学科。——虽然，有清一代学术，确在此旗帜之下而获一新生命。昔有非笑六朝经师者，谓"宁说周、孔误，不言郑、服非"。宋、元、明以来谈理学者亦然，宁得罪孔、孟，不敢议周、程、张、邵、朱、陆、王。有议之者，几如在专制君主治下犯"大不敬"律也。而所谓理学家者，盖俨然成一最尊贵之学阀而奴视群学。自炎武此说出，而此学阀之神圣，忽为革命军所粉碎，此实四五百年来思想界之一大解放也。

凡启蒙时代之大学者，其造诣不必极精深，但常规定研究之范围，创革研究之方法，而以新锐之精神贯注之。顾炎武之在"清学派"，即其人也。炎武著述，其有统系的组织而手定成书者，惟《音学五书》耳。其《天下郡国利病书》《肇域志》，造端宏大，仅有长编，未为定稿。《日知录》为生平精力所集注，则又笔记备忘之类耳。自余遗书尚十数种，皆明单义，并非巨裁。然则炎武所以能当一代开派宗师之名者何在？则在其能建设研究之方法而已。约举有三。

一曰贵创。炎武之言曰："有明一代之人，其所著书，无非窃盗而已。"（《日知录》十八）其论著书之难，曰："必古人所未及就，后世之所不可无，而后为之。"（《日知录》十九）其《日知录》自序云："愚自少读书，有所得辄记之。其有不合，时复改定。或古人先我而有者，则遂削之。"故凡炎武所著书，可决其无一语蹈袭古人。其论文也亦然，曰："近代文章之病，全在摹仿，即使逼肖古人，已非极诣。"（《日知录》十九）又曰："君诗之病在于有杜，君文之病在于有韩欧。有此蹊径于胸中，便终身不脱'依傍'二字。"（《亭林文集·与人书十七》）观此知摹仿依傍，炎武所最恶也。

二曰博证。《四库全书》"日知录提要"云："炎武学有本原，博赡而能贯通。每一事必详其始末，参以证佐，而后笔之于书，故引据浩繁，而牴牾者少。"此语最能传炎武治学法门。全祖望云："凡先生之游，载书自随。所至阨塞，即呼老兵退卒询其曲折，或与平日所闻不合，即发书而对勘之。"（《鲒埼亭集·亭林先生神道表》）盖炎武研学之要诀在是。论一事必举证，尤不以孤证自足，必取之甚博，证备然后自表其所信。其自述治音韵之学也，曰："……列本证、旁证二条。本证者，诗自相证也。旁证者采之他书也。二者俱无，则宛转以审其音，参伍以谐其韵。"（《音论》）此所用者，皆近世科学的研究法。乾嘉以还，学者固所共习，在当时则炎武所自创也。

三曰致用。炎武之言曰："孔子删述六经，即伊尹、太公救民水火之心，故曰：'载诸空言，不如见诸行事。'……愚不揣，有见于此，凡文之不关于六经之指、当时之务者，一切不为。"（《亭林文集·与人书三》）彼诚能践其言。其终身所撰著，盖不越此范围。其所谓"用"者，果真为有用与否，此属别问题。要之，其标"实用主义"以为鹄，务使学问与社会之关系增加密度，此实对于晚明之帖括派、清谈派施一大针砭。清代儒者以朴学自命以示别于文人，实炎武启之。最近数十年以经术而影响于政体，亦远绍炎武之精神也。

五　阎若璩和胡渭

汪中尝拟为《国朝六儒颂》，其人则昆山顾炎武、德清胡渭、宣城梅文鼎、太原阎若璩、元和惠栋、休宁戴震也。其言曰：

> 古学之兴也，顾氏始开其端。河洛矫诬，至胡氏而绌。中西推步，至梅氏而精。力攻古文者，阎氏也。专言汉儒《易》者，惠氏也。凡此皆千余年不传之绝学，及戴氏出而集其成焉。（凌廷堪《校礼堂集》"汪容甫墓志铭"）

其所推挹盖甚当，六君者洵清儒之魁也。然语于思想界影响之巨，则吾于顾、戴之外，独推阎、胡。

阎若璩之所以伟大，在其《尚书古文疏证》也。胡渭之所以伟大，在其《易图明辨》也。汪中则既言之矣。夫此两书所研究者，皆不过局部问题，曷为能影响于思想界之全部？且其书又不免漏略芜杂，为后人所纠者不少。——阮元辑《学海堂经解》，两书皆摈不录。——曷为推尊之如是其至？吾固有说。

《尚书古文疏证》，专辨东晋晚出之《古文尚书》十六篇、及同时出现之孔安国《尚书传》皆为伪书也。此书之伪，自宋朱熹、元吴澄以来，既有疑之者；顾虽积疑，然有所惮而莫敢断；自若璩此书出而谳乃定。夫辨十数篇之伪书，则何关轻重？殊不知此伪书者，千余年来，举国学子人人习之，七八岁便都上口，心目中恒视为神圣不可侵犯；历代帝王，经筵日讲，临轩发策，咸所依据尊尚。毅然悍然辞而辟之，非天下之大勇，固不能矣。自汉武帝表章六艺、罢黜百家以来，国人之对于六经，只许征引，只许解释，不许批评研究。韩愈所谓"曾经圣人手，议论安敢到"，若对于经文之一字一句稍涉疑议，便自觉陷于"非圣无法"，蹙然不自安于其良心，非特畏法网、惮清议而已。凡事物之含有宗教性者，例不许作为学问上研究之问题。一作为问题，其神圣之地位固已摇动矣！今不唯成为问题而已，而研究之结果，乃知畴昔所共奉为神圣者，其中一部分实粪土也，则人心之受刺激起惊愕而生变化，宜何如者？盖自兹以往，而一切经文，皆可以成为研究之问题矣。再进一步，而一切经义，皆可以成为研究之问题矣。以旧学家眼光观之，直可指为人心世道之忧。——当时毛奇龄著《古文尚书冤词》以难阎，自比于抑洪水驱猛兽。光绪间有洪良品者，犹著书数十万言，欲翻阎案，意亦同此。——以吾侪今日之眼光观之，则诚思想界之一大解放。后此今古文经对待研究，成为问题；六经诸子对待研究，成为问题；中国经典与外国宗教哲学诸书对待研究，成为问题；其最初之动机，实发于此。

胡渭之《易图明辨》，大旨辨宋以来所谓《河图》《洛书》者，传自邵雍。雍受诸李之才，之才受诸道士陈抟，非羲、文、周、孔所有，与《易》亦无关。此似更属一局部之小问题，吾辈何故认为与阎书有同等之价值耶？须知所谓"无极""太极"，所谓《河图》

《洛书》，实组织"宋学"之主要根核。宋儒言理，言气，言数，言命，言心，言性，无不从此衍出。周敦颐自谓"得不传之学于遗经"，程朱辈祖述之，谓为道统所攸寄，于是占领思想界五六百年，其权威几与经典相埒。渭之此书，以《易》还诸羲、文、周、孔，以《图》还诸陈、邵，并不为过情之抨击，而宋学已受"致命伤"。自此，学者乃知宋学自宋学，孔学自孔学，离之双美，合之两伤（此胡氏自序中语）。自此，学者乃知欲求孔子所谓真理，舍宋人所用方法外，尚别有其途。不宁唯是，我国人好以"阴阳五行"说经说理，不自宋始，盖汉以来已然。一切惑世诬民汩灵窒智之邪说邪术，皆缘附而起。胡氏此书，乃将此等异说之来历，和盘托出，使其不复能依附经训以自重，此实思想之一大革命也。

欧洲十九世纪中叶，英人达尔文之《种源论》，法人雷能之《耶稣基督传》，先后两年出版，而全欧思想界为之大摇，基督教所受影响尤剧。夫达尔文自发表其生物学上之见解，于教宗何钦？然而被其影响者，教义之立脚点破也。雷能之传，极推挹基督，然反损其信仰者，基督从来不成为学问上之问题，自此遂成为问题也。明乎此间消息，则阎、胡两君之书，在中国学术史上之价值，可以推见矣。

若论清学界最初之革命者，尚有毛奇龄其人。其所著《河图原舜篇》《太极图说遗议》等，皆在胡渭前；后此清儒所治诸学，彼亦多引其绪。但其言古音则诋顾炎武，言《尚书》则诋阎若璩，故汉学家祧之不宗焉。全祖望为《毛西河别传》，谓"其所著书，有造为典故以欺人者，有造为师承以示人有本者，有前人之误已经辨正、尚袭其误而不知者，有信口臆说者，有不考古而妄言者，有前人之言本有出而妄斥为无稽者，有改古书以就己者"。祖望于此诸项，每项举一条为例，更著有《萧山毛氏纠缪》十卷。平心论之，毛氏在启蒙期，不失为一冲锋陷阵之猛将，但于"学者的道德"缺焉，后儒不宗之，宜耳。

同时有姚际恒者，其怀疑精神极炽烈，疑《古文尚书》，疑《周礼》，疑《诗序》，乃至疑《孝经》，疑《易传》十翼。其所著"诸经通论"未之见，但其《古今伪书考》，列举经史子部疑伪之书共数十种，中固多精凿之论也。

六　黄宗羲和王夫之

吾于清初大师，最尊顾、黄、王、颜，皆明学反动所产也。顾为正统派所自出，前既论列，今当继述三子者。

余姚黄宗羲，少受学于刘宗周，纯然明学也。中年以后，方向一变，其言曰："明人讲学，袭语录糟粕，不以六经为根柢，束书而从事于游谈，更滋流弊，故学者必先穷经。然拘执经术，不适于用，欲免迂儒，必兼读史。"（《清史·黄宗羲传》）又曰："读书不

黄宗羲（1610—1695）
清　叶衍兰　绘

多，无以证理之变化。多而不求于心，则为俗学。"（全祖望《鲒埼亭集·黄梨洲先生神道碑》）大抵清代经学之祖推炎武，其史学之祖当推宗羲。所著《明儒学案》，中国之有"学术史"，自此始也。又好治天算，著书八种。全祖望谓"梅文鼎本《周髀》言天文，世惊为不传之秘，而不知宗羲实开之"。其《律吕新义》，开乐律研究之绪。其《易学象数论》，与胡渭《易图明辨》互相发明。其《授书随笔》，则答阎若璩问也。故阎、胡之学，皆受宗羲影响。其他学亦称是。

清初之儒，皆讲"致用"，所谓"经世之务"是也。宗羲以史学为根柢，故言之尤辩。其最有影响于近代思想者，则《明夷待访录》也，其言曰：

> 后之为君者，以天下之利尽归于己，天下之害尽归于人。……使天下之人，不敢自私，不敢自利，以我之大私为天下之公。……视天下为莫大之产业，……凡天下之无地而得安宁者，为有君也。……天下之人，怨恶其君，视之为寇仇，名之为独夫，固其所也。而小儒规规焉以君臣之义无所逃于天地之间，至桀纣之暴犹谓不当诛。……欲以如父如天之空名，禁人窥伺。(《原君》)

又曰：

> 后之人主，既得天下，唯恐其子孙之不能保有也，思患于未然而为之法。然则其所谓法者，一家之法，而非天下之法也。……夫非法之法，前王不胜其利欲之私以创之，后王或不

胜其利欲之私以坏之，坏之者固足以害天下，其创之者亦未始
非害天下也。……论者谓有治人无治法，吾谓有治法而后有治
人。(《原法》)

此等论调，由今日观之，固甚普通甚肤浅，然在二百六七十年
前，则真极大胆之创论也。故顾炎武见之而叹，谓"三代之治可
复"。而后此梁启超、谭嗣同辈倡民权共和之说，则将其书节钞印
数万本，秘密散布，于晚清思想之骤变，极有力焉。

清代史学极盛于浙，鄞县万斯同最称首出。斯同则宗羲弟子
也。唐以后之史，皆官家设局分修，斯同最非之，谓："官修之史，
仓猝成于众人，犹招市人与谋室中之事。"(钱大昕《潜研堂集·万
季野先生传》)以独力成《明史稿》，论者谓迁、固以后一人而已。
其后斯同同县有全祖望，亦私淑宗羲，言"文献学"者宗焉。会稽
有章学诚，著《文史通义》，学识在刘知几、郑樵上。

衡阳王夫之，生于南荒，学无所师承，且国变后遁迹深山，与
一时士夫不相接，故当时无称之者。然亦
因是戛戛独有所造，其攻王学甚力，尝
曰："'侮圣人之言'，小人之大恶也。……
姚江之学，横拈圣言之近似者，摘一句一
字以为要妙，窜入其禅宗，尤为无忌惮之
至。"(《俟解》)又曰："数传之后，愈徇
迹而忘其真，或以钩考文句，分支配拟为
穷经之能，仅资场屋射覆之用，其偏者以
臆测度，趋入荒杳。"(《中庸补传衍》)遗
书中此类之论甚多，皆感于明学之极敝而

王夫之 (1619—1692)

27

生反动，欲挽明以返诸宋，而于张载之《正蒙》，特推尚焉。其治学方法，已渐开科学研究的精神，尝曰：

> 天下之物理无穷，已精而又有其精者，随时以变，而皆不失于正。但信诸己而即执之，云何得当？况其所为信诸己者，又或因习气，或守一先生之言，而渐渍以为己心乎！（《俟解》）

夫之著书极多，同治间金陵刻本二百八十八卷，犹未逮其半。皆不落"习气"，不"守一先生之言"。其《读通鉴论》《宋论》，往往有新解，为近代学子所喜诵习。尤能为深沉之思以撢绎名理，其《张子正蒙注》《老子衍》《庄子解》，皆覃精之作，盖欲自创一派哲学而未成也。其言"天理即在人欲之中，无人欲则天理亦无从发现"（《正蒙注》），可谓发宋元以来所未发。后此戴震学说，实由兹衍出。故刘献廷极推服之，谓："天地元气，圣贤学脉，仅此一线。"（《广阳杂记》二）其乡后学谭嗣同之思想，受其影响最多，尝曰："五百年来学者，真通天人之故者，船山一人而已。"（《仁学》卷上）尤可注意者，《遗书》目录中，有《相宗络索》及《三藏法师八识规矩论赞》二书（未刻）。在彼时以儒者而知治"唯识宗"，可不谓豪杰之士耶！

王夫之求学过的岳麓书院

七　颜元

　　顾、黄、王、颜，同一"王学"之反动也，而其反动所趋之方向各不同。黄氏始终不非王学，但是正其末流之空疏而已。顾、王两氏黜明存宋，而顾尊考证，王好名理。若颜氏者，则明目张胆以排程、朱、陆、王，而亦菲薄传注考证之学，故所谓"宋学""汉学"者，两皆吐弃，在诸儒中尤为挺拔，而其学卒不显于清世。

　　博野颜元，生于穷乡，育于异姓，饱更忧患，坚苦卓绝。其学有类罗马之"斯多噶派"。其对于旧思想之解放，最为彻底，尝曰：

　　　　立言但论是非，不论异同。是，则一二人之见不可易也。非，则虽千万人所同，不随声也；岂惟千万人，虽百千年同迷之局，我辈亦当以先觉觉后觉，竟不必附和雷同也。（钟錂著《颜习斋言行录·学问篇》）

　　其尊重自己良心，确乎不可拔也如此。其对于宋学，为绝无闪缩之正面攻击，其言曰：

予昔尚有将就程朱，附之圣门支派之意。自一南游，见人人禅子，家家虚文，直与孔门对敌，必破一分程朱，始入一分孔孟，乃定以为孔孟与程朱判然两途，不愿作道统中乡愿矣。（李塨著《颜习斋先生年谱》卷下）

然则元之学之所以异于宋儒者何在耶？其最要之旨曰："习行于身者多，劳枯于心者少。"（《年谱》卷下）彼引申其义曰："人之岁月精神有限，诵说中度一日，便习行中错一日，纸墨上多一分，便身世上少一分。"（《存学编》论讲学）又曰："宋儒如得一路程本，观一处又观一处，自喜为通天下路程，人亦以晓路称之，其实一步未行，一处未到。"（《年谱》卷下）又曰："诸儒之论，在身乎？在世乎？徒纸笔耳。则言之悖于孔孟者坠也，言之不悖于孔孟者亦坠也。"（《习斋纪余·未坠集序》）又曰："譬之于医，有妄人者，止务览医书千百卷，熟读详说，以为予国手矣，视诊脉制药针灸为粗不足学。书日博，识日精，一人倡之，举世效之，岐、黄盈天下，而天下之人病相枕、死相接也。"（《存学编·学辩一》）又曰："为爱静空谈之学久，必至厌事。厌事必至废事，遇事即茫然，故误人才败天下事者宋学也。"（《年谱》卷下）又曰："书本上见，心头上思，可无所不及，而最易自欺欺世。不特无能，其实一无知也。"（《言行录》卷下）其论学宗旨大率类比。

由此观之，元不独不认宋学为学，并不认汉学为学，明矣。元之意，盖谓学问绝不能向书本上或讲堂上求之，惟当于社会日常行事中求之。故其言曰："人之认读者为学者，固非孔子之学；以读书之学解书，并非孔子之书。"（《言行录》卷下）又曰："后儒将博学改为博读博著。"(《年谱》卷下）其所揭橥以为学者，曰《周礼》大司徒之"乡三物"。—— 一、六德，知、仁、圣、义、忠、和；二、六行，孝、友、睦、姻、任、恤；三、六艺，礼、乐、射、御、书、数；而其所实行者尤在六艺。故躬耕、习医、学技击、学兵法、习礼、习乐，其教门人必使之各执一艺。"劳作神圣"之义，元之所最信仰也。其言曰："养身莫善于习动，夙兴夜寐，振起精神，寻事去做。"(《言行录》卷上）曰："生存一日当为生民办事一日。"(《年谱》卷下）质而言之，为做事故求学问，做事即是学问，舍做事外别无学问，此元之根本主义也。以实学代虚学，以动学代静学，以活学代死学，与最近教育新思潮最相合。但其所谓实、所谓动、所谓活者，究竟能免于虚静与死否耶？此则时代为之，未可以今日社会情状绳古人矣。

元弟子最著者，曰李塨，曰王源，皆能实践其教。然元道太刻苦，类墨氏，传者卒稀，非久遂中绝。

八 梅文鼎、顾祖禹和刘献廷

　　我国科学最昌明者，惟天文算法，至清而尤盛。凡治经学者多兼通之。其开山之祖，则宣城梅文鼎也。杭世骏谓："自明万历中利玛窦入中国，制器作图颇精密，……学者张皇过甚，无暇深考中算源流，辄以世传浅术，谓古《九章》尽此，于是薄古法为不足观；而或者株守旧闻，遽斥西人为异学。两家遂成隔阂。鼎集其书而为之说，稍变从我法，若三角比例等，原非中法可该，特为表出；古法方程，亦非西法所有，则专著论以明古人精意。"（杭世骏《道古堂集·梅定九征君传》）文鼎著书八十余种，其精神大率类是，知学问无国界，故无主奴之见。其所创获甚多，自言："吾为此学，皆历最艰苦之后而得简易。……惟求此理大显，绝学不致无传，则死且不憾。"（同上）盖粹然学者态度也。

　　清代地理学亦极盛。然乾嘉以后，率偏于考古，且其发明多属于局部的。以云体大思精，至今盖尚无出无锡顾祖禹《读史方舆纪要》上者。魏禧评之曰："《职方》《广舆》诸书，袭讹踵谬，名实乖错，悉据正史考订折衷之。此数千百年所绝无仅有之书也。……贯穿诸史，出以己所独见，其深思远识，在语言文字之外。"（魏禧

顾祖禹《读史方舆纪要》

《叔子集·读史方舆纪要叙》）祖禹为此书，年二十九始属稿，五十乃成，无一日中辍，自言："舟车所经，必览城郭，按山川，稽里道，问关津；以及商旅之子、征戍之夫，或与从容谈论，考核异同。"（《读史方舆纪要》自叙）盖纯然现代科学精神也。

清初有一大学者而其学无传于后者，曰大兴刘献廷。王源表其墓曰："脱身遍历九州，览其山川形势，访遗佚，交其豪杰，观其土俗，博采轶事，以益广其闻见，而质证其所学。……讨论天地阴阳之变、霸王大略、兵法、文章、典制、方域要害，……于礼乐、象纬、医药、书数、法律、农桑、火攻器制，旁通博考，浩浩无涯矣。"（王源《居业堂集·刘处士墓表》）而全祖望述其遗著有《新韵谱》者，最为精奇。全氏曰：

继庄（献廷字）"自谓于声音之道，别有所窥，足穷造化之奥，百世而不惑。尝作《新韵谱》，其悟自华严字母入，而参以天竺陀罗尼、泰西腊顶话、小西天梵书，暨天方、蒙古、女直等音，又证之以辽人林益长之说，而益自信。同时吴修龄自谓仓颉以后第一人。继庄则曰，是其于天竺以下书皆未得通，而但略见华严之旨者也。继庄之法，先立鼻音二，以为韵本，有开有合，各转阴阳上去入之五音——阴阳即上下二平——共十声，而不历喉腭舌齿唇之七位，故有横转无直送，则等韵重叠之失去矣。次定喉音四，为诸韵之宗，而后知腊顶话，女直国书，梵音，尚有未精者；以四者为正喉音，而从此得半音、转音、伏音、送音、变喉音。又以二鼻音分配之，一为东北韵宗，一为西南韵宗。八韵立而四海之音可齐。于是以喉音互相合，凡得音十七；喉音与鼻音互相合，凡得音十；又以有余不尽者三合之，凡得音五；共计三十音为韵父。而韵历二十二位为韵母，横转各有五子，而万有不齐之声摄于此矣"。"又欲谱四方土音，以穷宇宙元音之变，乃取《新韵谱》为主，而以四方土音填之，逢人便可印正。"（全祖望《鲒埼亭集·刘继庄传》）

盖自唐释守温始谋为中国创立新字母，直至民国七年教育部颁行注音字母，垂阅千年，而斯业乃成。而中间最能覃思而具其条理者，则献廷也。使其书而传于后，则此问题或早已解决，而近三十年来学者，或可省许多研究之精力。然犹幸而有全氏传其略，以资近代学者之取材。今注音字母，采其成法不少，则固受赐多矣。全氏又述献廷关于地理、关于史学、关于宗法之意见，而总论之曰：

"凡继庄所撰著,其运量皆非一人一时所能成,故虽言之甚殷,而难于毕业。"斯实然也。然学问之道,固未有成之于一人一时者,在后人能否善袭遗产以光大之而已。彼献廷之《新韵谱》,岂非阅三百年而竟成也哉?献廷尝言曰:"人苟不能斡旋气运,利济天下,徒以其知能为一身家之谋,则不能谓之人。"(王源《墓表》引)其学问大体可概见,惜乎当时莫能传其绪也。

献廷书今存者惟一《广阳杂记》,实涉笔漫录之作,殆不足以见献廷。

同时有太原傅山者,以任侠闻于鼎革之交,国变后冯铨、魏象枢尝强荐之,几以身殉,遂易服为道士。有问学者,则告之曰:"老夫学庄、列者也,于此间诸仁义事,实羞道之。"(全祖望《鲒埼亭集·傅青主事略》)然史家谓"其学大河以北莫能及者"。(吴翔凤《人史》)

九　由启蒙到全盛

综上所述，可知启蒙期之思想界，极复杂而极绚烂。其所以致此之原因有四：

第一，承明学极空疏之后，人心厌倦，相率返于沉实。

第二，经大乱后，社会比较安宁，故人得有余裕以自厉于学。

第三，异族入主中夏，有志节者耻立乎其朝，故刊落声华，专集精力以治朴学。

第四，旧学派权威既坠，新学派系统未成，无"定于一尊"之弊，故自由之研究精神特盛。

其研究精神，因环境之冲动，所趋之方向亦有四：

第一，因矫晚明不学之弊，乃读古书，愈读而愈觉求真解之不易，则先求诸训诂名物典章制度等等，于是考证一派出。

第二，当时诸大师，皆遗老也。其于宗社之变，类含隐痛，志图匡复，故好研究古今史迹成败、地理阨塞，以及其他经世之务。

第三，自明之末叶，利玛窦等输入当时所谓西学于中国，而学问研究方法上，生一种外来的变化。其初惟治天算者宗之，后则渐应用于他学。

利玛窦（1552—1610）

第四，学风既由空返实，于是有从书上求实者，有从事上求实者。南人明敏多条理，故向著作方面发展。北人朴悫坚卓，故向力行方面发展。

此启蒙期思想发展途径之大概也。

然则第二期之全盛时代，独所谓正统派者（考证学）充量发达，余派则不盛，或全然中绝。其故何耶? 以吾所思，原因亦有四：

一、颜、李之力行派，陈义甚高，然未免如庄子评墨子所云："其道大觳"，恐"天下不堪"（《天下篇》）。此等苦行，惟有宗教的信仰者能践之，然已不能责望之于人。颜元之教，既绝无"来生的""他界的"观念，在此现实界而惟恃极单纯、极严冷的道德义务观念，教人牺牲一切享乐，本不能成为天下之达道。元之学所以一时尚能光大者，因其弟子直接受彼之人格的感化。一再传后，感化力递减，其渐归衰灭，乃自然之理。况其所谓实用之"艺"，因社会变迁，非皆能周于用，而彼所最重者在"礼"。所谓"礼"者，二千年前一种形式，万非今日所能一一实践。既不能，则实者乃反为虚矣。此与当时求实之思潮，亦不相吻合，其不能成为风气也固宜。

二、吾尝言当时"经世学派"之昌，由于诸大师之志存匡复。诸大师始终不为清廷所用，固已大受猜忌。其后文字狱频兴，学者渐惴惴不自保，凡学术之触时讳者，不敢相讲习。然英拔之士，其聪明才力，终不能无所用也。诠释故训，究索名物，真所谓"于世无患，与人无争"，学者可以自藏焉。又所谓经世之务者，固当与时消息，过时焉则不适用。治此学者既未能立见推行，则藏诸名山，终不免成为一种空论。等是空论，则浮薄之士，何尝不可剿说以自附？附者众则乱真而见厌矣。故乾嘉以降，此派衰熄，即治史学地理学者，亦全趋于考证方面，无复以议论行之矣。

三、凡欲一种学术之发达，其第一要件，在先有精良之研究法。清代考证学，顾、阎、胡、惠、戴诸师，实辟出一新途径，俾人人共循。贤者识大，不贤识小，皆可勉焉。中国积数千年文明，其古籍实有研究之大价值，如金之蕴于矿者至丰也。而又非研究之后，加以整理，则不能享其用，如在矿之金，非开采磨治焉不得也。故研究法一开，学者既感其有味，又感其必要，遂靡然向风焉。愈析而愈密，愈浚而愈深。盖此学派在当时饶有开拓之余地，凡加入派中者，苟能忠实从事，不拘大小，而总可以有所成，所以能拔异于诸派而独光大也。

四、清学之研究法，既近于"科学的"，则其趋向似宜向科学方面发展。今专用之于考古，除算学天文外，一切自然科学皆不发达，何也？凡一学术之兴，一面须有相当之历史，一面又乘特殊之机运。我国数千年学术，皆集中社会方面，于自然界方面素不措意，此毋庸为讳也。而当时又无特别动机，使学者精力转一方向。且当考证新学派初兴，可开拓之殖民地太多，才智之士正趋焉，自不能分力于他途。天算者，经史中所固有也，故能以附庸之资格连常发达，而他无闻焉。其实欧洲之科学，亦直至近代而始昌明，在彼之"文艺复兴"时，其学风亦偏于考古。盖学术进化必经之级，应如是矣。

右述启蒙期竟，次及全盛期。

十　考证学的"群众化"和惠栋学派

启蒙期之考证学，不过居一部分势力。全盛期则占领全学界。故治全盛期学史者，考证学以外，殆不必置论。启蒙期之考证学，不过粗引端绪，其研究之漏略者，不一而足。——例如阎若璩之《尚书古文疏证》中多阑入日记信札之类，体例极芜杂。胡渭之《禹贡锥指》，多经济谈，且汉宋杂糅，家法不严。——苟无全盛期诸贤，则考证学能否成一宗派，盖未可知。夫无考证学则是无清学也，故言清学必以此时期为中坚。

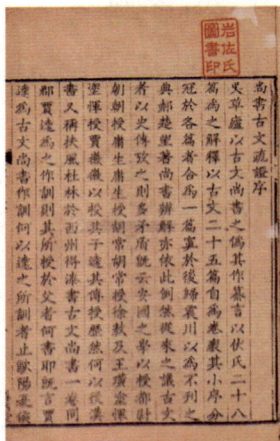

《尚书古文疏证》书影

在此期中，此学派已成为"群众化"，派中有力人物甚多，皆互相师友。其学业亦极"单调的"，无甚派别之可特纪。故吾欲专叙一二人，以代表其余。当时巨子，共推惠栋、戴震，而戴学之精深，实过于惠。今略述二人之著述言论及其传授之绪，资比较焉。

元和惠栋，世传经学。祖父周惕，父士奇，咸有著述，称儒宗焉。栋受家学，益弘其业。所著有《九经古义》《易汉学》《周易述》《明堂大道录》《古文尚书考》《后汉书补注》诸书。其弟子则沈彤①、江声、余萧客最著。萧客弟子江藩著《汉学师承记》，推栋为斯学正统。实则栋未能完全代表一代之学术，不过门户壁垒，由彼而立耳。惠氏之学，以博闻强记为入门，以尊古守家法为究竟。士奇于九经、四史、《国语》《国策》《楚辞》之文，皆能暗诵，尝对座客诵《史记·封禅书》终篇，不失一字。（钱大昕《潜研堂集·惠天牧先生传》）栋受其教，记诵益赅洽。士奇之言曰：

> 康成三《礼》，何休《公羊》，多引汉法，以其去古未远。……贾公彦于郑注……之类皆不能疏。……夫汉远于周，而唐又远于汉，宜其说之不能尽通也，况宋以后乎！（《礼说》）

此可见惠氏家学，专以"古今"为"是非"之标准。栋之学，其根本精神即在是。其言曰：

> 汉人通经有家法，故有五经师。训诂之学，皆师所口授，其后乃著竹帛。所以汉经师之说，立于学官，与经并行。……古字古言，非经师不能辨。……是故古训不可改也，经师不可废也。……余家四世传经，咸通古义。……因述家学作《九经古义》一书。……（《九经古义·首述》）

---

① 按：沈彤少于惠栋九岁，但为何焯弟子，知名较惠栋为早，乾隆初曾召试博学宏词科。沈、惠二人为友。阮元《国史儒林传》，江藩《汉学师承记》，均未有沈彤师惠栋的记载。此谓沈为惠栋弟子，盖误。

惠派治学方法，吾得以八字蔽之，曰："凡古必真，凡汉皆好。"其言"汉经师说与经并行"，意盖欲尊之使侪于经矣。王引之尝曰："惠定宇先生考古虽勤，而识不高，心不细，见异于今者则从之，大都不论是非。"（《焦氏丛书》卷首王伯申手札）可谓知言。栋以善《易》名，其治《易》也，于郑玄之所谓"爻辰"，虞翻之所谓"纳甲"，荀谞①之所谓"升降"，京房之所谓"世应""飞伏"，与夫"六日七分""世轨"诸说，一一为之疏通证明。汪中所谓"千余年不传之绝学"者也。以吾观之，此其矫诬，与陈抟之"河图洛书"有何差别？然彼则因其宋人所诵习也而排之，此则因其为汉人所倡道也而信之，可谓大惑不解。然而当时之人蔽焉，辄以此相尚。江藩者，惠派嫡传之法嗣也，其所著《国朝汉学师承记》，末附有《国朝经师经义目录》一篇，其言曰：

> 黄宗羲之《易学象数论》，虽辟陈抟、康节之学，而以纳甲动爻为伪象，又称王辅嗣注简当无浮义。黄宗炎之《图书辨惑》，力辟宋人，然不专宗汉学，非笃信之士。……胡朏明（渭）《洪范正论》，虽力攻图书之谬，而辟汉学五行灾异之说，是不知夏侯始昌之《洪范五行传》亦出伏生也。是以黜之。

此种论调，最足以代表惠派宗旨。盖谓凡学说出于汉儒者，皆当遵守，其有敢指斥者，则目为信道不笃也。其后阮元辑《学海堂经解》，即以此为标准，故顾、黄、阎、胡诸名著，多见摈焉，谓

---

① 荀谞，东汉经学家荀爽别名。惠栋《易说》提其名，正谓"荀爽"。

其不醇也。平心论之，此派在清代学术界，功罪参半。笃守家法，令所谓"汉学"者壁垒森固，旗帜鲜明，此其功也；胶固、盲从、褊狭、好排斥异己，以致启蒙时代之怀疑的精神、批评的态度，几夭阏焉，此其罪也。清代学术，论者多称为"汉学"。其实前此顾、黄、王、颜诸家所治，并非"汉学"；后此戴、段、二王诸家所治，亦并非"汉学"。其"纯粹的汉学"，则惠氏一派，洵足当之矣。夫不问"真不真"，惟问"汉不汉"，以此治学，安能通方？况汉儒经说，派别正繁，其两说绝对不相容者甚多，欲盲从其一，则不得不驳斥其他。栋固以尊汉为标帜者也。其释"箕子明夷"之义，因欲扬孟喜说而抑施雠、梁丘贺说，乃云"谬种流传，肇于西汉"（《周易述》卷五）。致方东树撼之以反唇相稽（《汉学商兑》卷下）。然则所谓"凡汉皆好"之旗帜，亦终见其不贯彻而已。故苟无戴震，则清学能否卓然自立，盖未可知也。

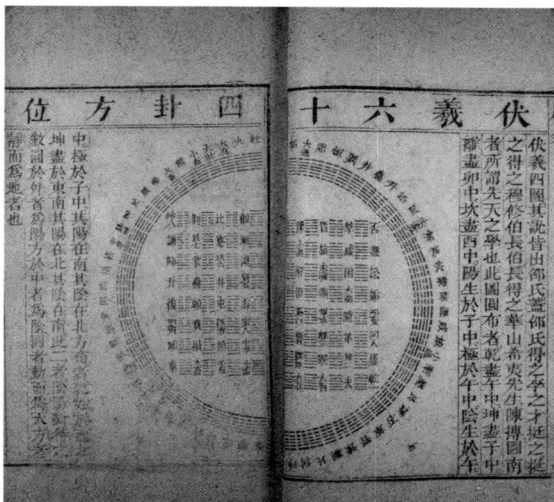

《周易》内页

十一　戴震和他的科学精神

　　休宁戴震受学江永，其与惠栋亦在师友之间。震十岁就傅，受《大学章句》，至"右经一章"以下，问其塾师曰："此何以知为孔子之言而曾子述之？又何以知为曾子之意而门人记之？"师应之曰："此先儒朱子所注云尔。"又问："朱子何时人？"曰："南宋。"又问："孔子、曾子何时人？"曰："东周。"又问："周去宋几何时？"曰："几二千年。"又问："然则朱子何以知其然？"师无以应。（据王昶《述庵文钞·戴东原墓志铭》）此一段故事，非惟可以说明戴氏学术之出发点，实可以代表清学派时代精神之全部。盖无论何人之言，决不肯漫然置信，必求其所以然之故；常从众人所不注意处觅得间隙，既得间，则层层逼拶，直到尽头处；苟终无足以起其信者，虽圣哲父师之言不信也。此种研究精神，实近世科学所赖以成立。而震以童年具此本能，其能为一代学派完成建设之业固宜。

　　震之言曰：

　　　　学者当不以人蔽己，不以己自蔽。不为一时之名，亦不期

戴震（1724—1777）

后世之名。有名之见，其蔽二：非掊击前人以自表暴，即依傍昔贤以附骥尾。……私智穿凿者，或非尽掊击以自表暴，积非成是而无从知，先入为主而惑以终身；或非尽依傍以附骥尾，无鄙陋之心，而失与之等。（《东原文集》答郑用牧书）

"不以人蔽己，不以己自蔽"二语，实震一生最得力处。盖学问之难也，粗涉其途，未有不为人蔽者；及其稍深入，力求自脱于人蔽，而已旋自蔽矣。非廓然卓然，鉴空衡平，不失于彼，必失于此。震之破"人蔽"也，曰：

志存闻道，必空所依傍。汉儒训诂，有师承，有时亦傅会。晋人傅会凿空益多。宋人则恃胸臆以为断，故其袭取者多谬，而不谬者反在其所弃。……宋以来儒者，以己之见硬坐为古圣贤立言之意，而语言文字实未之知。其于天下之事也，以己所谓理强断行之，而事情源委隐曲实未能得，是以大道失而行事乖。……自以为于心无愧，而天下受其咎，其谁之咎？不知者且以实践躬行之儒归焉。（《东原集》与某书）

其破"己蔽"也，曰：

凡仆所以寻求于遗经，惧圣人之绪言暗汶于后世也。然寻求而有获十分之见者，有未至十分之见者。所谓十分之见，必征诸古而靡不条贯，合诸道而不留余议，巨细毕究，本末兼察。若夫依于传闻以拟其是，择于众说以裁其优，出于空言以定其论，据以孤证以信其通，虽溯流可以知源，不目睹渊泉所导，循根可以达杪，不手披枝肆所歧，皆未至十分之见也。以此治经，失"不知为不知"之意，而徒增一惑以滋识者之辨之也。……既深思自得而近之矣，然后知孰为十分之见，孰为未至十分之见。如绳绳木，昔以为直者，其曲于是可见也；如水准地，昔以为平者，其坳于是可见也。夫然后传其信、不传其疑，疑则阙，庶几治经不害。（《东原集》与姚姬传书）

读第一段，则知目震所治者为"汉学"，实未当也。震之所期，在"空诸依傍"。晋宋学风，固在所诋斥矣，即汉人亦仅称其有家法，而未尝教人以盲从。钱大昕谓其"实事求是，不主一家"。（《潜研堂集·戴震传》）余廷灿谓其"有一字不准六书，一字解不通贯群经，即无稽者不信，不信必反复参证而后即安。以故胸中所

46

得，皆破出传注重围。"（余氏撰《戴东原先生事略》，见《国朝耆献类征》百三十一）此最能传写其思想解放之精神。读第二段，其所谓十分之见与未至十分之见者，即科学家定理与假说之分也。科学之目的，在求定理，然定理必经过假设之阶段而后成。初得一义，未敢信为真也，其真之程度，或仅一二分而已，然姑假定以为近真焉，而凭藉之以为研究之点，几经试验之结果，寖假而真之程度增至五六分，七八分，卒达于十分，于是认为定理而主张之。其不能至十分者，或仍存为假说以俟后人，或遂自废弃之也。凡科学家之态度，固当如是也。震之此论，实从甘苦阅历得来。所谓昔以为直而今见其曲，昔以为平而今见其坳，实科学研究法一定之历程，而其毅然割舍，"传信不传疑"，又学者社会最主要之道德矣。震又言曰：

> 学有三难：淹博难，识断难，精审难。三者仆诚不足以与于其间，其私自持及为书之大概，端在乎是。前人之博闻强识，如郑渔仲、杨用修诸君子，著书满家，淹博有之，精审未也。……

戴学所以异于惠学者，惠仅淹博，而戴则识断且精审也。章炳麟曰："戴学分析条理，彡密严瑮，上溯古义，而断以己之律令。"（《检论·清儒篇》）可谓知言。

凌廷堪为震作事略状，而系以论曰："昔河间献王实事求是。夫实事在前，吾所谓是者，人不能强辞而非之也；吾所谓非，人不能强辞而是之也；如六书、九数及典章制度之学是也。虚理在前，吾所谓是者，人既可别持一说以为非；吾所谓非者，人亦可别持一说以为是也；如义理之学是也。"（《校礼堂集》）此其言绝似实证哲学派之口吻，而戴震之精神见焉，清学派之精神见焉。惜乎此精神仅应用于考古，而未能应用于自然科学界，则时代为之也。

震常言："知十而皆非真，不若知一之为真知也。"（段玉裁《经韵楼集·娱亲雅言序》引）故其学虽淹博而不泛滥。其最专精者，曰小学，曰历算，曰水地。小学之书，有《声韵考》四卷，《声类表》十卷，《方言疏证》十三卷，《尔雅文字考》十卷。历算之书，有《原象》一卷，《历问》二卷，《古历考》二卷，《句股割圆记》三卷，《续天文略》三卷，《策算》一卷。水地之书，有《水地记》一卷，《校水经注》四十卷，《直隶河渠书》六十四卷，其他著述不备举。《四库全书》天算类提要全出其手，他部亦多参与焉，而其晚年最得意之作，曰《孟子字义疏证》。

《孟子字义疏证》，盖轶出考证学范围以外，欲建设一"戴氏哲学"矣。震尝言曰：

> 圣人之道，使天下无不达之情，求遂其欲，而天下治。后儒不知情之至于纤微无憾是谓理，而其所谓理者，同于酷吏所谓法。酷吏以法杀人，后儒以理杀人。骎骎乎舍法而论理，死矣，更无可救矣！（《东原文集》卷八与某书）

又曰：

> 程朱以"理"为"如有物焉，得于天而具于心"，启天下后世人人凭在己之意见而执之曰"理"，以祸斯民。更淆以"无欲"之说，于得理益远，于执其意见益坚，而祸斯民益烈。岂理祸斯民

朱熹（1130—1200）

哉？不自知为意见也。(《戴氏遗书》九附录答彭进士书)

又曰：

> 宋以前，孔孟自孔孟，老释自老释。谈老释者，高妙其言，不依附孔孟。宋以来，孔孟之书，尽失其解，儒者杂袭老释之言以解之。……譬犹子孙未睹其祖父之貌者，误图他人之貌为其貌而事之，所事固己之祖父也，貌则非矣。(同上)

震欲袪"以释混儒""舍欲言理"之两蔽，故既作《原善》三篇，复为《孟子字义疏证》,《疏证》之精语曰：

……《记》曰："饮食男女，人之大欲存焉。"圣人治天下，体民之情，遂民之欲，而王道备。人知老、庄、释氏异于圣人，闻其无欲之说，犹未之信也。于宋儒，则信以为同于圣人；理欲之分，人人能言之。故今之治人者，视古圣贤体民之情、遂民之欲，多出于鄙细隐曲，不措诸意，不足为怪。及其责以理也，不难举旷世之高节著于义而罪之。尊者以理责卑，长者以理责幼，贵者以理责贱，虽失谓之顺；卑者幼者贱者以理争之，虽得谓之逆。于是下之人不能以天下之同情、天下所同欲达之于上；上以理责其下，而在下之罪，人人不胜指数。人死于法，犹有怜之者；死于理，其谁怜之！

又曰：

孟子言"养心莫善于寡欲"，明乎欲之不可无也，寡之而已。人之生也，莫病乎无以遂其生。欲遂其生，亦遂人之生，仁也；欲遂其生，至于戕人之生而不顾者，不仁也。不仁实始于欲遂其生之心。使其无此欲，必无不仁矣。然使其无此欲，则于天下之人生道穷蹙，亦将漠然视之。己不必遂其生而遂人之生，无是情也。

又曰：

朱子屡言"人欲所蔽"，凡"欲"无非以生以养之事，"欲"之失为"私"不为"蔽"，自以为得理而所执之实谬乃"蔽"。人之大患，"私"与"蔽"而已，"私"生于"欲"之失，"蔽"生于"知"之失。

又曰：

　　君子之治天下也，使人各得其情，各遂其欲，勿悖于道义。君子之自治也，情与欲使一于道义。夫遏欲之害，甚于防川，绝情去智，充塞仁义。

又曰：

　　古圣贤所谓仁义礼智，不求于所谓欲之外，不离乎血气心知。而后儒以为如有别物焉凑泊附著以为性，由杂乎老释，终昧于孔孟之言故也。

又曰：

　　问：宋儒之言……也，求之六经中无其文，故借……之语以饰其说、以取信学者欤？曰：舍圣人立言之本指，而以己说为圣人所言，是诬圣。借其语以饰吾之说以求取信，是欺学者也。诬圣欺学者，程朱之贤不为。盖其学借阶于老释，是故失之。凡习于先入之言，往往受其蔽而不自觉。

　　《疏证》一书，字字精粹，右所录者未尽其万一也。综其内容，不外欲以"情感哲学"代"理性哲学"，就此点论之，乃与欧洲文艺复兴时代之思潮之本质绝相类。盖当时人心，为基督教绝对禁欲主义所束缚，痛苦无艺，既反乎人理而又不敢违，乃相与作伪，而道德反扫地以尽。文艺复兴之运动，乃采久阀窒之"希腊的情感主义"以药之。一旦解放，文化转一新方向以进行，则蓬勃而莫能御。戴震盖确有见于此，其志愿确欲为中国文化转一新方向。其哲学之立脚点，真可称二千年一大翻案。其论尊卑顺逆一段，实以平等精神，作伦理学上一大革命。其斥宋儒之糅合儒佛，虽辞带含蓄，而意极严正，随处发挥科学家求真求是之精神，实三百年间最有价值之奇书也。震亦极以此自负，尝曰："仆生平著述之大，以《孟子字义疏证》为第一。"（《戴东原集》卷首，段玉裁序引）虽然，戴氏学派曾披靡一世，独此书影响极小。据江藩所记，谓当时读《疏证》者莫能通其义，惟洪榜好焉；榜为震行状，载《与彭尺木书》（按此书即与《孟子字义疏证》相发明者）。朱筠见之，谓："可不必载！戴氏可传者不在是。"榜贻筠书力争不得。震子中立，卒将此书删去。（《汉学师承记》卷六）可见当时戴门诸子之对于此书，已持异同。唐鉴谓："先生本训诂家，欲讳其不知义理，特著《孟子字义疏证》以诋程朱。"（《国朝学案小识》）鉴非能知戴学者，其言诚不足轻重，然可以代表当时多数人之心理也。当时宗戴之人，于此书既鲜诵习发明，其反驳者亦仅一方东树（《汉学商兑》卷上），然搔不着痒处。此书盖百余年未生反响之书也，岂其反响当在今日以后耶？然而论清学正统派之运动，遂不得不将此书除外。吾常言："清代学派之运动，乃'研究法的运动'，非'主义的运动'也。"此其收获所以不逮"欧洲文艺复兴运动"之丰大也欤？

十二　戴门后学

戴门后学，名家甚众，而最能光大其业者，莫如金坛段玉裁，高邮王念孙及念孙子引之，故世称戴、段、二王焉。玉裁所著书，最著者曰《说文解字注》《六书音韵表》；念孙所著书，最著者曰《读书杂志》《广雅疏证》；引之所著书，最著者曰《经义述闻》《经传释词》。

戴、段、二王之学，其所以特异于惠派者：惠派之治经也，如不通欧语之人读欧书，视译人为神圣，汉儒则其译人也，故信凭之不敢有所出入；戴派不然，对于译人不轻信焉，必求原文之正确然后即安。惠派所得，则断章零句，援古正后而已。戴派每发明一义例，则通诸群书而皆得其读。是故惠派可名之曰汉学，戴派则确为清学而非汉学。

以爻辰纳甲说《易》，以五行灾异说《书》，以五际六情说《诗》，其他诸经义，无不杂引谶纬，此汉儒通习也。戴派之清学，则芟汰此等，不稍涉其藩，惟于训诂名物制度注全力焉。戴派之言训诂名物，虽常博引汉人之说，然并不墨守之。例如《读书杂志》《经义述闻》，全书皆纠正旧注旧疏之失误。所谓旧注者，则毛、

《说文解字》内页

郑、马、贾、服、杜①也；旧疏者，则陆、孔、贾②也。宋以后之说，则其所不屑是正矣。是故如高邮父子者，实毛、郑、贾、马、服、杜之净臣，非其将顺之臣也。

夫岂惟不将顺古人，虽其父师，亦不苟同。段之尊戴，可谓至矣。试读其《说文注》，则"先生之言非也""先生之说非是"诸文，到处皆是。即王引之《经义述闻》，与其父念孙之说相出入者，且不少也。

---

① 毛，《诗》古文经传编者，西汉人。郑，郑兴、郑众、郑玄；马，马融；贾，贾逵；服，服虔；均东汉经学家，古文经传诠释者。服虔以继贾逵注《左传》知名。郑玄继先郑、贾、马古文经说，参以西汉今文继说，遍注群经，号称"通学"。杜，杜预，西晋经学家，传世的《春秋左氏传》的诠释者。

② 陆，陆德明，在隋代作《经典释文》。孔，孔颖达；贾，贾公彦；均唐初《五经正义》的主要疏解者。

彼等不惟于旧注旧疏之舛误丝毫不假借而已，而且敢于改经文。此与宋明儒者之好改古书，迹相类而实大殊。彼纯凭主观的臆断，而此则出于客观的钩稽参验也。段玉裁曰：

> 校书定是非最难，是非有二：曰底本之是非，曰立说之是非。必先定底本之是非，而后可断其立说之是非。……何谓底本？著书者之稿本是也。何谓立说？著书者所言之义理是也。……不先正底本，则多诬古人；不断其立说之是非，则多误今人。（《经韵楼集》与诸同志论校书之难）

此论最能说明考证学在学术界之位置及价值。盖吾辈不治一学则已，既治一学，则第一步须先将此学之真相，了解明确，第二步乃批评其是非得失。譬如今日，欲批评欧人某家之学说，若仅凭拙劣伪谬之译本，相与辩争讨论，实则所驳斥者乃并非原著，如此岂不可怜可笑！研究中国古书，虽不至差违如此其甚，然以语法古今之不同，与写刻传袭之讹错，读之而不能通其文句者，则甚多矣。对于未通文句之书，而批评其义理之是非，则批评必多枉用，此无可逃避也。清代之考证学家，即对于此第一步工夫而非常努力，且其所努力皆不虚，确能使我辈生其后者，得省却无限精力，而用之以从事于第二步。清代学之成绩，全在此点，而戴、段、二王之著述，则其代表也。阮元之序《经义述闻》也，曰：

> 凡古儒所误解者，无不旁征曲喻，而得其本义之所在。使古圣贤见之，必解颐曰："吾言固如是！数千年误解之，今得明矣。"

此其言洵非溢美，吾侪今日读王氏父子之书，只觉其条条皆犁然有当于吾心，前此之误解，乃一旦涣然冰释也。虽以方东树之力排"汉学"，犹云："高邮王氏《经义述闻》，实足令郑、朱俯首。汉唐以来，未有其比。"（《汉学商兑》卷中之下）亦可见公论之不可磨灭矣。

然则诸公曷为能有此成绩耶？一言以蔽之曰：用科学的研究法而已。试细读王氏父子之著述，最能表现此等精神。吾尝研察其治学方法：第一曰注意。凡常人容易滑眼看过之处，彼善能注意观察，发现其应特别研究之点，所谓读书得间也。如自有天地以来，苹果落地不知凡几，惟奈端能注意及之；家家日日皆有沸水，惟瓦特能注意及之。《经义述闻》所厘正之各经文，吾辈自童时即诵习如流，惟王氏能注意及之。凡学问上能有发明者，其第一步工夫必恃此也。第二曰虚己。注意观察之后，既获有疑窦，最易以一时主观的感想，轻下判断，如此则所得之"间"，行将失去。考证家决不然，先空明其心，绝不许有一毫先入之见存，惟取客观的资料，为极忠实的研究。第三曰立说，研究非散漫无纪也，先立一假定之说以为标准焉。第四曰搜证，既立一说，绝不遽信为定论，乃广集证据，务求按诸同类之事实而皆合，如动植物学家之日日搜集标本，如物理化学家之日日化验也。第五曰断案。第六曰推论。经数番归纳研究之后，则可以得正确之断案矣。既得断案，则可以推论于同类之事项而无阂也。王引之《经传释词》自序云：

 ……始取《尚书》二十八篇紬绎之，见其词之发句助句者，昔人以实义释之，往往诂籥为病，窃尝私为之说而未敢定也。及闻大人（指其父念孙）论《毛诗》"终风且暴"……诸条，发明意旨，涣若冰释。……乃遂引而伸之，尽其义类。自九经、三传及周秦西汉之书，凡助语之文，遍为搜讨，分字编次，为《经传释词》十卷。

又云：

撰之本文而协，验之他卷而通，虽旧说所无，可以心知其意。……凡其散见于经传者，皆可比例而知，触类长之。

此自言其治学次第及应用之法颇详明，虽仅叙一书著述始末，然他书可以类推，他家之书亦可以类推矣。此清学所以异于前代，而永足为我辈程式者也。

十三 "朴学"

正统派之学风，其特色可指者略如下：

一、凡立一义，必凭证据；无证据而以臆度者，在所必摈。

二、选择证据，以古为尚。以汉唐证据难宋明，不以宋明证据难汉唐；据汉魏可以难唐，据汉可以难魏晋，据先秦西汉可以难东汉。以经证经，可以难一切传记。

三、孤证不为定说。其无反证者姑存之，得有续证则渐信之，遇有力之反证则弃之。

四、隐匿证据或曲解证据，皆认为不德。

五、最喜罗列事项之同类者，为比较的研究，而求得其公则。

六、凡采用旧说，必明引之，剿说认为大不德。

七、所见不合，则相辩诘，虽弟子驳难本师，亦所不避，受之者从不以为忤。

八、辩诘以本问题为范围，词旨务笃实温厚。虽不肯枉自己意见，同时仍尊重别人意见。有盛气凌轹，或支离牵涉，或影射讥笑者，认为不德。

58

九、喜专治一业，为"窄而深"的研究。

十、文体贵朴实简絜，最忌"言有枝叶"。

当时学者，以此种学风相矜尚，自命曰"朴学"。其学问之中坚，则经学也。经学之附庸则小学，以次及于史学、天算学、地理学、音韵学、律吕学、金石学、校勘学、目录学等等，一皆以此种研究精神治之。质言之，则举凡自汉以来书册上之学问，皆加以一番磨琢，施以一种组织。

其直接之效果：一、吾辈向觉难读难解之古书，自此可以读可以解。二、许多伪书及书中窜乱芜秽者，吾辈可以知所别择，不复虚糜精力。三、有久坠之绝学，或前人向不注意之学，自此皆卓然成一专门学科；使吾辈学问之内容，日益丰富。

其间接之效果：一、读诸大师之传记及著述，见其"为学问而学问"，治一业终身以之，铢积寸累，先难后获，无形中受一种人格的观感，使吾辈奋兴向学。二、用此种研究法以治学，能使吾辈心细，读书得间；能使吾辈忠实，不欺饰；能使吾辈独立，不雷同；能使吾辈虚受，不敢执一自是。

正统派所治之学，为有用耶？为无用耶？此甚难言。试持以与现代世界诸学科比较，则其大部分属于无用，此无可讳言也。虽然，有用无用云者，不过相对的名词。老子曰："三十辐共一毂，当其无，有车之用。"此言乎以无用为用也。循斯义也，则凡真学者之态度，皆当为学问而治学问。夫用之云者，以所用为目的，学问则为达此目的之一手段也。为学问而治学问者，学问即目的，故更无有用无用之可言。庄子称"不龟手之药，或以霸，或不免于洴澼絖"，此言乎为用不为用，存乎其人也。循斯义也，则同是一学，在某时某地某人治之为极无用者，易时易地易人治之，可变为极有用，是故难言也。其实就纯粹的学者之见地论之，只当问成为学不成为学，不必问有用与无用，非如此则学问不能独立，不能发达。夫清学派固能成为学者也，其在我国文化史上有价值者以此。

十四　经史考证

　　清学自当以经学为中坚。其最有功于经学者，则诸经殆皆有新疏也。其在《易》，则有惠栋之《周易述》，张惠言之《周易虞氏义》，姚配中之《周易姚氏学》。其在《书》，则有江声之《尚书集注音疏》，孙星衍之《尚书今古文注疏》，段玉裁之《古文尚书撰异》，王鸣盛之《尚书后案》。其在《诗》，则有陈奂之《诗毛氏传疏》，马瑞辰之《毛诗传笺通释》，胡承珙之《毛诗后笺》。其在《周官》，有孙诒让之《周礼正义》。其在《仪礼》，有胡承珙之《仪礼古今文疏义》，胡培翚之《仪礼正义》。其在《左传》，有刘文淇之《春秋左氏传正义》①。其在《公羊传》，有孔广森之《公羊通义》②，陈立之《公羊义疏》。其在《论语》，有刘宝楠之《论语正义》。其在《孝经》，有皮锡瑞之《孝经郑注疏》。其在《尔雅》，有邵晋涵之《尔雅正义》，郝懿行之《尔雅义疏》。其在《孟子》，有

---

　　①　书名当作《春秋左氏传旧注疏证》。刘文淇未撰毕，其子毓崧、孙寿曾曾相继续编，但也只至襄公五年而止。

　　②　书名当作《春秋公羊传通义》。

焦循之《孟子正义》。

以上诸书，惟马、胡之于《诗》，非全释经传文，不能直谓之新疏。《易》诸家穿凿汉儒说，非训诂家言。清儒最善言《易》者，惟一焦循。其所著《易通释》《易图略》《易章句》，皆絜净精微，但非新疏体例耳。《书》则段、王二家稍粗滥。《公羊》则孔著不通家法。自余则皆博通精粹，前无古人。尤有吾乡简朝亮，著《尚书集注述疏》《论语集注补正述疏》，志在沟通汉宋，非正统派家法，然精核处极多。十三经除《礼记》《穀梁》外，余皆有新疏一种或数种，而《大戴礼记》则有孔广森《补注》、王聘珍《解诂》焉。此诸新疏者，类皆撷取一代经说之菁华，加以别择结撰，殆可谓集大成。其余为部分的研究之书，最著者则惠士奇之《礼说》，胡渭之《禹贡锥指》，惠栋之《易汉学》《古文尚书考》《明堂大道录》，焦循之《周易郑氏义》《荀氏九家义》《易义别录》，陈寿祺之《三家诗遗说考》，江永之《周礼疑义举要》，戴震之《考工记图》，段玉裁之《周礼仪礼汉读考》，张惠言之《仪礼图》，凌廷堪之《礼经释例》，金榜之《礼笺》，孔广森之《礼学卮言》，武亿之《三礼义证》，金鹗之《求古录礼说》，黄以周之《礼书通故》，王引之之《春秋名字解诂》，侯康之《穀梁礼证》，江永之《乡党图考》，王引之之《经义述闻》，陈寿祺之《左海经辨》，程瑶田之《通艺录》，焦循之《群经宫室图》等，其精粹者不下数百种。

清儒以小学为治经之途径，嗜之甚笃，附庸遂蔚为大国。其在《说文》，则有段玉裁之《说文注》[①]，桂馥之《说文义证》，王筠之《说文释例》《说文句读》[②]，朱骏声之《说文通训定声》。其在《说

---

① 书名当作《说文解字注》。

② 书名当作《说文解字句读》，又有《句读补正》。

文》以外之古字书，则有戴震之《方言疏证》，江声之《释名疏证》，宋翔凤之《小尔雅训纂》，胡承珙之《小尔雅义证》，王念孙之《广雅疏证》，此与《尔雅》之邵、郝二疏略同体例。得此而六朝以前之字书，差无疑滞矣。而以极严正之训诂家法贯穴群书而会其通者，则王念孙之《经传释词》①，俞樾之《古书疑义举例》最精凿。近世则章炳麟之《小学答问》，益多新理解。而马建忠学之以著《文通》②，严复学之以著《英文

采薇图

汉诂》，为"文典学"之椎轮焉。而梁启超著《国文语原解》，又往往以证社会学。

音韵学又小学之附庸也，而清代特盛。自顾炎武始著《音论》《古音表》《唐韵正》，而江永有《音学辨微》《古韵标准》，戴震有《声韵考》《声类表》，段玉裁有《六书音韵表》，姚文田有《说文声系》，苗夔有《说文声读表》，严可均有《说文声类》，陈澧有《切韵考》，而章炳麟《国故论衡》中论音韵诸篇，皆精绝。此学也，其动机本起于考证古音，而愈推愈密，遂能穷极人类发音官能之构造，推出声音变化之公例。刘献廷著《新韵谱》，创字母，其书不传。近世治此学者，积多数人之讨论折衷，遂有注音字母之颁定。

典章制度一科，在清代亦为绝学。其动机起于治三《礼》，后

---

① 作者乃王引之。此作王念孙，盖偶误。

② 书名当作《马氏文通》。实为马良（字相伯）、马建忠兄弟合著，出版时马良让名于幼弟。

遂泛滥益广。惠栋著《明堂大道录》，对于古制度专考一事、渺成专书者始此。徐乾学编《读礼通考》，秦蕙田编《五礼通考》，多出一时名人之手。其后则胡匡衷有《仪礼释官》，戴震有《考工记图》，沈彤有《周官禄田考》，王鸣盛有《周礼军赋说》，洪颐煊有《礼经宫室答问》，任大椿有《弁服释例》《深衣释例》，皆专注《礼》，而焦循有《群经宫室图》，程瑶田有《通艺录》，贯通诸经焉。晚清则有黄以周之《礼书通故》，最博赡精审，盖清代礼学之后劲矣。而乐律一门，亦几蔚为大国。毛奇龄始著《竟山乐录》，次则江永著《律吕新论》《律吕阐微》，江藩著《乐县考》，凌廷堪著《燕乐考原》，而陈澧之《声律通考》，晚出最精善。此皆足为将来著中国音乐史最好之资料也。焦循著《剧说》，专考今乐沿革，尤为切近有用矣。

清初诸师皆治史学，欲以为经世之用。王夫之长于史论，其《读通鉴论》《宋论》皆有特识。而后之史学家不循斯轨。黄宗羲、万斯同以一代文献自任，实为史学嫡派。康熙间，清廷方开《明史》馆，欲藉以网罗遗逸；诸师既抱所学，且藉以寄故国之思，虽多不受职，而皆间接参与其事，相与讨论体例，别择事实。故唐

全祖望（1705—1755）

以后官修诸史，独《明史》称完善焉。乾隆以后，传此派者，全祖望最著。

顾炎武治史，于典章制度风俗，多论列得失，然亦好为考证。乾嘉以还，考证学统一学界，其洪波自不得不及于史，则有赵翼之《廿二史札记》，王鸣盛之《十七史商榷》，钱大昕之《二十二史考异》，洪颐煊之《诸史考异》，皆汲其流。四书体例略同，其职志皆在考证史迹，订讹正谬。惟赵书于每代之后，常有多条胪列史中故实，用归纳法比较研究，以观盛衰治乱之原，此其特长也。其专考证一史者，则有惠栋之《后汉书补注》，梁玉绳之《史记志疑》《汉书人表考》①，钱大昕之《汉书辨疑》《后汉书辨疑》《续汉书辨疑》②，梁章钜之《三国志旁证》，周寿昌之《汉书注校补》《后汉书注补正》，杭世骏之《三国志补注》，其尤著也。

自万斯同力言表志之重要，自著《历代史表》，此后表志专书，可观者多。顾栋高有《春秋大事表》，钱大昭有《后汉书补表》，周嘉猷 ③ 有《南北史表》④《三国纪年表》《五代纪年表》，洪饴孙有《三国职官表》，钱大昕有《元史氏族表》，齐召南有《历代帝王年表》。林春溥著《竹柏山房十五种》，皆考证古史，其中《战国纪年》、孔孟年表 ⑤ 诸篇最精审，而官书亦有《历代职官表》。洪亮吉

————————

① 书名当作《汉书古今人表考》。

② 按《汉书辨疑》二十二卷，《后汉书辨疑》十一卷，《续汉书辨疑》九卷，均为钱大昭撰。此谓钱大昕之作，该偶误。

③ 周嘉猷，诸本均误"猷"为"猷"，今改正。

④ 书名当作《补南北史表》。

⑤ 有《孔门师弟年表》、附《孟子时事年表》，各一卷，又各有《后说》一卷。

有《三国疆域志》①《东晋疆域志》《十六国疆域志》，洪齮孙有《补梁疆域志》，钱仪吉有《补晋兵志》，侯康有《补三国艺文志》，倪灿有《宋史艺文志补》②，《补辽金元三史艺文志》③，顾櫰三④有《补五代史艺文志》，钱大昕有《补元史艺文志》，郝懿行有《补宋书刑法志食货志》，皆称善本焉。

而对于古代别史杂史，亦多考证笺注，则有陈逢衡之《逸周书补注》，朱右曾之《周书集训校释》，丁宗洛之《逸周书管笺》，洪亮吉之《国语注疏》，顾广圻之《国语札记》《战国策札记》，程恩泽之《国策地名考》，郝懿行之《山海经笺疏》，陈逢衡之《竹书纪年集证》。

降及晚清，研究元史，忽成为一时风尚，则有何秋涛之《元圣武亲征录校正》，李文田之《元秘史注》。

凡此皆以经学考证之法，移以治史，只能谓之考证学，殆不可谓之史学。其专研究史法者，独有章学诚之《文史通义》，其价值可比刘知几《史通》。

自唐以后，罕能以私人独力著史，惟万斯同之《明史稿》，最称巨制。而魏源亦独力改著《元史》⑤。柯劭忞之《新元史》，则近出之巨制也。源又有《圣武记》，记清一代大事，有条贯。而毕沅《续资治通鉴》亦称善本。

黄宗羲始著《明儒学案》，为学史之祖。其《宋元学案》，则其

---

① 书名当作《补三国疆域志》。
② 《宋史艺文志补》，署黄虞稷、倪灿撰，卢文弨录。
③ 书名内"三史"二字衍。又，此书署倪灿撰，卢文弨录。
④ 顾櫰三，诸本均误作"顾杯三"，今改正。
⑤ 魏氏所撰名《元史新编》。

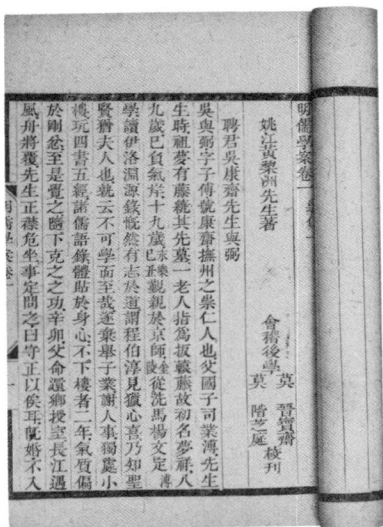

《明儒学案》内页

子百家与全祖望先后续成之。皆清代史学之光也。

　　史之缩本，则地志也。清之盛时，各省府州县皆以修志相尚，其志多出硕学之手。其在省志，《浙江通志》《广东通志》《云南通志》之总纂，则阮元也；《广西通志》，则谢启昆也；《湖北通志》，则章学诚原稿也。其在府县志，则《汾州府志》出戴震，《泾县志》《淳化县志》出洪亮吉，《三水县志》出孙星衍，《朝邑县志》出钱坫，《偃师志》《安阳志》出武亿，《富顺县志》出段玉裁，《和州志》《亳州志》《永清县志》《天门县志》出章学诚，《凤台县志》出李兆洛，《长沙志》出董祐诚①，《遵义府志》出郑珍、莫友芝。凡作者皆一时之选，其书有别裁有断制，其讨论体例见于各家文集者甚周备。欲知清代史学家之特色，当于此求之。

---

　　① 董祐诚，诸本均误作"章祐诚"。今改正。

十五　水地与天算

　　顾炎武、刘献廷皆酷嗜地理学，所著书皆未成，而顾祖禹之《读史方舆纪要》，言形势阨塞略尽，后人莫能尚，于是中清之地理学，亦偏于考古一途。

　　自戴震著《水地记》《校水经注》，而《水经》为一时研究之中心。孔广森有《水经释地》[①]，全祖望有《新校水经注》[②]，赵一清有《水经注释》，张匡学有《水经注释地》，而近人杨守敬为《水经注疏》，尤集斯学大成（未刻，刻者仅《注疏要删》）。

　　而齐召南著《水道提纲》，则循水道治今地理也。洪颐煊有《汉志水道疏证》，陈澧有《汉书地理志水道图说》，亦以水道治汉地理。

　　阎若璩著《四书释地》，徐善著《春秋地名考略》[③]，江永著《春秋地名考实》[④]，焦循著《毛诗地理释》，程恩泽著《国策地名

[①]　《水经释地》八卷，孔继涵撰。此谓孔广森（孔继涵从子）作，盖误。

[②]　书名当作《水经注校正》。

[③]　书名当作《春秋地名考》。清代有《春秋地名考略》一书，乃高士奇撰。

[④]　书名当作《春秋地理考实》。

考》，皆考证先秦地理。

其考证各史地理者，则吴卓信《汉书地理志补注》，杨守敬《隋书地理志考证》最精博。

其通考历代者，有陈芳绩之《历代地理沿革表》，李兆洛之《历代地理志韵编今释》，皆便检阅。而杨守敬之《历代疆域志》《历代地理沿革图》①，极综核，惜制图术未精，难言正确矣。

自乾隆后边徼多事，嘉道间学者渐留意西北边新疆、青海、西藏、蒙古诸地理，而徐松、张穆、何秋涛最名家，松有《西域水道记》《汉书西域传补注》《新疆识略》，穆有《蒙古游牧记》，秋涛有《朔方备乘》，渐引起研究元史的兴味，至晚清尤盛。

外国地理，自徐继畬著《瀛寰志略》，魏源著《海国图志》，开始端绪，而其后竟不光大。近人丁谦于各史外夷传及《穆天子传》《佛国记》《大唐西域记》诸古籍，皆博加考证，成书二十余种（无总名，最近浙江图书馆校刻），颇精赡。要之清代地理学偏于考古，故活学变为死学，惟据全祖望著《刘献廷传》，知献廷有意治"人文地理"，惜其业不竟，而后亦无继也。

自明徐光启以后，士大夫渐好治天文算学。清初则王锡阐、梅文鼎最专精，而大师黄宗羲、江永辈皆提倡之。清圣祖尤笃嗜，召西士南怀仁等供奉内廷。风声所被，向慕尤众。圣祖著有《数理精蕴》《历象考成》，锡阐有《晓庵新法》，文鼎有《勿庵历算全书》二十九种，江永有《慎修数学》九种，戴震校《周髀》以后迄六朝唐人算书十种，命曰《算经》。自尔而后，经学家十九兼治天算。

---

① 杨守敬所撰名《历代舆地图》，首列《历代舆地沿革险要图》，次据各史地理志详示历代疆域山川形势。此处举作二书，名称亦不确。

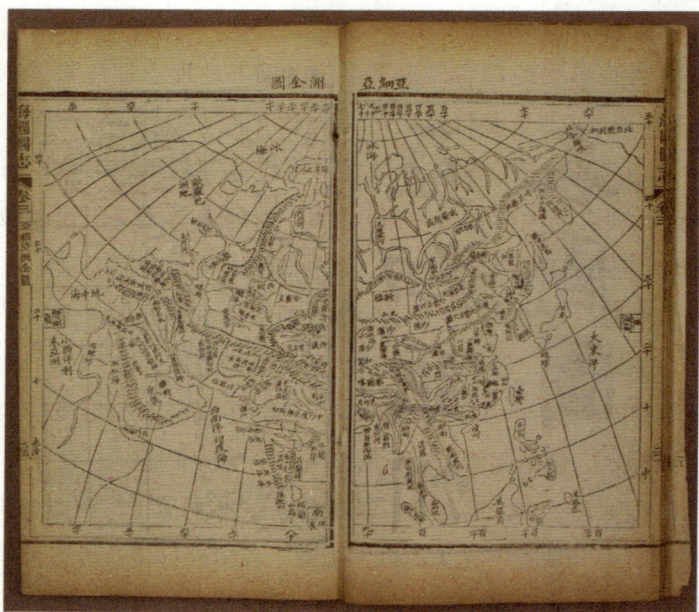

《海国图志》内页

尤专门者，李锐、董祐诚、焦循、罗士琳、张作楠、刘衡、徐有壬、邹伯奇、丁取忠、李善兰、华蘅芳。锐有《李氏遗书》，祐诚有《董方立遗书》，循有《里堂学算记》，作楠有《翠微山房数学》，衡有《六九轩算书》，有壬有《务民义斋算书》，伯奇有《邹征君遗书》，取忠有《白芙堂算学丛书》，善兰有《则古昔斋算学》。而曾国藩设江南制造局于上海，颇译泰西科学书，其算学名著多出善兰、蘅芳手，自是所谓"西学"者渐兴矣。阮元著《畴人传》，罗士琳续补之，清代斯学变迁略具焉。

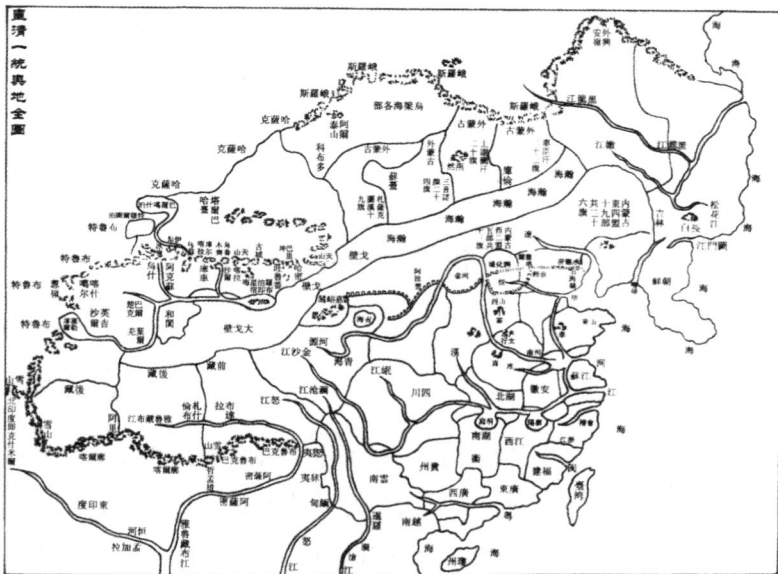

《瀛寰志略》中的皇清一统舆地全图

　　兹学中国发源甚古，而光大之实在清代，学者精研虚受，各有创获，其于西来法，食而能化，足觇民族器量焉。

十六 金石学、校勘学和辑佚学

金石学之在清代又彪然成一科学也。自顾炎武著《金石文字记》，实为斯学滥觞。继此有钱大昕之《潜研堂金石文字跋尾》，武亿之《金石三跋》，洪颐煊之《平津馆读碑记》，严可均之《铁桥金石跋》，陈介祺之《金石文字释》，皆考证精彻，而王昶之《金石萃编》，荟录众说，颇似类书。其专举目录者，则孙星衍、邢澍之《寰宇访碑录》。其后碑版出土日多，故《萃编》《访碑录》等再三续补而不能尽。

顾、钱一派专务以金石为考证经史之资料，同时有黄宗羲一派，从此中研究文史义例。宗羲著《金石要例》，其后梁玉绳、王芑孙、郭麐、刘宝楠、李富孙、冯登府等皆赓续有作。别有翁方纲、黄易一派，专讲鉴别，则其考证非以助经史矣。包世臣一派专讲书势，则美术的研究也。而叶昌炽著《语石》，颇集诸派之长，此皆石学也。

其"金文学"则考证商周铜器。初，此等古物，惟集于内府，则有《西清古鉴》《宁寿鉴古》等官书，然其文字皆摹写，取姿媚，失原形，又无释文，有亦臆舛。自阮元、吴荣光以封疆大吏，嗜古

西周毛公鼎

而力足以副之，于是收藏寖富，遂有著录。阮有《积古斋钟鼎彝器款识》，吴有《筠清馆金石文字》，研究金文之端开矣。道咸以后益盛，名家者有刘喜海、吴式芬、陈介祺、王懿荣、潘祖荫、吴大澂、罗振玉。式芬有《攈古录金文》，祖荫有《攀古楼彝器款识》，大澂有《愙斋集古录》，皆称精博。其所以考证，多一时师友互相赏析所得，非必著者一人私言也。

自金文学兴，而小学起一革命。前此尊《说文》若六经，袝孔子以许慎。至是援古文籀文以难许者纷作。若庄述祖之《说文古籀疏证》，孙诒让之《古籀拾遗》①，其著也。

诸器文字既可读，其事迹出古经以外者甚多，因此增无数史料，而其花文雕镂之研究，亦为美术史上可宝之资，惜今尚未有从事者耳。

---

① 商务版原文作《古籀疏证》，《饮冰室合集》本据孙氏原书名改正。

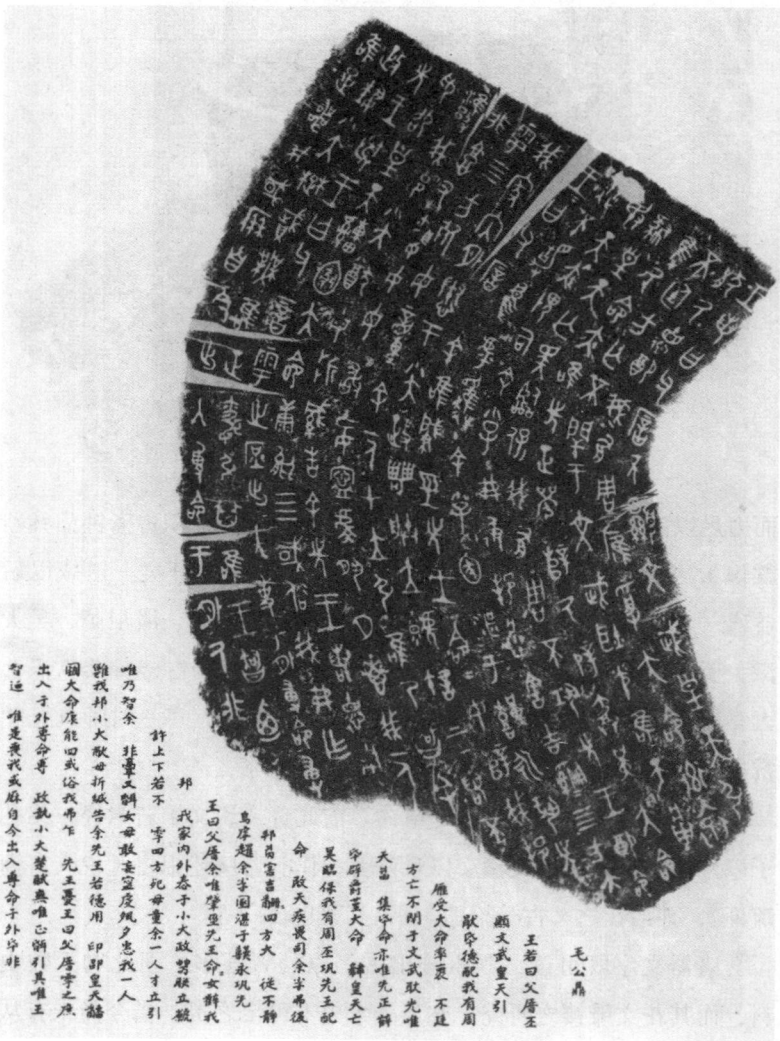

毛公鼎

王若曰父厝至
顯文武皇天引
猷厥德配我有周
雁受大命率壞
方亡不闬于文武耿光唯
天集厥命亦唯先正辥
辪乂敃氒辟亦唯天乎
吴昭穣我有周又廏巩我先
王命敀天疾司余圅女辥
命敀言言穰四方大
鳥庢劉余氒圂濂于戝永巩先
邦敀天疾司余圅女辥
雪四方死母童余一人才立引
我家内外奉子小大政賚駅立緐
邦我家内外奉子小大政賚駅立緐

唯乃智余
非虖文膝女毋散氒竆度纵夕忠我先
雖我邦小大散毋折敊告余先王若德用
圅邵印皇天繍
出人子外萼命孪政敦我小大楚賻無唯正聞引具辥王
智逜唯是喪我或庶自今出入尃命于外守非

西周毛公鼎铭文

74

最近复有龟甲文之学。龟甲文者，光绪己亥在河南汤阴县出土，殆数万片，而文字不可识，共不审为何时物。后罗振玉考定为殷文，著《贞卜文字》①《殷虚书契考释》《殷虚书契待问篇》。而孙诒让著《名原》②，亦多根据甲文。近更有人言其物质非龟甲乃竹简云。惜文至简，足供史材者希，然文字变迁异同之迹可稽焉。

　　清儒之有功于史学者，更一端焉，则校勘也。古书传习愈希者，其传钞踵刻，讹谬愈甚，驯至不可读，而其书以废。清儒则博征善本以校雠之，校勘遂成一专门学。其成绩可纪者，若汪中、毕沅之校《大戴礼记》，周廷寀、赵怀玉之校《韩诗外传》，卢文弨之校《逸周书》，汪中、毕沅、孙诒让之校《墨子》，谢墉之校《荀子》，孙星衍之校《孙子》《吴子》，汪继培、任大椿、秦恩复之校《列子》，顾广圻之校《国语》《战国策》《韩非子》，毕沅、梁玉绳之校《吕氏春秋》，严可均之校《慎子》《商君书》，毕沅之校《山海经》，洪颐煊③之校《竹书纪年》《穆天子传》，丁谦之校《穆天子传》，戴震、卢文弨之校《春秋繁露》④，汪中之校《贾谊新书》，戴震之校《算经十书》，戴震、全祖望之校《水经注》，顾广圻之校《华阳国志》。诸所校者，或遵善本，或据他书所征引，或以本文上下互证，或是正其文字，或厘定其句读，或疏证其义训，往往有前此不可索解之语句，一旦昭若发蒙。

---

　　① 书名当作《殷商贞卜文字考》。

　　② 名原，诸本均倒植为"原名"，今正。

　　③ 洪颐煊，诸本均误作"洪颐孙"，今改正。洪颐煊所校沈约注《竹书纪年》、郭璞注《穆天子传》，均收入《平津馆丛书》。

　　④ 按戴震校《春秋繁露》，未见著录。孔广森《戴氏遗书序》、段玉裁《戴东原先生年谱》，均详列戴震著校书目，也未提及此事。梁氏此说未详所据。

其功尤钜者，则所校多属先秦诸子，因此引起研究诸子学之兴味。盖自汉武罢黜百家以后，直至清之中叶，诸子学可谓全废。若荀若墨，以得罪孟子之故，几莫敢齿及。及考证学兴，引据惟古是尚，学者始思及六经以外，尚有如许可珍之籍。故王念孙《读书杂志》，已推勘及于诸子。其后俞樾亦著《诸子平议》，与《群经平议》并列。而汪、戴、卢、孙、毕诸贤，乃遍取古籍而校之。

夫校其文必寻其义，寻其义则新理解出矣。故汪中之《荀卿子通论》《墨子序》《墨子后序》（并见《述学》），孙星衍之《墨子序》（平津馆丛书本《墨子》），我辈今日读之，诚觉甚平易，然在当日，固发人所未发，且言人所不敢言也。后此洪颐煊著《管子义证》，孙诒让著《墨子间诂》，王先慎著《韩非子集释》[1]，则跻诸经而为之注矣。及今而稍明达之学者，皆以子与经并重。思想蜕变之枢机，有掫于彼而辟于此者，此类是已。

吾辈尤有一事当感谢清儒者，曰辑佚。

书籍经久必渐散亡，取各史艺文、经籍等志校其存佚易见也。肤芜之作，存亡固无足轻重；名著失坠，则国民之遗产损焉。

乾隆中修《四库全书》，其书之采自《永乐大典》者以百计，实开辑佚之先声。此后兹业日昌，自周秦诸子，汉人经注，魏晋六朝逸史逸集，苟有片语留存，无不搜罗最录。其取材则唐宋间数种大类书，如《艺文类聚》《初学记》《太平御览》等最多，而诸经注疏及他书，凡可搜者无不遍。当时学者从事此业者甚多，不备举。而马国翰之《玉函山房辑佚书》，分经、史、子三部，集所辑至数

---

① 王先慎有《韩非子集解》二十卷，前有王先谦序。《饮冰室合集》本或作"王先谦著"，误。此处书名作"集释"，亦误。

《四库全书》

百种，他可推矣。遂使《汉志》诸书、《隋唐志》久称已佚者，今乃累累现于吾辈之藏书目录中，虽复片鳞碎羽，而受赐则既多矣。

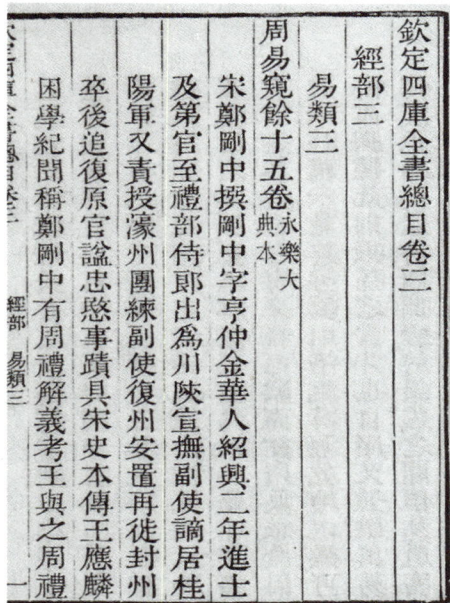

《四库全书》内页

十七　清代的"学者社会"

　　呜呼！自吾之生，而乾嘉学者已零落略尽，然十三岁肄业于广州之学海堂，堂则前总督阮元所创，以朴学教于吾乡者也。其规模矩矱，一循百年之旧。十六七岁游京师，亦获交当时耆宿数人，守先辈遗风不替者。中间涉览诸大师著述，参以所闻见，盖当时"学者社会"之状况，可仿佛一二焉。

　　大抵当时好学之士，每人必置一"札记册子"，每读书有心得则记焉。盖清学祖顾炎武，而炎武精神传于后者在其《日知录》。其自述曰："所著《日知录》三十余卷，平生之志与业皆在其中。"（《亭林文集·与友人论门人书》）又曰："承问《日知录》又成几卷，而某自别来一载，早夜诵读，反复寻觅，仅得十余条……"（同《与人书》十）其成之难而视之重也如此。推原札记之性质，本非著书，不过储著书之资料，然清儒最戒轻率著书，非得有极满意之资料，不肯泐为定本，故往往有终其身在预备资料中者。又当时第一流学者所著书，恒不欲有一字余于己所心得之外。著专书或专篇，其范围必较广泛，则不免于所心得外撾拾冗词以相凑附。此非诸师所乐，故宁以札记体存之而已。

夫吾固屡言之矣，清儒之治学，纯用归纳法，纯用科学精神。此法此精神，果用何种程序始能表现耶？第一步，必先留心观察事物，觑出某点某点有应特别注意之价值；第二步，既注意于一事项，则凡与此事项同类者或相关系者，皆罗列比较以研究之；第三步，比较研究的结果，立出自己一种意见；第四步，根据此意见，更从正面、旁面、反面博求证据，证据备则泐为定说，遇有力之反证则弃之。凡今世一切科学之成立，皆循此步骤，而清考证家之每立一说，亦必循此步骤也。

顾炎武塑像

既已如此，则试思每一步骤进行中，所需资料几何，精力几何，非用极绵密之札记安能致者？训诂学之模范的名著，共推王引之《经传释词》，俞樾《古书疑义举例》。苟一察其内容，即可知其实先有数千条之札记，后乃组织而成书。又不惟专书为然耳，即在札记本身中，其精到者，亦必先之以初稿之札记，——例如钱大昕发明古书①轻唇音，试读《十驾斋养新录》本条，即知其必先有百数十条之初稿札记，乃能产出。——故顾氏谓一年仅能得十余条，非虚言也。

由此观之，则札记实为治此学者所最必要，而欲知清儒治学次第及其得力处，固当于此求之。

————————————

① 古书，当为"古无"之误。

札记之书则夥矣，其最可观者，《日知录》外，则有阎若璩之《潜邱札记》，钱大昕之《十驾斋养新录》，臧琳之《经义杂记》，卢文弨之《钟山札记》《龙城札记》，孙志祖之《读书脞录》，王鸣盛之《蛾术编》①，汪中之《知新记》②，洪亮吉之《晓读书斋四录》③，赵翼之《陔余丛考》，王念孙之《读书杂志》，王引之之《经义述闻》，何焯之《义门读书记》，臧庸之《拜经日记》，梁玉绳之《瞥记》，俞正燮之《癸巳类稿》《癸巳存稿》，宋翔凤之《过庭录》，陈澧之《东塾读书记》等。其他不可殚举。各家札记，精粗之程度不同，即同一书中，每条价值亦有差别。有纯属原料性质者（对于一事项初下注意的观察者），有渐成为粗制品者（胪列比较而附以自己意见者），有已成精制品者（意见经反复引证后认为定说者），而原料与粗制品，皆足为后人精制所取资，此其所以可贵也。

要之当时学者喜用札记，实一种困知勉行工夫，其所以能绵密深入而有创获者，颇恃此，而今亡矣。

清儒既不喜效宋明人聚徒讲学，又非如今之欧美有种种学会学校为聚集讲习之所，则其交换知识之机会，自不免缺乏。其赖以补之者，则函札也。后辈之谒先辈，率以问学书为贽。——有著述者则媵以著述。——先辈视其可教者，必报书，释其疑滞而奖进之。平辈亦然。每得一义，辄驰书其共学之友相商榷，答者未尝不尽其词。凡著一书成，必经挚友数辈严勘得失，乃以问世，而其勘也皆以函札。此类函札，皆精心结撰，其实即著述也。此种风气，他时代亦间有之，而清为独盛。

---

① 蛾术编，诸本均误作"蛾述篇"，据原书校正。
② 书名当作《经义知新记》。
③ 书名当作《晓读书斋杂录》，分初、二、三、四录，各二卷。

其为文也朴实说理，言无枝叶，而旨壹归于雅正。语录文体，所不喜也，而亦不以奇古为尚。顾炎武之论文曰："孔子言：'其旨远，其辞文。'又曰：'言之无文，行而不远。'曾子曰：'出辞气，斯远鄙倍。'今讲学先生从语录入者，多不善修辞。"又曰："时有今古，非文有今古，今之不能为二汉，犹二汉之不能为《尚书》《左氏》，乃剿取《史》《汉》中文法以为古，甚者猎其一二字句用之于文，殊为不称，……舍今日恒用之字而借古字之通用者，文人所以自盖其俚浅也。"（《日知录》十九）

清学皆宗炎武，文亦宗之。其所奉为信条者，一曰不俗，二曰不古，三曰不枝。盖此种文体于学术上之说明，最为宜矣，然因此与当时所谓"古文家"者每不相容。

美文，清儒所最不擅长也。诸经师中，殆无一人能为诗者。——集中多皆有诗，然真无足观。——其能为词者，仅一张惠言。能为骈体文者，有孔广森、汪中、凌廷堪、洪亮吉、孙星衍、董祐诚，其文仍力洗浮艳，如其学风。

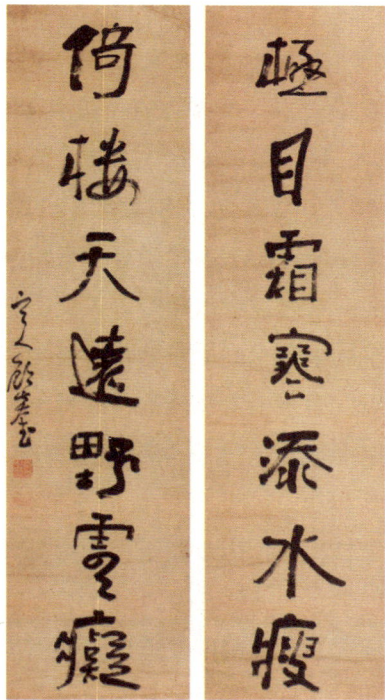

顾炎武书法

81

十八　清学全盛的时代环境

　　兹学盛时，凡名家者，比较的多耿介恬退之士。时方以科举笼罩天下，学者自宜十九从兹途出。大抵后辈志学之士未得第者，或新得第而俸入薄者，恒有先辈延主其家为课子弟。此先辈亦以子弟畜之，当奖诱增益其学；此先辈家有藏书，足供其研索；所交游率当代学者，常得陪末座以广其闻见，于是所学渐成矣。官之迁皆以年资，人无干进之心，即干亦无幸获。得第早而享年永者，则驯跻卿相，否则以词馆郎署老。俗既俭朴，事畜易周，而寒士素惯淡泊，故得与世无竞，而终其身于学。京官簿书期会至简，惟日夕闭户亲书卷，得间与同气相过从，则互出所学相质。琉璃厂书贾，渐染风气，大可人意，每过一肆，可以永日，不啻为京朝士夫作一公共图书馆，——凌廷堪佣于书坊以成学，——学者滋便焉。其有外任学差或疆吏者，辄妙选名流充幕选，所至则网罗遗逸，汲引后进，而从之游者，既得以稍裕生计，亦自增其学。其学成名著而厌仕宦者，亦到处有逢迎，或书院山长，或各省府州县修志，或大族姓修谱，或有力者刻书请鉴定，皆其职业也。凡此皆有相当之报酬，又有益于学业，故学者常乐就之。吾常言：欲一国文化进展，必也社会对于学者有相当之敬礼；学者恃其学足以自养，无忧饥寒，然后能有余裕以从事于更深的研究，而学乃日新焉。近世欧洲学问多在此种环境之下培养出来，而前清乾嘉时代，则亦庶几矣。

欧洲文艺复兴，固由时代环境所酝酿，与二三豪俊所浚发，然尚有立乎其后以翼而辅之者，若罗马教皇尼古拉第五，佛罗棱萨之麦地奇家父子，拿波里王阿尔芬梭，以及其他意大利自由市府之豪商阀族，皆沾染一时风尚，为之先后疏附，直接、间接提倡奖借者不少，故其业益昌。

清学之在全盛期也亦然。清高宗席祖父之业，承平殷阜，以右文之主自命，开四库馆，修《一统志》，纂《续三通》《皇朝三通》，修《会典》，修《通礼》，日不暇给，其事皆有待于学者。内外大僚承风宏奖者甚众。嘉庆间，毕沅、阮元之流，本以经师致身通显，任封疆，有力养士，所至提倡，隐然兹学之护法神也。淮南盐商，既穷极奢欲，亦趋时尚，思自附于风雅，竞蓄书画图器，邀名士鉴定，洁亭舍、丰馆谷以待。其时刻书之风甚盛，若黄丕烈、鲍廷博辈固自能别择雠校，其余则多有力者欲假此自显，聘名流董其事。乃至贩鸦片起家之伍崇曜，亦有《粤雅堂丛书》之刻，而其书且以精审闻，他可推矣。

夫此类之人，则何与于学问？然固不能谓其于兹学之发达无助力，与南欧巨室豪贾之于文艺复兴，若合符契也。吾乃知时代思潮之为物，当运动热度最高时，可以举全社会各部分之人人，悉参加于此运动。其在中国，则晚明之心学，盛清之考证，皆其例也。

十九　桐城派与章学诚

　　以上诸师所论，皆为全盛期之正统派。此派远发源于顺、康之交，直至光、宣，而流风余韵，虽替未沫，直可谓与前清朝运相终始。而中间乾、嘉、道百余年间，其气象更掩袭一世，实更无他派足与抗颜行。若强求其一焉，则固有在此统一的权威之下而常怀反侧者，即所谓"古文家"者是已。

　　宋明理学极敝，然后清学兴。清学既兴，治理学者渐不复能成军。其在启蒙期，犹为程、朱、陆、王守残垒者，有孙奇逢、李中孚、刁包、张履祥、张尔岐、陆陇其、陆世仪诸人，皆尚名节，厉实行，粹然纯儒，然皆硁硁自守，所学遂不克光大。同时有汤斌、李光地、魏象枢、魏裔介辈，亦治宋学，颇婟嫪投时主好以跻通显。时清学壁垒未立，诸大师著述谈说，往往出入汉宋，则亦相忘于道术而已。

　　乾隆之初，惠、戴崛起，汉帜大张，畴昔以宋学鸣者，颇无颜色。时则有方苞者，名位略似斌、光地等，尊宋学，笃谨能躬行，而又好为文。苞，桐城人也，与同里姚范、刘大櫆共学文，诵法曾巩、归有光，造立所谓古文义法，号曰"桐城派"。又好述欧阳修"因文见道"之言，以孔、孟、韩、欧、程、朱以来之道统自任，而与当时所谓汉学者互相轻。范从子萧，欲从学戴震。震固不好为人师，谢之。震之规古文家也曰："诸君子之为之也，曰：是道也，非艺也。夫道固有存焉者矣，如诸君子之文，亦恶睹其非艺欤？"（《东原集·与方希原书》）钱大昕亦曰：方氏"所谓古文义法者，特世俗选本之古文，……法且不知，义更何有？……若方氏乃真不读书之甚者，吾兄特以其波澜意度近于古而喜之。……"（《潜研堂集》三十三《与友人书》）由是诸方诸姚颇不平。萧屡为文诋汉学破碎，而方东树著《汉学商兑》，遍诋阎、胡、惠、戴所学，不遗余力。自是两派始交恶。其后阳湖恽敬、陆继辂自"桐城"受义法而稍变其体；张惠言、李兆洛皆治考证学，而亦好为文，与恽、陆同气，号"阳湖派"。戴、段派之考证学，虽披靡一世，然规律太严整，且亦声希味淡，不能悉投众嗜，故诵习两派古文家者卒不衰，然才力薄，罕能张其军者。

咸同间，曾国藩善为文而极尊"桐城"，尝为《圣哲画像赞》，至跻姚萧与周公、孔子并列。国藩功业既焜燿一世，"桐城"亦缘以增重，至今犹有挟之以媚权贵欺流俗者。

平心论之，"桐城"开派诸人，本狷洁自好，当"汉学"全盛时而奋然与抗，亦可谓有勇。不能以其末流之堕落归罪于作始。然此派者，以文而论，因袭矫揉，无所取材；以学而论，则奖空疏，阏创获，无益于社会。且其在清代学界，始终未尝占重要位置，今后亦断不复能自存，置之不论焉可耳。

方东树之《汉学商兑》，却为清代一极有价值之书。其书成于嘉庆间，正值正统派炙手可热之时，奋然与抗，亦一种革命事业也。其书为宋学辩护处，固多迂旧，其针砭汉学家处，却多切中其病，就中指斥言"汉易"者之矫诬，及言典章制度之莫衷一是，尤为知言。后此治汉学者颇欲调和汉宋，如阮元著《性命古训》。陈澧著《汉儒通义》，谓汉儒亦言理学，其《东塾读书记》中有《朱子》一卷，谓朱子亦言考证，盖颇受此书之反响云。

在全盛期与蜕分期之间，有一重要人物，曰会稽章学诚。学诚不屑于考证之学，与正统派异。其言"六经皆史"，且极尊刘歆《七略》，与今文家异。然其所著《文史通义》，实为乾嘉后思想解放之源泉。其言"贤智学于圣人，圣人学于百姓""集大成者乃周公而非孔子"（《原道篇》）；言"六经皆史，而诸子又皆出于六经"（《易教》《诗教》《经解》诸篇）；言"战国以前无著述"（《诗教篇》）；言"古人之言，所以为公，未尝私据为己有"（《言公篇》）；言"古之糟粕，可以为今之精华"（《说林篇》）；言"后人之学胜于前人，乃后起之智虑所应尔"（《朱陆篇》）；言"学术与一时风尚不必求适合"（《感遇篇》）；言"文不能彼此相易，不可舍己之所求以摩古人之形似"（《文理篇》）；言"学贵自成一家，人所能者，我不必以不能为愧"（《博约篇》）。书中创见类此者不可悉数，实为晚清学者开拓心胸，非直史家之杰而已。

二十　清学分裂的原因

道、咸以后，清学曷为而分裂耶？其原因，有发于本学派之自身者，有由环境之变化所促成者。

所谓发于本学派自身者何耶？

其一，考证学之研究方法虽甚精善，其研究范围却甚拘迂。就中成绩最高者，惟训诂一科，然经数大师发明略尽，所余者不过糟粕。其名物一科，考明堂，考燕寝，考弁服，考车制，原物今既不存，聚讼终末由决。典章制度一科，言丧服，言禘祫，言封建，言井田，在古代本世有损益变迁，即群书亦末①由折衷通会。夫清学所以能夺明学之席而与之代兴者，毋亦曰彼空而我实也？今纷纭于不可究诘之名物制度，则其为空也，与言心言性者相去几何？其至言《易》者摈"河图洛书"而代以"卦气爻辰"，其矫诬正相类。诸如此类者尚多，殊不足以服人。要之清学以提倡一"实"字而盛，以不能贯彻一"实"字而衰，自业自得，固其所矣。

其二，凡一有机体发育至一定限度，则凝滞不复进，因凝滞而

---

① 末，别本或作"未"，按未作"勿"解，义长。

腐败，而衰谢，此物理之恒也。政制之蜕变也亦然，学派之蜕变也亦然。清学之兴，对于明之"学阀"而行革命也。乃至乾嘉以降，而清学已自成为炙手可热之一"学阀"。即如方东树之《汉学商兑》，其意气排轧之处固甚多，而切中当时流弊者抑亦不少，然正统派诸贤，莫之能受，其驹卒之依附末光者，且盛气以临之。于是思想界成一"汉学专制"之局。学派自身，既有缺点，而复行以专制，此破灭之兆矣。

其三，清学家既教人以尊古，又教人以善疑。既尊古矣，则有更古焉者，固在所当尊。既善疑矣，则当时诸人所共信者，吾曷为不可疑之？盖清学经乾嘉全盛以后，恰如欧洲近世史初期，各国内部略奠定，不能不有如科仑布其人者别求新陆，故在本派中有异军突起，而本派之命运，遂根本摇动，则亦事所必至、理有固然矣。

所谓由环境之变化所促成者何耶？

其一，清初"经世致用"之一学派所以中绝者，固由学风正趋于归纳的研究法，厌其空泛，抑亦因避触时忌，聊以自藏。嘉道以还，积威日弛，人心已渐获解放，而当文恬武嬉之既极，稍有识者，咸知大乱之将至。追寻根原，归咎于学非所用，则最尊严之学阀，自不得不首当其冲。

其二，清学之发祥地及根据地，本在江浙；咸同之乱，江浙受祸最烈，文献荡然，后起者转徙流离，更无余裕以自振其业，而一时英拔之士，奋志事功，更不复以学问为重。凡学术之赓续发展，非比较的承平时代则不能。咸同间之百学中落，固其宜矣。

其三，"鸦片战役"以后，志士扼腕切齿，引为大辱奇戚，思所以自湔拔；经世致用观念之复活，炎炎不可抑。又海禁既开，所谓"西学"者逐渐输入，始则工艺，次则政制。学者若生息于漆室之中，不知室外更何所有，忽穴一牖外窥，则粲然者皆昔所未睹也，还顾室中，则皆沉黑积秽。于是对外求索之欲日炽，对内厌弃之情日烈。欲破壁以自拔于此黑暗，不得不先对于旧政治而试奋斗，于是以其极幼稚之"西学"知识，与清初启蒙期所谓"经世之学"者相结合，别树一派，向于正统派公然举叛旗矣。此则清学分裂之主要原因也。

二十一　清学分裂的导火线

清学分裂之导火线，则经学今古文之争也。

何谓今古文？初，秦始皇焚书，六经绝焉[①]。汉兴，诸儒始渐以其学教授，而亦有派别。《易》则有施（雠）、孟（喜）、梁丘（贺）三家，而同出田何；《书》则有欧阳（生）、大夏侯（胜）、小夏侯（建）三家，而同出伏胜；《诗》则有齐、鲁、韩三家，《鲁诗》出申公，《齐诗》出辕固，《韩诗》出韩婴；《春秋》则惟《公羊传》，有严（彭祖）、颜（安乐）两家，同出胡毋生、董仲舒；《礼》则惟《仪礼》，有大戴（德）、小戴（圣）、庆（普）三家，而同出高堂生。此十四家者，皆汉武帝、宣帝时立于学官，置博士教授，其写本皆用秦汉时通行篆书，谓之今文。《史记·儒林传》所述经学传授止此[②]，所谓十四博士是也。逮西汉之末，则有所谓古文经传出焉。《易》则有费氏，谓东莱人费直所传；《书》则有孔

---

① 按秦焚书，未焚《易》；又，《乐》本无经。

② 此说不妥。《史记·儒林传》仅记载五经传授。上举《易》《书》《春秋》《礼》各经分立之诸博士，时代多在司马迁死后。清人考西汉十四博士，主要依据《汉书·儒林传》等篇。

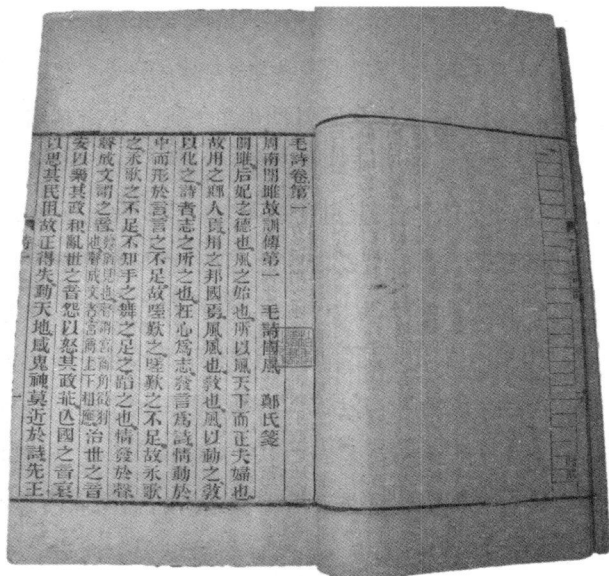

《毛诗传笺》内页

氏，谓孔子裔孔安国发其壁藏所献；《诗》则有毛氏，谓河间献王博士毛公所传；《春秋》则《左氏传》，谓张苍曾以教授；《礼》则有《逸礼》三十九篇，谓鲁共王得自孔子坏宅中；又有《周官》，谓河间献王所得。此诸经传者，皆以科斗文字写，故谓之古文。两汉经师，多不信古文。刘歆屡求以立学官，不得。歆移书让太常博士，谓其"专己守残，党同妒真"者也。王莽擅汉，歆挟莽力立之；光武复废之，东京初叶，信者殊稀。至东汉末，大师服虔、马融、郑玄①皆尊习古文，古文学遂大昌。而其时争论焦点，则

---

① 按马融为东汉中期人，此列入东汉末，非。又，马融为郑玄师，郑玄长于服虔，此处序列也不妥。而古文学大昌，至迟要由东汉前期的贾逵算起，此外所述亦非。

在《春秋公羊传》。今文大家何休①著《左氏膏肓》《穀梁废疾》《公羊墨守》，古文大家郑玄则著《箴膏肓》《起废疾》《发墨守》以驳之。玄既淹博，遍注群经，其后晋杜预、王肃②皆衍其绪，今文学遂衰。此两汉时今古文哄争之一大公案也。

南北朝以降，经说学派，只争郑（玄）、王（肃），今古文之争遂熄。唐陆德明著《释文》，孔颖达著《正义》，皆杂宗郑、王。今所传《十三经注疏》者，《易》用王（弼）注，《书》用伪孔（安国）传，《诗》用毛传郑笺，《周礼》《仪礼》《礼记》皆用郑注，《春秋左氏传》用杜（预）注，其余诸经，皆汲晚汉古文家之流。西汉所谓十四博士者，其学说皆亡，仅存者惟《春秋公羊传》之何（休）注而已。自宋以后，程朱等亦遍注诸经，而汉唐注疏废。

入清代则节节复古，顾炎武、惠士奇辈专提倡注疏学，则复于六朝、唐。自阎若璩攻伪《古文尚书》，后证明作伪者出王肃，学者乃重提南北朝郑、王公案，绌王申郑，则复于东汉。乾嘉以来，家家许、郑，人人贾、马，东汉学粲然如日中天矣。悬崖转石，非达于地不止。则西汉今古文旧案，终必须翻腾一度，势则然矣。

---

① 何休，诸本均误"休"为"林"，今改正。

② 按王肃卒于魏高贵乡公甘露元年（256），下距晋代尚有十年，此谓王为晋人，非。

二十二　清代今文学与龚魏

今文学之中心在《公羊》，而《公羊》家言，则真所谓"其中多非常异义可怪之论"（何休《公羊传注自序》），自魏晋以还，莫敢道焉。今《十三经注疏》本，《公羊传》虽用何注，而唐徐彦为之疏，于何义一无发明。《公羊》之成为绝学，垂二千年矣。清儒既遍治古经，戴震弟子孔广森始著《公羊通义》，然不明家法，治今文学者不宗之。

今文学启蒙大师，则武进庄存与也。存与著《春秋正辞》，刊落训诂名物之末，专求所谓"微言大义"者，与戴、段一派所取途径，全然不同。其同县后进刘逢禄继之，著《春秋公羊经传何氏释例》，凡何氏所谓非常异义可怪之论，如"张三世""通三统""绌周王鲁""受命改制"诸义，次第发明。其书亦用科学的归纳研究法，有条贯，有断制，在清人著述中，实最有价值之创作。

段玉裁外孙龚自珍，既受训诂学于段，而好今文，说经宗庄、刘。自珍性诙宕，不检细行，颇似法之卢骚；喜为要眇之思，其文辞俶诡连犿，当时之人弗善也。而自珍益以此自憙，往往引《公羊》义讥切时政，诋排专制；晚岁亦耽佛学，好谈名理。综自珍所学，病在不深入，所有思想，仅引其绪而止，又为瑰丽之辞所掩，意不豁达。虽然，晚清思想之解放，自珍确与有功焉。光绪间所谓新学家者，大率人人皆经过崇拜龚氏之一时期。初读《定庵文集》，若受电然，稍进乃厌其浅薄。然今文学派之开拓，实自龚氏。夏曾佑赠梁启超诗云："瑰人（龚）申受（刘）出方耕（庄），孤绪微茫接董生（仲舒）。"此言"今文学"之渊源最分明。拟诸"正统派"，庄可比顾，龚、刘则阎、胡也。

"今文学"之初期，则专言《公羊》而已，未及他经。然因此知汉代经师家法，今古两派，截然不同；知贾、马、许、郑，殊不足以尽汉学。时辑佚之学正极盛，古经说片语只字，搜集不遗余力，于是研究今文遗说者渐多。冯登府有《三家诗异文疏证》，陈寿祺有《三家诗遗说考》，陈乔枞有《今文尚书经说考》《尚书欧阳夏侯遗说考》《三家诗遗说考》《齐诗翼氏学疏证》，迮鹤寿有《齐诗翼氏学》，然皆不过言家法同异而已，未及真伪问题。道光末，

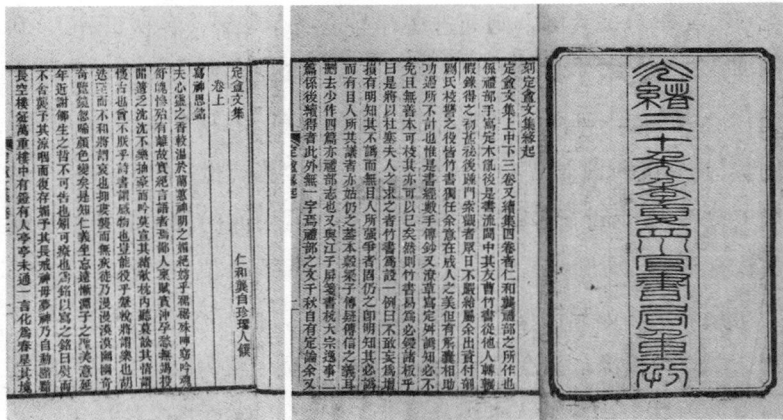

《龚定庵全集》四川官书局刊本

94

魏源著《诗古微》，始大攻《毛传》及《大小序》，谓为晚出伪作。其言博辩，比于阎氏之《书疏证》，且亦时有新理解。其论《诗》不为美刺而作，谓："美刺固《毛诗》一家之例，……作诗者自道其情，情达而止，……岂有欢愉哀乐，专为无病代呻者耶？"（《诗古微·齐鲁韩毛异同论中》）此深合"为文艺而作文艺"之旨，直破二千年来文家之束缚。又论诗乐合一，谓："古者乐以诗为体，孔子正乐即正诗。"（同《夫子正乐论》上）皆能自创新见，使古书顿带活气。源又著《书古微》，谓不惟东晋晚出之《古文尚书》（即阎氏所攻者）为伪也，东汉马、郑之古文说，亦非孔安国之旧。同时邵懿辰亦著《礼经通论》，谓《仪礼》十七篇为足本，所谓古文《逸礼》三十九篇者，出刘歆伪造。而刘逢禄故有《左氏春秋考证》，谓：此书本名《左氏春秋》，不名《春秋左氏传》，与《晏子春秋》《吕氏春秋》同性质，乃记事之书，非解经之书；其解经者，皆刘歆所窜入，《左氏传》之名，亦歆所伪创。

盖自刘书出而《左传》真伪成问题，自魏书出而《毛诗》真伪成问题，自邵书出而《逸礼》真伪成问题。若《周礼》真伪，则自宋以来成问题久矣。初时诸家不过各取一书为局部的研究而已，既而寻其系统，则此诸书者，同为西汉末出现，其传授端绪，俱不可深考，同为刘歆所主持争立。质言之，则所谓古文诸经传者，皆有连带关系，真则俱真，伪则俱伪。于是将两汉今古文之全案，重提覆勘，则康有为其人也。

今文学之健者，必推龚、魏。龚、魏之时，清政既渐陵夷衰微矣，举国方沉酣太平，而彼辈若不胜其忧危，恒相与指天画地，规天下大计。考证之学，本非其所好也，而因众所共习，则亦能之；能之而颇欲用以别辟国土，故虽言经学，而其精神与正统派之为

95

龚自珍（1792—1841）

经学而治经学者则既有以异。自珍、源皆好作经济谈，而最注意边事。自珍作《西域置行省议》，至光绪间实行，则今新疆也，又著《蒙古图志》，研究蒙古政俗而附以论议（未刻）。源有《元史》，有《海国图志》。治域外地理者，源实为先驱。故后之治今文学者，喜以经术作政论，则龚、魏之遗风也。

二十三　康有为是今文学运动的中心

　　今文学运动之中心，曰南海康有为。然有为盖斯学之集成者，非其创作者也。有为早年，酷好《周礼》，尝贯穴之著《政学通议》，后见廖平所著书，乃尽弃其旧说。平，王闿运弟子。闿运以治《公羊》闻于时，然故文人耳，经学所造甚浅，其所著《公羊笺》，尚不逮孔广森。平受其学，著《四益馆经学丛书》十数种，颇知守今文家法。晚年受张之洞贿逼，复著书自驳。其人固不足道，然有为之思想，受其影响，不可诬也。

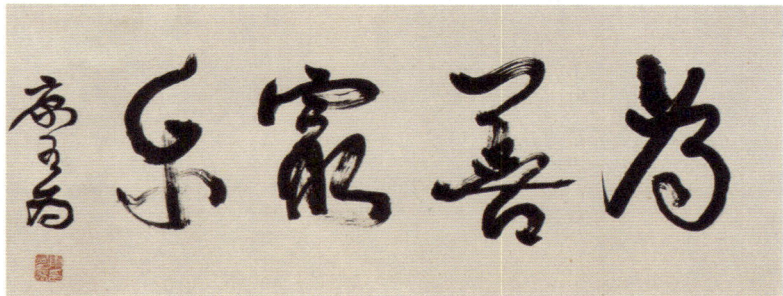

康有为书法

有为最初所著书曰：《新学伪经考》。"伪经"者，谓《周礼》《逸礼》《左传》及《诗》之毛传，凡西汉末刘歆所力争立博士者。"新学"者，谓新莽之学。时清儒诵法许、郑者，自号曰"汉学"。有为以为此新代之学，非汉代之学，故更其名焉。《新学伪经考》之要点：一、西汉经学，并无所谓古文者，凡古文皆刘歆伪作。二、秦焚书，并未厄及六经，汉十四博士所传，皆孔门足本，并无残缺。三、孔子时所用字，即秦汉间篆书，即以"文"论，亦绝无今古之目。四、刘歆欲弥缝其作伪之迹，故校中秘书时，于一切古书多所羼乱。五、刘歆所以作伪经之故，因欲佐莽篡汉，先谋湮乱孔子之微言大义。诸所主张，是否悉当，且勿论，要之此说一出，而所生影响有二：第一，清学正统派之立脚点，根本摇动；第二，

康有为故居

一切古书，皆须重新检查估价。此实思想界之一大飓风也。

有为弟子有陈千秋、梁启超者，并夙治考证学，陈尤精洽；闻有为说，则尽弃其学而学焉。《伪经考》之著，二人者多所参与，亦时时病其师之武断，然卒莫能夺也。实则此书大体皆精当，其可议处乃在小节目。乃至谓《史记》《楚辞》经刘歆羼入者数十条，出土之钟鼎彝器，皆刘歆私铸埋藏以欺后世。此实为事理之万不可通者，而有为必力持之。实则其主张之要点，并不必借重于此等枝词强辩而始成立，而有为以好博好异之故，往往不惜抹杀证据或曲解证据，以犯科学家之大忌，此其所短也。

有为之为人也，万事纯任主观，自信力极强，而持之极毅。其对于客观的事实，或竟蔑视，或必欲强之以从我。其在事业上也有然，其在学问上也亦有然；其所以自成家数、崛起一时者以此，其所以不能立健实之基础者亦以此；读《新学伪经考》而可见也。

《新学伪经考》出甫一年，遭清廷之忌，毁其版，传习颇稀。其后有崔适者，著《史记探原》《春秋复始》二书，皆引申有为之说，益加精密，今文派之后劲也。

有为第二部著述，曰《孔子改制考》。其第三部著述，曰《大同书》。若以《新学伪经考》比飓风，则此二书者，其火山大喷火也，其大地震也。

有为之治《公羊》也，不于其书法义例之小节，专求其微言大义，即何休所谓非常异义可怪之论者。定《春秋》为孔子改制创作之书，谓文字不过其符号，如电报之密码，如乐谱之音符，非口授不能明。又不惟《春秋》而已，凡六经皆孔子所作，昔人言孔子删述者误也。孔子盖自立一宗旨而凭之以进退古人去取古籍。孔子改制，恒托于古。尧舜者，孔子所托也，其人有无不可知；即有，亦至寻常；经典中尧舜之盛德大业，皆孔子理想上所构成也。又不惟孔子而已，周秦诸子罔不改制，罔不托古。老子之托黄帝，墨子之托大禹，许行之托神农，是也。近人祖述何休以治《公羊》者，若刘逢禄、龚自珍、陈立辈，皆言改制，而有为之说，实与彼异。有为所谓改制者，则一种政治革命、社会改造的意味也，故喜言"通三统"。"三统"者，谓夏、商、周三代不同，当随时因革也。喜言"张三世"。"三世"者，谓据乱世、升平世、太平世，愈改而愈进也。有为政治上"变法维新"之主张，实本于此。有为谓孔子之改制，上掩百世，下掩百世，故尊之为教主；误认欧洲之尊景教为治强之本，故恒欲侪孔子于基督，乃杂引谶纬之言以实之；于是有为心目中之孔子，又带有"神秘性"矣。《孔子改制考》之内容，大略如此；其所及于思想界之影响，可得言焉。

一、教人读古书，不当求诸章句训诂名物制度之末，当求其义理。所谓义理者，又非言心言性，乃在古人创法立制之精意。于是汉学、宋学，皆所吐弃，为学界别辟一新殖民地。

二、语孔子之所以为大，在于建设新学派（创教），鼓舞人创作精神。

三、《伪经考》既以诸经中一大部分为刘歆所伪托，《改制考》复以真经之全部分为孔子托古之作，则数千年来共认为神圣不可侵犯之经典，根本发生疑问，引起学者怀疑批评的态度。

四、虽极力推挹孔子，然既谓孔子之创学派与诸子之创学派，同一动机，同一目的，同一手段，则已夷孔子于诸子之列。所谓"别黑白定一尊"之观念，全然解放，导人以比较的研究。

二十四 《大同书》是康有为的创作

右两书皆有为整理旧学之作，其自身所创作，则《大同书》也。

初，有为既从学于朱次琦毕业，退而独居西樵山者两年，专为深沉之思，穷极天人之故，欲自创一学派，而归于经世之用。有为以《春秋》"三世"之义说《礼运》，谓"升平世"为"小康"，"太平世"为"大同"。《礼运》之言曰："大道之行也，天下为公，选贤与能，讲信修睦。故人不独亲其亲，不独子其子；使老有所归，壮有所用，幼有所长，鳏寡孤独废疾者皆有所养；男有分，女有归，货恶其弃于地也，不必藏诸己；力恶其不出于身也，不必为己；……是谓大同。"此一段者，以今语释之，则民治主义存焉（天下……与能），国际联合主义存焉（讲信修睦），儿童公育主义存焉（故人不……其子），老病保险主义存焉（使老有……有所养），共产主义存焉（货恶……藏诸己），劳作神圣主义存焉（力恶……为己）。有为谓此为孔子之理想的社会制度，谓《春秋》所谓"太平世"者即此，乃衍其条理为书，略如左：

一、无国家，全世界置一总政府，分若干区域。

二、总政府及区政府皆由民选。

三、无家族，男女同栖不得逾一年，届期须易人。

四、妇女有身者入胎教院，儿童出胎者入育婴院。

五、儿童按年入蒙养院，及各级学校。

六、成年后由政府指派分任农工等生产事业。

七、病则入养病院，老则入养老院。

八、胎教、育婴、蒙养、养病、养老诸院，为各区最高之设备，入者得最高之享乐。

九、成年男女，例须以若干年服役于此诸院，若今世之兵役然。

十、设公共宿舍、公共食堂，有等差，各以其劳作所入自由享用。

十一、警惰为最严之刑罚。

十二、学术上有新发明者，及在胎教等五院有特别劳绩者，得殊奖。

十三、死则火葬，火葬场比邻为肥料工厂。

《大同书》之条理略如是。全书数十万言，于人生苦乐之根源，善恶之标准，言之极详辩，然后说明其立法之理由。其最要关键，在毁灭家族。有为谓佛法出家，求脱苦也，不如使其无家可出；谓私有财产为争乱之源，无家族则谁复乐有私产？若夫国家，则又随家族而消灭者也。有为悬此鹄为人类进化之极轨，至其当由何道乃能致此？则未尝言。其第一眼目所谓男女同栖当立期限者，是否适于人性，则亦未甚能自完其说。虽然，有为著此书时，固一无依傍，一无剿袭，在三十年前，而其理想与今世所谓世界主义、社会主义者多合符契，而陈义之高且过之。呜呼！真可谓豪杰之士也已。

有为虽著此书，然秘不以示人，亦从不以此义教学者，谓今方为"据乱"之世，只能言小康，不能言大同，言则陷天下于洪水猛

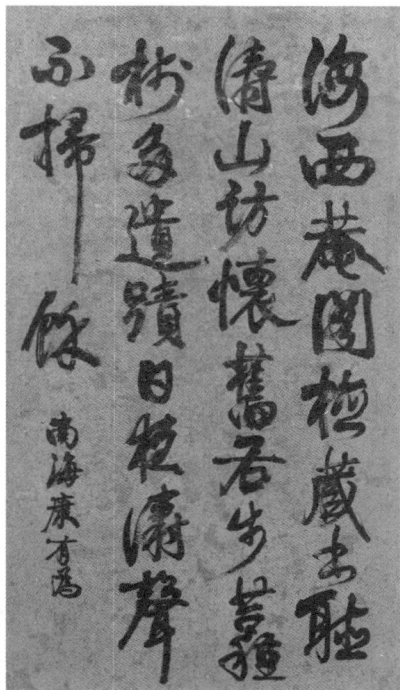

康有为书法

兽。其弟子最初得读此书者，惟陈千秋、梁启超，读则大乐，锐意欲宣传其一部分。有为弗善也，而亦不能禁其所为，后此万木草堂学徒多言大同矣。而有为始终谓当以小康义救今世，对于政治问题，对于社会道德问题，皆以维持旧状为职志。自发明一种新理想，自认为至善至美，然不愿其实现，且竭全力以抗之遏之；人类秉性之奇诡，度无以过是者。有为当中日战役后，纠合青年学子数千人上书言时事，所谓"公车上书"者是也。中国之有"群众的政治运动"，实自此始。然有为既欲实行其小康主义的政治，不能无所求于人，终莫之能用，屡遭窜逐。而后辈多不喜其所为，相与诋诃之。有为亦果于自信，而轻视后辈，益为顽旧之态以相角。今老矣，殆不复与世相闻问，遂使国中有一大思想家，而国人不蒙其泽，悲夫！启超屡请印布其《大同书》，久不许，卒乃印诸《不忍杂志》中，仅三之一，杂志停版，竟不继印。

103

二十五　梁启超的今文学派宣传运动

对于"今文学派"为猛烈的宣传运动者，则新会梁启超也。

启超年十三，与其友陈千秋同学于学海堂，治戴、段、王之学。千秋所以辅益之者良厚。越三年，而康有为以布衣上书被放归，举国目为怪。千秋、启超好奇，相将谒之，一见大服，遂执业为弟子，共请康开馆讲学，则所谓万木草堂是也。二人者学数月，则以其所闻昌言于学海堂，大诋诃旧学，与长老侪辈辩诘无虚日。有为不轻以所学授人。草堂常课，除《公羊传》外，则点读《资治通鉴》《宋元学案》《朱子语类》等，又时时习古礼。千秋、启超弗嗜也，则相与治周秦诸子及佛典，亦涉猎清儒经济书及译本西籍，皆就有为决疑滞。居一年，乃闻所谓"大同义"者，喜欲狂，锐意谋宣传。有为谓非其时，然不能禁也。又二年，而千秋卒（年二十二），启超益独力自任。

启超治《伪经考》，时复不慊于其师之武断，后遂置不复道。其师好引纬书，以神秘性说孔子，启超亦不谓然。启超谓孔门之学，后衍为孟子、荀卿两派，荀传小康，孟传大同；汉代经师，不问为今文家古文家，皆出荀卿（汪中说）；二千年间，宗派屡变，

梁启超故居（广东新会）

壹皆盘旋荀学肘下，孟学绝而孔学亦衰。于是专以绌荀申孟为标帜，引《孟子》中诛责"民贼""独夫""善战服上刑""授田制产"诸义，谓为大同精意所寄，日倡道之；又好《墨子》，诵说其"兼爱""非攻"诸论。启超屡游京师，渐交当世士大夫，而其讲学最契之友，曰夏曾佑、谭嗣同。曾佑方治龚、刘今文学，每发一义，辄相视莫逆。其后启超亡命日本，曾佑赠以诗，中有句曰："……冥冥兰陵（荀卿）门，万鬼头如蚁，质多（魔鬼）举只手，阳乌为之死。祖裼往暴之，一击类执豕，酒酣掷杯起，跌宕笑相视。颇谓宙合间，只此足欢喜。……"此可想见当时彼辈"排荀"运动，实有一种元气淋漓景象。嗣同方治王夫之之学，喜谈名理，谈经济，及交启超，亦盛言大同，运动尤烈。（详次节）而启超之学，受夏、谭影响亦至巨。

其后启超等之运动，益带政治的色彩。启超创一旬刊杂志于上海，曰《时务报》。自著《变法通议》，批评秕政，而救敝之法，归于废科举、兴学校，亦时时发"民权论"，但微引其绪，未敢昌言。

已而嗣同与黄遵宪、熊希龄等，设时务学堂于长沙，聘启超主讲席，唐才常等为助教。启超至，以《公羊》《孟子》教，课以札记，学生仅四十人，而李炳寰、林圭、蔡锷称高才生焉。启超每日在讲堂四小时，夜则批答诸生札记，每条或至千言，往往彻夜不寐。所言皆当时一派之民权论，又多言清代故实，胪举失政，盛倡革命。其论学术，则自荀卿以下汉、唐、宋、明、清学者，掊击无完肤。时学生皆住舍，不与外通，堂内空气日日激变，外间莫或知之。及年假，诸生归省，出札记示亲友，全湘大哗。先是嗣同、才常等，设"南学会"聚讲，又设《湘报》（日刊）、《湘学报》（旬刊），所言虽不如学堂中激烈，实阴相策应。又窃印《明夷待访录》《扬州十日记》等书，加以案语，秘密分布，传播革命思想，信奉者日众，于是湖南新旧派大哄。叶德辉著《翼教丛编》数十万言，将康有为所著书，启超所批学生札记，及《时务报》《湘报》《湘学报》诸论文，逐条痛斥。而张之洞亦著《劝学篇》，旨趣略同。

戊戌政变前，某御史胪举札记批语数十条指斥清室，鼓吹民权者具折揭参，卒兴大狱。嗣同死焉，启超亡命，才常等被逐，学堂解散。盖学术之争，延为政争矣。

启超既亡居日本，其弟子李、林、蔡等弃家从之者十有一人，才常亦数数往来，共图革命。积年余，举事于汉口，十一人者先后归，从才常死者六人焉。启超亦自美洲驰归，及上海而事已败。自是启超复专以宣传为业，为《新民丛报》《新小说》等诸杂志，畅其旨义，国人竞喜读之；清廷虽严禁，不能遏；每一册出，内地翻刻本辄十数。二十年来学子之思想，颇蒙其影响。

启超夙不喜桐城派古文，幼年为文，学晚汉魏晋，颇尚矜炼，至是自解放，务为平易畅达，时杂以俚语韵语及外国语法，纵笔所至不检束，学者竞效之，号新文体。老辈则痛恨，诋为野狐。然其文条理明晰，笔锋常带情感，对于读者，别有一种魔力焉。

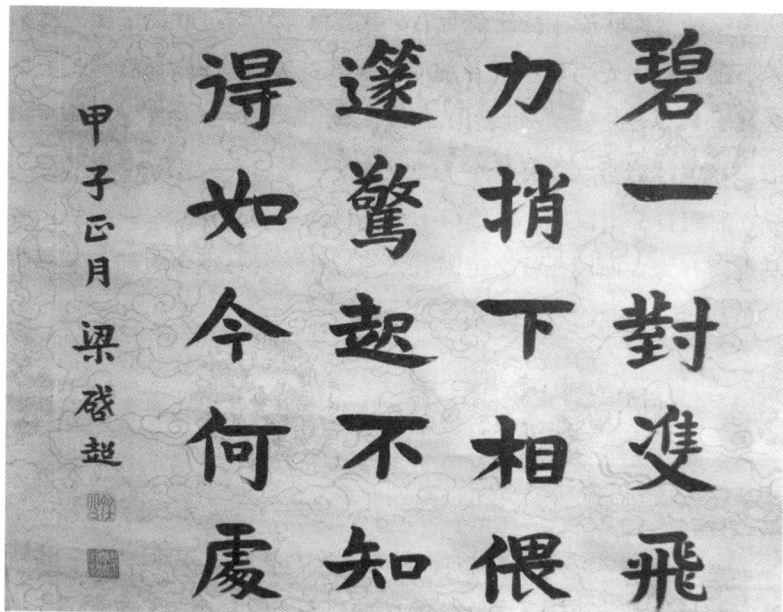

梁启超书法

二十六　梁启超与康有为的分歧

　　启超既日倡革命排满共和之论，而其师康有为深不谓然，屡责备之，继以婉劝，两年间函札数万言。启超亦不慊于当时革命家之所为，惩羹而吹齑，持论稍变矣。然其保守性与进取性常交战于胸中，随感情而发，所执往往前后相矛盾，尝自言曰："不惜以今日之我，难昔日之我。"世多以此为诟病，而其言论之效力亦往往相消，盖生性之弱点然矣。

　　启超自三十以后，已绝口不谈"伪经"，亦不甚谈"改制"。而其师康有为大倡设孔教会定国教祀天配孔诸义，国中附和不乏。启超不谓然，屡起而驳之，其言曰：

　　　　我国学界之光明，人物之伟大，莫盛于战国，盖思想自由之明效也。及秦始皇焚百家之语，而思想一窒；汉武帝表章六艺、罢黜百家，而思想又一窒。自汉以来，号称行孔教二千余年于兹矣，而皆持所谓表章某某、罢黜某某者为一贯之精神。故正学异端有争，今学古学有争，言考据则争师法，言性理则争道统，各自以为孔教，而排斥他人以为非孔教。……寝假而孔子变为董江都、何邵公矣，寖假而孔子变为马季长、郑康成矣，寖假而孔子变为韩退之、欧阳永叔矣，寖假而孔子变为程伊川、朱晦庵矣，寖假而孔子变为陆象山、王阳明矣，寖假而孔子变为顾亭林、戴东原矣，皆由思想束缚于一点，不能自开生面。如群猿得一果，跳掷以相攫，如群妪得一钱，诟詈以相夺，情状抑何可怜？……此二千年来保教党所生之结果也。……（壬寅年《新民丛报》）

梁启超书法

国豪仁弟嘉礼

砥德砺才隆武祉福

蒙祜谐耦邀祚嘉徵

梁启超敬贺

又曰：

今之言保教者，取近世新学新理而缘附之，曰：某某孔子所已知也，某某孔子所曾言也。……然则非以此新学新理厘然有当于吾心而从之也，不过以其暗合于我孔子而从之耳。是所爱者，仍在孔子，非在真理也。万一遍索诸四书六经而终无可比附者，则将明知为真理而亦不敢从矣。万一吾所比附者，有人剔之。曰孔子不如是，斯亦不敢不弃之矣。若是乎真理之终不能饷遗我国

民也。故吾所恶乎舞文贼儒，动以西学缘附中学者，以其名为开新，实则保守，煽思想界之奴性而滋益之也。（同上）

又曰：

撷古书片词单语以傅会今义，最易发生两种流弊。一、倘所印证之义，其表里适相吻合，善已；若稍有牵合附会，则最易导国民以不正确之观念，而缘郢书燕说以滋弊。例如畴昔谈立宪谈共和者，偶见经典中某字某句，与立宪共和等字义略相近，辄撷拾以沾沾自喜，谓此制为我所固有。其实今世共和立宪制度之为物，即泰西亦不过起于近百年，求诸彼古代之希腊罗马且不可得，遑论我国？而比附之言，传播既广，则能使多数人之眼光之思想，见局见缚于所比附之文句，以为所谓立宪共和者不过如是，而不复追求其真义之所存。……此等结习，最易为国民研究实学之魔障。二、劝人行此制，告之曰，吾先哲所尝行也；劝人治此学，告之曰，吾先哲所尝治也；其势较易入，固也。然频以此相诏，则人于先哲未尝行之制，辄疑其不可行，于先哲未尝治之学，辄疑其不当治。无形之中，恒足以增其故见自满之习，而障其择善服从之明。……吾雅不愿采撷隔墙桃李之繁葩，缀结于吾家杉松之老干，而沾沾自鸣得意。吾诚爱桃李也，惟当思所以移植之，而何必使与杉松淆其名实者。（乙卯年《国风报》）

此诸论者，虽专为一问题而发，然启超对于我国旧思想之总批判，及其所认为今后新思想发展应遵之途径，皆略见焉。中国思想之痼疾，确在"好依傍"与"名实混淆"。若援佛入儒也，若好造伪书也，皆原本于此等精神。以清儒论，颜元几于墨矣，而必自谓出孔子；戴震全属西洋思想，而必自谓出孔子；康有为之大同，空前创获，而必自谓出孔子；及至孔子之改制，何为必托古？诸子何为皆托古？则亦依傍混淆也已。此病根不拔，则思想终无独立自由之望。启超盖于此三致意焉。然持论既屡与其师不合，康、梁学派遂分。

启超之在思想界，其破坏力确不小，而建设则未有闻。晚清思想界之粗率浅薄，启超与有罪焉。启超常称佛说，谓"未能自度，而先度人，是为菩萨发心"。故其生平著作极多，皆随有所见，随即发表。彼尝言："我读到'性本善'，则教人以'人之初'而已。"殊不思"性相近"以下尚未读通，恐并"人之初"一句亦不能解。以此教人，安见其不为误人？启超平素主张，谓须将世界学说为无制限的尽量输入，斯固然矣。然必所输入者确为该思想之本来面目，又必具其条理本末，始能供国人切实研究之资，此其事非多数人专门分担不能。启超务广而荒，每一学稍涉其樊，便加论列，故其所述著，多模糊影响笼统之谈，甚者纯然错误，及其自发现而自谋矫正，则已前后矛盾矣！

平心论之，以二十年前思想界之闭塞萎靡，非用此种卤莽疏阔手段，不能烈山泽以辟新局。就此点论，梁启超可谓新思想界之陈涉。虽然，国人所责望于启超不止此。以其人本身之魄力，及其三十年历史上所积之资格，实应为我新思想界力图缔造一开国规模。若此人而长此以自终，则在中国文化史上，不能不谓为一大损失也。

启超与康有为最相反之一点，有为太有成见，启超太无成见。其应事也有然，云治学也亦有然。有为常言："吾学三十岁已成，此后不复有进，亦不必求进。"启超不然，常自觉其学未成，且忧其不成，数十年日在旁皇求索中。故有为之学，在今日可以论定；启超之学，则未能论定。然启超以太无成见之故，往往徇物而夺其所守，其创造力不逮有为，殆可断言矣。

启超"学问欲"极炽，其所嗜之种类亦繁杂，每治一业，则沉溺焉，集中精力，尽抛其他；历若干时日，移于他业，则又抛其前所治者。以集中精力故，故常有所得；以移时而抛故，故入焉而不深。彼尝有诗题其女令娴《艺蘅馆日记》云："吾学病爱博，是用浅且芜；尤病在无恒，有获旋失诸；百凡可效我，此二无我如。"可谓有自知之明。启超虽自知其短，而改之不勇，中间又屡为无聊的政治活动所牵率，耗其精而荒其业。识者谓启超若能永远绝意政治，且裁敛其学问欲，专精于一二点，则于将来之思想界尚更有所贡献，否则亦适成为清代思想史之结束人物而已。

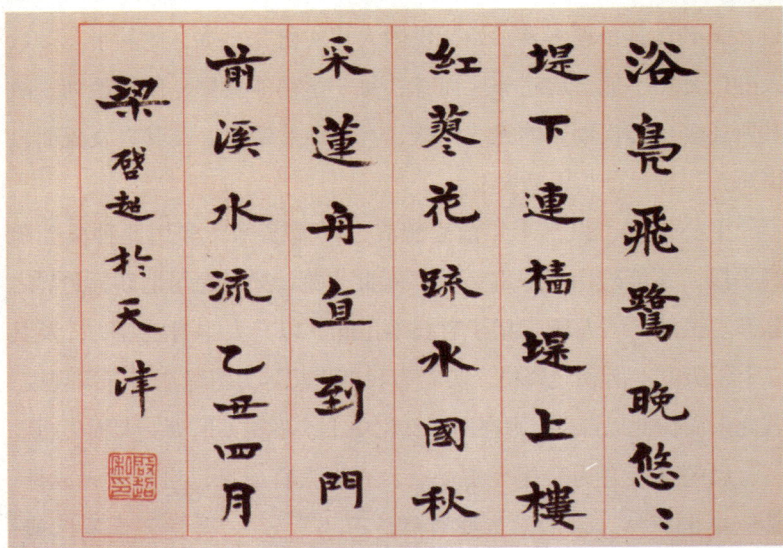

梁启超书法

二十七　晚清思想界一彗星——谭嗣同

晚清思想界有一彗星，曰浏阳谭嗣同。

嗣同幼好为骈体文，缘是以窥"今文学"，其诗有"汪（中）魏（源）龚（自珍）王（闿运）始是才"之语，可见其向往所自。又好王夫之之学，喜谈名理。自交梁启超后，其学一变。自从杨文

谭嗣同（1865—1898）

会闻佛法，其学又一变。尝自哀其少作诗文刻之，题曰《东海褰冥氏三十以前旧学》，示此后不复事此矣。其所谓"新学"之著作，则有《仁学》，亦题曰"台湾人所著书"，盖中多讥切清廷，假台人抒愤也。书成，自藏其稿，而写一副本畀其友梁启超；启超在日本印布之，始传于世。《仁学自叙》曰：

> 吾将哀号流涕，强聒不舍，以速其冲决网罗。冲决利禄之网罗，冲决俗学若考据若词章之网罗，冲决全球群学群教之网罗，冲决君主之网罗，冲决伦常之网罗，冲决天之网罗。……然既可冲决，自无网罗；真无网罗，乃可言冲决。……

《仁学》内容之精神，大略如是。英奈端倡"打破偶像"之论，遂启近代科学。嗣同之"冲决罗网"，正其义也。《仁学》之作，欲将科学、哲学、宗教冶为一炉，而更使适于人生之用，真可谓极大胆极辽远之一种计划。此计划，吾不敢谓终无成立之望，然以现在全世界学术进步之大势观之，则似为期尚早，况在嗣同当时之中国耶？

嗣同幼治算学，颇深造，亦尝尽读所谓"格致"类之译书，将当时所能有之科学知识，尽量应用。又治佛教之"唯识宗""华严宗"，用以为思想之基础，而通之以科学。又用今文学家"太平""大同"之义，以为"世法"之极轨，而通之于佛教。嗣同之书，盖取资于此三部分，而组织之以立己之意见。其驳杂幼稚之论甚多，固无庸讳，其尽脱旧思想之束缚，戛戛独造，则前清一代，未有其比也。

嗣同根本的排斥尊古观念，尝曰："古而可好，则何必为今之

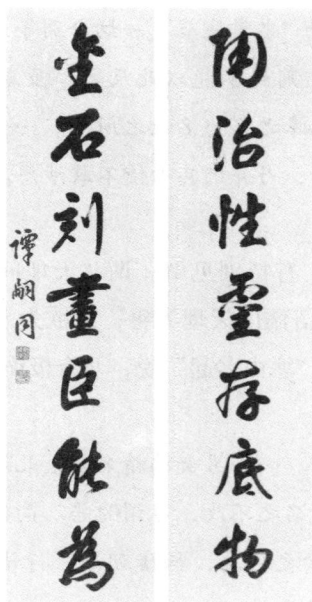

开治性灵存底物
金石刻画臣能为

谭嗣同书法

人哉！"（《仁学》卷上）对于中国历史，下一总批评曰："二千年来之政，秦政也，皆大盗也；二千年来之学，荀学也，皆乡愿也；惟大盗利用乡愿，惟乡愿工媚大盗。"（《仁学》卷下）当时谭、梁、夏一派之论调，大约以此为基本，而嗣同尤为悍勇。其《仁学》所谓冲决罗网者，全书皆是也，不可悉举，姑举数条为例。

嗣同明目张胆以诋名教，其言曰：

俗学陋行，动言名教，……以名为教，则其教已为实之宾，而决非实也。又况名者由人创造，上以制其下而下不能不奉之，则数千年三纲五常之惨祸酷毒由此矣。……如曰"仁"，则共名也，君父以责臣子，臣子亦可反之君父，于箝制之术不

115

便，故不能不有"忠孝廉节"一切分别等衰之名。……忠孝既为臣子之专名，则终不能以此反之，虽或他有所据，意欲诘诉，而终不敌忠孝之名为名教之所尚。……名之所在，不惟关其口使不敢昌言，乃并锢其心使不敢涉想。……

嗣同对于善恶，有特别见解，谓"天地间无所谓恶，恶者名耳，非实也"，谓"俗儒以天理为善，人欲为恶，不知无人欲安得有天理"。彼欲申其"恶由名起"说，乃有极诡僻之论，曰：

　　恶莫大淫杀。……男女构精名淫，此淫名也。淫名亦生民以来沿习既久，名之不改，习谓为恶。向使生民之始，即相习以淫为朝聘宴飨之巨典，行诸朝庙，行诸都市，行诸稠人广

谭嗣同
(1865-1898)

谭嗣同故居内景

众，如中国之长揖拜跪，西国之抱腰接吻，则孰知为恶者？戕害生命名杀，此杀名也。然杀为恶，则凡杀皆当为恶。人不当杀，则凡虎狼牛马鸡豚，又何当杀者，何以不并名恶也？或曰，"人与人同类耳"。然则虎狼于人不同类也，虎狼杀人，则名虎狼为恶；人杀虎狼，何以不名人为恶也？……

此等论调，近于诡辩矣，然其怀疑之精神，解放之勇气，正可察见。

《仁学》下篇，多政治谈。其篇首论国家起源及民治主义（文不具引），实当时谭、梁一派之根本信条，以殉教的精神力图传播者也。由今观之，其论亦至平庸，至疏阔。然彼辈当时，并卢骚《民约论》之名亦未梦见，而理想多与暗合，盖非思想解放之效不及此。其鼓吹排满革命也，词锋锐不可当，曰：

> 天下为君主私产，不始今日。……然而有知辽、金、元、清之罪，浮于前此君主者乎？其土则秽壤也，其人则膻种也，其心则禽心也，其俗则羴俗也。逞其凶残淫杀，攫取中原子女玉帛，……犹以为未餍。锢其耳目，桎其手足，压其心思，挫其气节。……方命曰：此食毛践土之分然也。夫果，谁食谁之毛？谁践谁之土？……

又曰："吾华人慎毋言华盛顿、拿破仑矣，志士仁人，求为陈涉、杨玄感，以供圣人之驱除，死无憾焉。若机无可乘，则莫若为任侠（暗杀），亦足以伸民气，倡勇敢之风。"此等言论，著诸竹帛，距后此"同盟会""光复会"等之起，盖十五六年矣。

《仁学》之政论，归于"世界主义"，其言曰："春秋大一统之义，天地间不当有国也。"又曰："不惟发愿救本国，并彼极盛之西国与夫含生之类，一切皆度之，……不可自言为某国人，当平视万国，皆其国，皆其民。"篇中此类之论，不一而足，皆当时今文学派所日倡道者。其后梁启超居东，渐染欧、日俗论，乃盛倡褊狭的国家主义，惭其死友矣。

　　嗣同遇害，年仅三十三。使假以年，则其学将不能测其所至。仅留此区区一卷，吐万丈光芒，一瞥而逝，而扫荡廓清之力莫与京焉，吾故比诸彗星。

二十八　清学正统派的殿军——章炳麟

　　在此清学蜕分与衰落期中，有一人焉能为正统派大张其军者，曰：余杭章炳麟。

　　炳麟少受学于俞樾，治小学极谨严，然固浙东人也，受全祖望、章学诚影响颇深，大究心明清间掌故，排满之信念日烈。

　　炳麟本一条理缜密之人，及其早岁所作政谈，专提倡单调的"种族革命论"，使众易喻，故鼓吹之力綦大。中年以后，究心佛典，治《俱舍》《唯识》，有所入。既亡命日本，涉猎西籍，以新知附益旧学，日益闳肆。其治小学，以音韵为骨干，谓文字先有声然后有形，字之创造及其孳乳，皆以音衍。所著《文始》及《国故论衡》

章炳麟（1869—1936）

中论文字音韵诸篇，其精义多乾嘉诸老所未发明。应用正统派之研究法，而廓大其内容延辟其新径，实炳麟一大成功也。

炳麟用佛学解老庄，极有理致，所著《齐物论释》，虽间有牵合处，然确能为研究“庄子哲学”者开一新国土。其《菿汉微言》，深造语极多。其余《国故论衡》《检论》《文录》诸篇，纯驳互见。尝自述治学进化之迹，曰：

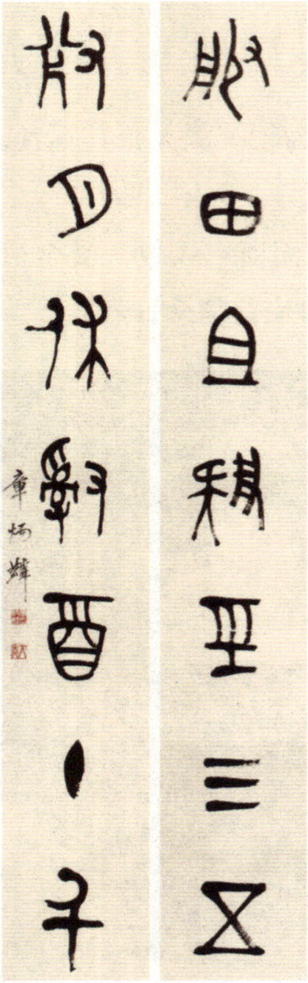

章炳麟书法

少时治经，谨守朴学，所疏通证明者，在文学器数之间。虽尝博观诸子，略识微言，亦随顺旧义耳。……继阅佛藏，涉猎《华严》《法华》《涅槃》诸经，义解渐深，卒未窥其究竟。及囚系上海，专修慈氏世亲之书。此一术也，以分析名相始，以排遣名相终。从入之途，与平生朴学相似，易于契机。……

……讲说许书，一旦解寤，眴然见语言文字本原，于是初为《文始》。……由是所见与笺疏琐碎者殊矣。……

为诸生说《庄子》，旦夕比度，遂有所得，端居深观而释《齐物》，乃与《瑜伽》《华严》相会。……

自揣平生学术，始则转俗成真，终乃回真向俗。……秦汉以来，依违于彼是之间，局促于一曲之内，盖未尝睹是也。……（《菿汉微言》卷末）

其所自述，殆非溢美。盖炳麟中岁以后所得，固非清学所能限矣。其影响于近年来学界者亦至巨。虽然，炳麟谨守家法之结习甚深，故门户之见，时不能免，如治小学排斥钟鼎文龟甲文，治经学排斥"今文派"，其言常不免过当。而对于思想解放之勇决，炳麟或不逮今文家也。

二十九　晚清西洋思想之运动

自明徐光启、李之藻等广译算学、天文、水利诸书，为欧籍入中国之始，前清学术，颇蒙其影响，而范围亦限于天算。

"鸦片战役"以后，渐怵于外患。洪杨之役，借外力平内难，益震于西人之"船坚炮利"。于是上海有制造局之设，附以广方言馆，京师亦设同文馆，又有派学生留美之举，而目的专在养成通译人才，其学生之志量，亦莫或逾此。故数十年中，思想界无丝毫变化。惟制造局中尚译有科学书二三十种，李善兰、华蘅芳、赵仲涵等任笔受。其人皆学有根柢，对于所译之书，责任心与兴味皆极浓重，故其成绩略可比明之徐、李。而教会之在中国者，亦颇有译书。光绪间所为"新学家"者，欲求知识于域外，则以此为枕中鸿秘。盖"学问饥饿"，至是而极矣。

甲午丧师，举国震动，年少气盛之士，疾首扼腕言"维新变法"，而疆吏若李鸿章、张之洞辈，亦稍稍和之。而其流行语，则有所谓"中学为体，西学为用"者，张之洞最乐道之，而举国以为至言。盖当时之人，绝不承认欧美人除能制造、能测量、能驾驶、能操练之外，更有其他学问，而在译出西书中求之，亦确无他种学问可见。康有为、梁启超、谭嗣同辈，即生育于此种"学问饥荒"之环境中，冥思枯索，欲以构成一种"不中不西即中即西"之新学派，而已为时代所不容。盖固有之旧思想，既深根固蒂，而外来之新思想，又来源浅觳，汲而易竭，其支绌灭裂，固宜然矣。

戊戌政变，继以庚子拳祸，清室衰微益暴露。青年学子，相率求学海外，而日本以接境故，赴者尤众。壬寅、癸卯间，译述之业特盛，定期出版之杂志不下数十种。日本每一新书出，译者动数家。新思想之输入，如火如荼矣。然皆所谓"梁启超式"的输入，无组织，无选择，本末不具，派别不明，惟以多为贵，而社会亦欢迎之。盖如久处灾区之民，草根木皮，冻雀腐鼠，罔不甘之，朵颐大嚼，其能消化与否不问，能无召病与否更不问也，而亦实无卫生良品足以为代。

时独有侯官严复，先后译赫胥黎《天演论》，斯密亚丹《原富》，穆勒约翰《名学》《群己权界论》，孟德斯鸠《法意》，斯宾塞《群学肄言》等数种，皆名著也。虽半属旧籍，去时势颇远，然西洋留学生与本国思想界发生关系者，复其首也。亦有林纾者，译小说百数十种，颇风行于时，然所译本率皆欧洲第二三流作者。纾治桐城派古文，每译一书，辄"因文见道"，于新思想无与焉。

晚清西洋思想之运动，最大不幸者一事焉，盖西洋留学

严复（1854—1921）

生殖全体未尝参加于此运动。运动之原动力及其中坚，乃在不通西洋语言文字之人。坐此为能力所限，而稗贩、破碎、笼统、肤浅，错误诸弊，皆不能免。故运动垂二十年，卒不能得一健实之基础，旋起旋落，为社会所轻。就此点论，则畴昔之西洋留学生，深有负于国家也。

而一切所谓"新学家"者，其所以失败，更有一总根源，曰不以学问为目的而以为手段。时主方以利禄饵诱天下，学校一变名之科举，而新学亦一变质之八股。学子之求学者，其什中八九，动机已不纯洁，用为"敲门砖"，过时则抛之而已。此其劣下者，可勿论。其高秀者，则亦以"致用"为信条，谓必出所学举而措之，乃为无负。殊不知凡学问之为物，实应离"致用"之意味而独立生存，真所谓"正其谊不谋其利，明其道不计其功"。质言之，则有"书呆子"，然后有学问也。晚清之新学家，欲求其如盛清先辈具有"为经学而治经学"之精神者，渺不可得，其不能有所成就，亦何足怪？故光、宣之交，只能谓为清学衰落期，并新思想启蒙之名，亦未敢轻许也。

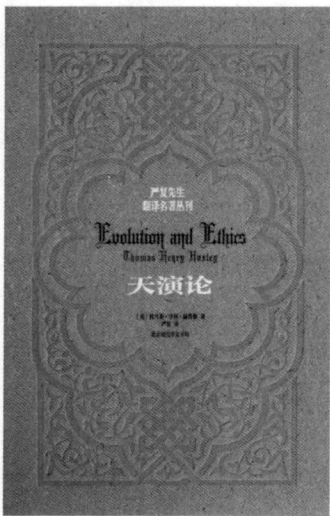

今译本《天演论》

三十　晚清思想界一伏流——佛学

晚清思想界有一伏流，曰佛学。

前清佛学极衰微，高僧已不多；即有，亦于思想界无关系。其在居士中，清初王夫之颇治相宗，然非其专好。至乾隆时，则有彭绍升、罗有高，笃志信仰。绍升尝与戴震往复辨难（《东原集》）。其后龚自珍受佛学于绍升（《定庵文集》有《知归子赞》。知归子即绍升），晚受菩萨戒。魏源亦然，晚受菩萨戒，易名承贯，著《无量寿经会译》等书。龚、魏为"今文学家"所推奖，故"今文学家"多兼治佛学。

石埭杨文会，少曾佐曾国藩幕府，复随曾纪泽使英，夙栖心内典，学问博而道行高。晚年息影金陵，专以刻经弘法为事。至宣统三年武汉革命之前一日圆寂。文会深通"法相""华严"两宗，而以"净土"教学者。学者渐敬信之。谭嗣同从之游一年，本其所得以著《仁学》，尤常鞭策其友梁启超。启超不能深造，顾亦好焉，其所著论，往往推挹佛教。康有为本好言宗教，往往以己意进退佛说。章炳麟亦好法相宗，有著述。故晚清所谓新学家者，殆无一不与佛学有关系，而凡有真信仰者率皈依文会。

三教图

経典流通既广，求习较易，故研究者日众。就中亦分两派，则哲学的研究，与宗教的信仰也。西洋哲学既输入，则对于印度哲学，自然引起连带的兴味。而我国人历史上与此系之哲学因缘极深，研究自较易，且亦对于全世界文化应负此种天职，有志者颇思自任焉。然其人极稀，其事业尚无可称述。社会既屡更丧乱，厌世思想，不期而自发生，对于此恶浊世界，生种种烦恼悲哀，欲求一安心立命之所；稍有根器者，则必遁逃而入于佛。佛教本非厌世，本非消极，然真学佛而真能赴以积极精神者，谭嗣同外，殆未易一二见焉。

学佛既成为一种时代流行，则依附以为名高者出焉。往往有夙昔稔恶或今方在热衷奔竞中者，而亦自托于学佛，今日听经打坐，明日黩货陷人。净宗他力横超之教，本有"带业往生"一义。稔恶之辈，断章取义，日日勇于为恶，恃一声"阿弥陀佛"，谓可澌拔无余，直等于"罗马旧教"极敝时，忏罪与犯罪，并行不悖。又中国人中迷信之毒本甚深，及佛教流行，而种种邪魔外道惑世诬民之术，亦随而复活，乩坛盈城，图谶累牍。佛弟子曾不知其为佛法所诃，为之推波助澜，甚至以二十年前新学之巨子，犹津津乐道之。率此不变，则佛学将为思想界一大障，虽以吾辈夙尊佛法之人，亦结舌不敢复道矣。

蒋方震曰："欧洲近世史之曙光，发自两大潮流。其一，希腊思想复活，则'文艺复兴'也；其二，原始基督教复活，则'宗教改革'也。我国今后之新机运，亦当从两途开拓，一为情感的方面，则新文学新美术也；一为理性的方面，则新佛教也。"（《欧洲文艺复兴时代史》自序）吾深韪其言。中国之有佛教，虽深恶之者终不能遏绝之，其必常为社会思想之重要成分，无可疑也。其益社会耶？害社会耶？则视新佛教徒能否出现而已。

更有当附论者，曰基督教。基督教本与吾国民性不近，故其影响甚微。其最初传来者，则旧教之"耶稣会"一派也，明士大夫徐光启辈，一时信奉。入清转衰，重以教案屡起，益滋人厌。新教初来，亦受其影响。其后国人渐相安，而教力在欧洲已日杀矣。各派教会在国内事业颇多，尤注意教育，然皆竺旧，乏精神。对于数次新思想之运动，毫未参加，而间接反有阻力焉。基督教之在清代，可谓无咎无誉，今后不改此度，则亦归于淘汰而已。

三十一　前清学风与欧洲文艺复兴的异点

前清一代学风，与欧洲文艺复兴时代相类甚多。其最相异之一点，则美术文学不发达也。

清之美术（画）虽不能谓甚劣于前代，然绝未尝向新方面有所发展，今不深论。

其文学，以言夫诗，真可谓衰落已极。吴伟业之靡曼，王士禛之脆薄，号为开国宗匠。乾隆全盛时，所谓袁（枚）、蒋（士铨）、赵（翼）三大家者，臭腐殆不可向迩。诸经师及诸古文家，集中多亦有诗，则极拙劣之砌韵文耳。嘉道间，龚自珍、王昙、舒位，号称新体，则粗犷浅薄。咸同后，竞宗宋诗，只益生硬，更无余味。其稍可观者，反在生长僻壤之黎简、郑珍辈，而中原更无闻焉。直至末叶，始有金和、黄遵宪、康有为，元气淋漓，卓然称大家。

以言夫词，清代固有作者，驾元明而上，若纳兰性德、郭麐、张惠言、项鸿祚、谭献、郑文焯、王鹏运、朱祖谋，皆名其家，然词固所共指为小道者也。

以言夫曲，孔尚任《桃花扇》、洪昇《长生殿》外，无足称者；李渔、蒋士铨之流，浅薄寡味矣。

清光绪娱园本《纳兰词》内页

以言夫小说，《红楼梦》只立千古，余皆无足齿数。

以言夫散文，经师家朴实说理，毫不带文学臭味；桐城派则以文为"司空城旦"矣。其初期魏禧、王源较可观，末期则魏源、曾国藩、康有为。清人颇自夸其骈文，其实极工者仅一汪中，次则龚自珍、谭嗣同。其最著名之胡天游、邵齐焘、洪亮吉辈，已堆垛柔曼无生气，余子更不足道。

要而论之，清代学术，在中国学术史上，价值极大；清代文艺美术，在中国文艺史美术史上，价值极微；此吾所敢昌言也。

清代何故与欧洲之"文艺复兴"异其方向耶？所谓"文艺复兴"者，一言以蔽之，曰返于希腊。希腊文明，本以美术为根干，无美术则无希腊，盖南方岛国景物妍丽而多变化之民所特产也。而意大利之位置，亦适与相类。希腊主要美术在雕刻，而其实物多传于后。故维那神像（雕刻裸体女神）之发掘，为文艺复兴最初之动机；研究学问尚古典，则其后起耳。故其方向特趋重于美术，宜也。我国文明，发源于北部大平原。平原雄伟广荡而少变化，不宜于发育美术。所谓复古者，使古代平原文明之精神复活，其美术的要素极贫乏，则亦宜也。

然则曷为并文学亦不发达耶？

欧洲文字衍声，故古今之差变剧；中国文字衍形，故古今之差变微。文艺复兴时之欧人，虽竞相与研究希腊，或径以希腊文作诗歌及其他著述，要之欲使希腊学普及，必须将希腊语译为拉丁或当时各国通行语，否则人不能读。因此，而所谓新文体（国语新文学）者，自然发生，如六朝隋唐译佛经，产生一种新文体，今代译西籍，亦产出一种新文体，相因之势然也。

我国不然，字体变迁不剧，研究古籍，无待迻译。夫《论语》《孟子》，稍通文义之人尽能读也，其不能读《论语》《孟子》者，则并《水浒》《红楼》亦不能读也，故治古学者无须变其文与语。既不变其文与语，故学问之实质虽变化，而传述此学问之文体语体无变化，此清代文无特色之主要原因也。重以当时诸大师方以崇实黜华相标榜，顾炎武曰："一自命为文人，便无足观。"（《日知录》二十）所谓"纯文艺"之文，极所轻蔑。高才之士，皆集于"科学的考证"之一途。其向文艺方面讨生活者，皆第二派以下人物，此所以不能张其军也。

三十二　清代自然科学为何不发达

问曰：吾子屡言清代研究学术，饶有科学精神，何故自然科学，于此时代并不发达耶？

答曰：是亦有故。文化之所以进展，恒由后人承袭前人知识之遗产，继长增高。凡袭有遗产之国民，必先将其遗产整理一番，再图向上，此乃一定步骤。欧洲文艺复兴之价值，即在此。故当其时，科学亦并未发达也，不过引其机以待将来。清代学者，刻意将三千年遗产，用科学的方法大加整理，且亦确已能整理其一部分。凡一国民在一时期内，只能集中精力以完成一事业，且必须如此，然后事业可以确实成就。清人集精力于此一点，其贡献于我文化者已不少，实不能更责以其他。且其趋势，亦确向切近的方面进行，例如言古音者，初惟求诸《诗经》《易经》之韵，进而考历代之变迁，更进而考古今各地方音，遂达于人类发音官能构造之研究，此即由博古的考证引起自然科学的考证之明验也。故清儒所遵之途径，实为科学发达之先驱，其未能一蹴即几者，时代使然耳。

复次，凡一学术之发达，必须为公开的且趣味的研究，又必须其研究资料比较的丰富。我国人所谓"德成而上，艺成而下"之旧观念，因袭已久，本不易骤然解放，其对于自然界物象之研究，素乏趣味，不能为讳也。科学上之发明，亦何代无之？然皆带秘密的性质，故终不能光大，或不旋踵而绝，即如医学上证治与药剂，其因秘而失传者，盖不少矣。凡发明之业，往往出于偶然。发明者或并不能言其所以然，或言之而非其真，及以其发明之结果公之于世，多数人用各种方法向各种方面研究之，然后偶然之事实，变为必然之法则。此其事非赖有种种公开研究机关——若学校若学会若报馆者，则不足以收互助之效，而光大其业也。夫在清代则安能如是？此又科学不能发生之一原因也。

然而语一时代学术之兴替，实不必问其研究之种类，而惟当问其研究之精神。研究精神不谬者，则施诸此种类而可成就，施诸他种类而亦可以成就也。清学正统派之精神，轻主观而重客观，贱演绎而尊归纳，虽不无矫枉过正之处，而治学之正轨存焉。其晚出别派（今文学家）能为大胆的怀疑解放，斯亦创作之先驱也。此清学之所为有价值也欤？

三十三　结语

读吾书者，若认其所采材料尚正确，所批评亦不甚纰缪，则其应起之感想，有数种如下。

其一，可见我国民确富有"学问的本能"。我国文化史确有研究价值，即一代而已见其概。故我辈虽当一面尽量吸收外来之新文化，一面仍万不可妄自菲薄，蔑弃其遗产。

其二，对于先辈之"学者的人格"，可以生一种观感。所谓"学者的人格"者，为学问而学问，断不以学问供学问以外之手段。故其性耿介，其志专一，虽若不周于世用，然每一时代文化之进展，必赖有此等人。

其三，可以知学问之价值，在善疑，在求真，在创获。所谓研究精神者，归著于此点。不问其所疑所求所创者在何部分，亦不问其所得之巨细，要之经一番研究，即有一番贡献。必如是始能谓之增加遗产，对于本国之遗产当有然，对于全世界人类之遗产亦当有然。

其四，将现在学风与前辈学风相比照，令吾曹可以发现自己种种缺点。知现代学问上笼统影响凌乱肤浅等等恶现象，实我辈所造成。此等现象，非彻底改造，则学问永无独立之望，且生心害政，其流且及于学问社会以外。吾辈欲为将来之学术界造福耶？抑造罪耶？不可不取鉴前代得失以自策励。

吾著此书之宗旨，大略如是。而吾对于我国学术界之前途，实抱非常乐观。盖吾稽诸历史，征诸时势，按诸我国民性，而信其于最近之将来，必能演出数种潮流，各为充量之发展。吾今试为预言于此，吾祝吾观察之不谬，而希望之不虚也。

一、自经清代考证学派二百余年之训练，成为一种遗传，我国学子之头脑，渐趋于冷静缜密。此种性质，实为科学成立之根本要素。我国对于"形"的科学（数理的），渊源本远，根柢本厚；对于"质"的科学（物理的），因机缘未熟，暂不发展。今后欧美科学，日日输入，我国民用其遗传上极优粹之科学的头脑，凭借此等丰富之资料，瘁精研究，将来必可成为全世界第一等之"科学国民"。

二、佛教哲学，本为我先民最珍贵之一遗产，特因发达太过，末流滋弊，故清代学者，对于彼而生剧烈之反动。及清学发达太过，末流亦敝，则还原的反动又起焉。适值全世界学风，亦同有此等倾向，物质文明烂熟，而"精神上之饥饿"益不胜其苦痛。佛教哲学，盖应于此时代要求之一良药也。我国民性，对于此种学问，本有特长，前此所以能发达者在此，今后此特性必将复活。虽然，隋唐之佛教，非复印度之佛教，而今后复活之佛教，亦必非复隋唐之佛教。质言之，则"佛教上之宗教改革"而已。

三、所谓"经世致用"之一学派，其根本观念，传自孔孟，历代多倡道之，而清代之启蒙派晚出派，益扩张其范围。此派所揭橥之旗帜，谓学问有当讲求者，在改良社会增其幸福，其通行语所谓

"国计民生"者是也。故其论点，不期而趋集于生计问题。而我国对于生计问题之见地，自先秦诸大哲，其理想皆近于今世所谓"社会主义"。二千年来生计社会之组织，亦蒙此种理想之赐，颇称均平健实。今此问题为全世界人类之公共问题，各国学者之头脑，皆为所恼。吾敢言我国之生计社会，实为将来新学说最好之试验场，而我国学者对于此问题，实有最大之发言权，且尤当自觉悟其对此问题应负最大之任务。

四、我国文学美术，根柢极深厚，气象皆雄伟，特以其为"平原文明"所产育，故变化较少。然其中徐徐进化之迹，历然可寻，且每与外来之宗派接触，恒能吸受以自广。清代第一流人物，精力不用诸此方面，故一时若甚衰落，然反动之征已见。今后西洋之文学美术，行将尽量输入，我国民于最近之将来，必有多数之天才家出焉，采纳之而傅益以己之遗产，创成新派，与其他之学术相联络呼应，为趣味极丰富之民众的文化运动。

五、社会日复杂，应治之学日多，学者断不能如清儒之专研古典；而固有之遗产，又不可蔑弃，则将来必有一派学者焉，用最新的科学方法，将旧学分科整治，撷其粹，存其真，续清儒未竟之绪，而益加以精严，使后之学者既节省精力，而亦不坠其先业；世界人之治"中华国学"者，亦得有藉焉。

以吾所观察所希望，则与清代兴之新时代，最少当有上列之五大潮流，在我学术界中，各为猛烈之运动，而并占重要之位置。若今日者，正其启蒙期矣。吾更愿陈余义以自励，且励国人。

一、学问可嗜者至多，吾辈当有所割弃然后有所专精。对于一学，为彻底的忠实研究，不可如刘献廷所诮"只教成半个学者"（《广阳杂记》卷五），力洗晚清笼统肤浅凌乱之病。

二、善言政者，必曰"分地自治，分业自治"；学问亦然，当分业发展，分地发展。分业发展之义易明，不赘述。所谓分地发展者，吾以为我国幅员，广埒全欧，气候兼三带，各省或在平原，或在海滨，或在山谷。三者之民，各有其特性，自应发育三个体系以上之文明。我国将来政治上各省自治基础确立后，应各就其特性，于学术上择一二种为主干。例如某省人最宜于科学，某省人最宜于文学美术，皆特别注重，求为充量之发展。必如是，然后能为本国文化、世界文化作充量之贡献。

三、学问非一派可尽。凡属学问，其性质皆为有益无害，万不可求思想统一，如二千年来所谓"表章某某、罢黜某某"者。学问不厌辨难，然一面申自己所学，一面仍尊人所学，庶不至入主出奴，蹈前代学风之弊。

吾著此篇竟，吾感谢吾先民之饷遗我者至厚，吾觉有极灿烂庄严之将来横于吾前！

章太炎·国学概论

第一章　概论

　　我在东京曾讲演过一次国学，在北京也讲演过一次，今天是第三次了。国学很不容易讲，有的也实在不能讲，必须自己用心去读去看。即如历史，本是不能讲的，古人已说"一部十七史从何处说起"，现在更有二十四史，不止十七史了。即《通鉴》等书似乎稍简要一点，但还是不能讲。如果只像说大书那般铺排些事实，或讲些事实夹些论断，也没甚意义。所以这些书都靠自己用心去看，我讲国学，只能指示些门径和矫正些近人易犯的毛病。今天先把"国学概论"分做两部研究：

　　甲、国学之本体

　　　　一、经史非神话

　　　　二、经典诸子非宗教

　　　　三、历史非小说传奇

　　乙、治国学之方法

　　　　一、辨书籍的真伪

甲、国学之本体

一　经史非神话

在古代书籍中，原有些记载是神话，若《山海经》《淮南子》中所载，我们看了，觉得是怪诞极了。但此类神话，在王充《论衡》里已有不少被他看破，没有存在的余地了。而且正经正史中本没有那些神话，如盘古开天辟地、天皇、地皇、人皇等，正史都不载。又如"女娲炼石补天""后羿射日"那种神话，正史里也都没有。经史所载，虽在极小部分中还含神秘的意味，大体并没神奇怪离的论调，并且，这极小部分的神秘记载，也许使我们得有理的解释。

《诗经》记后稷的诞生，颇似可怪。因据《尔雅》所释"履帝武敏"，说是他的母亲，足蹈了上帝的拇指得孕的。但经毛公注释，训帝为皇帝，就等于平常的事实了。

《史记·高帝本纪》，说高祖之父太公，雷雨中至大泽，见神龙附高祖母之身，遂生高祖。这不知是太公捏造这话来骗人，还是高祖自造。即使太公真正看见如此，我想其中也可假托。记得湖北曾有一件奸杀案：一个奸夫和奸妇密议，得一巧法，在雷雨当中，奸夫装成雷公怪形，从屋脊而下，活活地把本夫打杀。高祖的事，也许是如此。他母亲和人私通，奸夫饰做龙怪的样儿，太公自然不敢进去了。

从前有人常疑古代圣帝贤王都属假托，即如《尧典》所说"钦明文思安安，克明俊德……"等等的话，有人很怀疑，以为那个时候的社会，哪得有像这样的完人。我想，古代史家叙太古的事，不能详叙事实，往往只用几句极混统的话做"考语"，这种考语原最容易言过其实。譬如今人做行述，遇着没有事迹可记的人，每只用几句极好的考语。《尧典》中所载，也不过是一种"考语"，事实虽不全如此，也未必全不如此。

《禹贡》记大禹治水，八年告成。日本有一博士，他说："后世凿小小的运河，尚须数十年或数百年才告成功，他治这么大的水，哪得如此快？"因此，也疑禹贡只是一种奇迹。我却以为大禹治水，他不过督其成，自有各部分工去做；如果要亲身去，就游历一周也不能，何况凿成！在那时人民同受水患，都有切身的苦痛，免不得合力去做，所以"经之营之，不日成之"了。《禹贡》记各地土地膄瘠情形，也不过依报告录出，并不必由大禹亲自调查的。

太史公作《五帝本纪》，择其言尤雅驯者，可见他述的确实。我们再翻看经史中，却也没载盘古、三皇的事，所以经史并非神话。

其他经史以外的书，若《竹书纪年》《穆天子传》，确有可疑者在。但《竹书纪年》今存者为明代伪托本，可存而不论，《穆天子传》也不在正经正史之例，不能以此混彼。后世人往往以古书稍有疑点，遂全目以为伪，这是错了！

二　经典诸子非宗教

经典诸子中有说及道德的，有说及哲学的，却没曾说及宗教。近代人因为佛经及耶教的圣经都是宗教，就把国学里的"经"，也混为一解，实是大误。"佛经""圣经"的那个"经"字，是后人翻译时随意引用，并不和"经"字原意相符。经字原意只是一经一纬的经，即是一根线，所谓经书只是一种线装书罢了。明代有线装书的名目，即别于那种一页一页散着的八股文墨卷，因为墨卷没有保存的价值，别的就称做线装书了。古代记事书于简。不及百名者书于方，事多一简不能尽，遂连数简以记之。这连各简的线，就是"经"。可见"经"不过是当代记述较多而常要翻阅的几部书罢了。非但没含宗教的意味，就是汉时训"经"为"常道"，也非本意。后世疑经是经天纬地之经，其实只言经而不言天，便已不是经天的意义了。

中国自古即薄于宗教思想，此因中国人都重视政治。周时诸学者已好谈政治，差不多在任何书上都见他们政治的主张。这也是环境的关系：中国土地辽广，统治的方法，急待研究，比不得欧西地小国多，没感着困难。印度土地也大，但内部实分着许多小邦，所以他们的宗教易于发达。中国人多以全力着眼政治，所以对宗教很冷淡。

老子很反对宗教，他说："以道莅天下，其鬼不神。"孔子对于宗教，也反对。他虽于祭祀等事很注意，但我体味"祭神如神在"的"如"字的意思，他已明白告诉我们是没有神的。《礼记》一书很考究祭祀，这书却又出自汉代，未必是可靠。

祀天地社稷，古代人君确是遵行，然自天子以下，就没有与祭的身分。须知宗教是须普及于一般人的，耶稣教的上帝，是给一般人膜拜的；中国古时所谓天，所谓上帝，非人君不能拜，根本上已非宗教了。

九流十家中，墨家讲天、鬼，阴阳家说阴阳生克，确含宗教

老子骑牛出关图

的臭味，但墨子所谓天，阴阳家所谓"龙""虎"，却也和宗教相去很远。

就上讨论，我们可以断定经典诸子非宗教。

三　历史非小说传奇

后世的历史，因为辞采不丰美，描写不入神，大家以为是记实的。对于古史，若《史记》《汉书》，以其叙述和描写的关系，引起许多人的怀疑：

《刺客列传》记荆轲刺秦王事，《项羽本纪》记项羽垓下之败，真是活龙活现。大家看了，以为事实上未必如此，太史公并未眼见，也不过如《水浒传》里说武松、宋江，信手写去罢了。实则太史公作史择雅去疑，慎之又慎。像伯夷、叔齐的事，曾经孔子讲及，所以他替二人作传。那许由、务光之流，就缺而不录了。项羽、荆轲的事迹，昭昭在人耳目，太史公虽没亲见，但传说很多，他就可凭着那传说写出了。《史记》中详记武略，原不止项羽一人；但若夏侯婴、周勃、灌婴等传，对于他们的战功，只书得某城，斩首若干级，升什么官，竟像记一笔账似的，这也因没有特别的传说，只将报告记了一番就算了。如果太史公有意伪述，那么《刺客列传》除荆轲外，行刺的情形，只曹沫、专诸还有些叙述，豫让、聂政等竟完全略过，这是什么道理呢？《水浒传》有百零八个好汉，所以施耐庵不能个个描摹，《刺客列传》只五个人，难道太史公不能逐人描写么？这都因荆轲行刺的情形有传说可凭，别人没有，所以如此的。

"商山四皓"一事，有人以为四个老人哪里能够使高祖这样听从，《史记》所载未必是实。但须知一件事情的成功，往往为多数

商山四皓

人所合力做成，而史家常在甲传中归功于甲，在乙传中又归功于乙。汉惠免废，商山四皓也是有功之一，所以在《留侯世家》中如此说，并无可疑。

史书原多可疑的地方，但并非像小说那样的虚构。如刘知几《史通》曾疑更始刮席事为不确，因为更始起自草泽时，已有英雄气概，何至为众所拥立时，竟羞惧不敢仰视而以指刮席呢？这大概是光武一方面诬蔑更始的话。又如史书写王莽竟写得同子一般，这样愚的人怎能篡汉？这也是因汉室中兴，对于王莽当然特别贬斥。这种以成败论人的习气，史家在所不免，但并非像小说的虚构。

考《汉书·艺文志》已列小说于各家之一，但那只是县志之类，如所谓《周考》《周纪》者。最早是见于《庄子》，有"饰小说以于县令"一语。这所谓"小说"，却又指那时的小政客不能游说六国侯王，只能在地方官前说几句本地方的话。这都和后世小说不同。刘宋时有《世说新语》一书，所记多为有风趣的魏晋人的言行，但和正史不同的地方，只时日多颠倒处，事实并非虚构。唐人始多笔记小说，且有因爱憎而特加揄扬或贬抑者，去事实稍远。《新唐书》因《旧唐书》所记事实不详备，多采取此等笔记。但司马温公作《通鉴》对于此等事实必由各方面搜罗证据，见有可疑者即删去，可见作史是极慎重将事的。最和现在小说相近的是宋代的《宣和遗事》，彼记宋徽宗游李师师家，写得非常生动，又有宋江等三十六人，大约《水浒传》即脱胎于此书。古书中全属虚构者也非没有，但多专记神仙鬼怪，如唐人所辑《太平广记》之类，这与《聊斋志异》相当，非《水浒传》可比，而且正史中也向不采取。所以正史中虽有些叙事很生动的地方，但决与小说传奇不同。

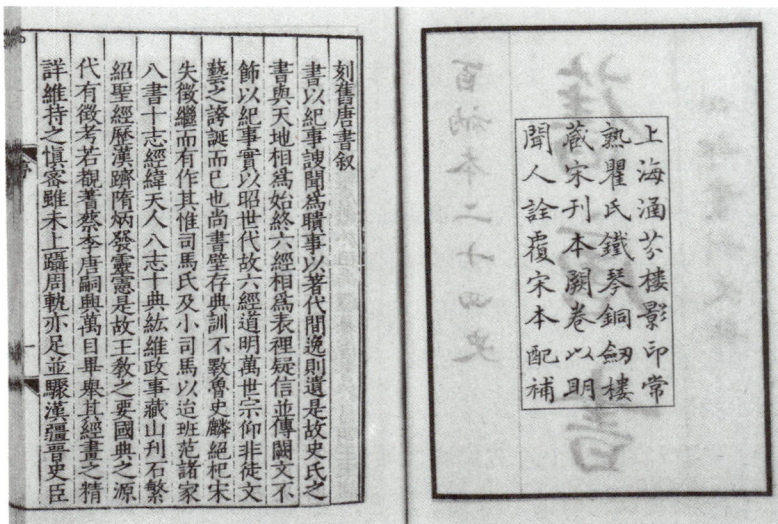

《旧唐书》内页

上海涵芬樓影印常
熟瞿氏鐵琴銅劍樓
藏宋刊本闕卷以明
聞人詮覆宋本配補
百衲本二十四史

刻舊唐書敘
書以紀事謹聞為職事以著代間逸則道是故史氏之
書與天地相為始終六經相為表裡疑信並傳闕文不
飾以紀事實以昭世代故六經道明萬世宗仰非徒文
藝之誇誕而已也尚書壁存典訓不敢魯史麟絕杞宋
失徵繼而有作其惟司馬氏及小司馬以追班范諸家
八書十志經緯天人八志十典紘維政事藏山刊石繁
紹聖經歷漢晉隋炳發靈憲是故王教之要國典之源
代有徵考若覩著蔡李唐嗣興萬目畢舉與其經畫之精
詳雖持之慎密未上驪周軼亦足並驟漢彊晉史臣

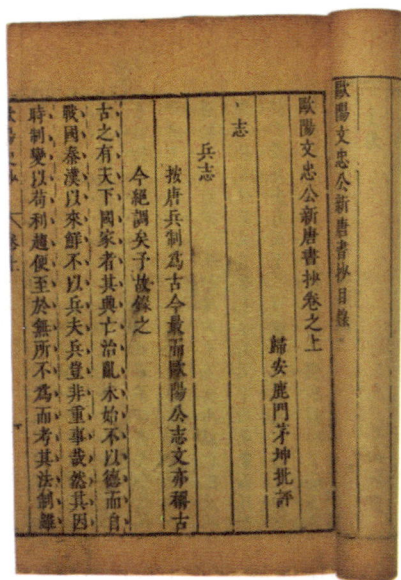

《新唐书》内页

歐陽文忠公新唐書抄目錄
歐陽文忠公新唐書抄卷之上
歸安鹿門茅坤批評
志
兵志
按唐兵制為古今最而歐陽公志文亦稱古
今絕調矣子姑繇之
古之有天下國家者其興亡治亂未始不以德而自
戰國秦漢以來節不以兵夫兵豈非重事哉然其四
時刺變以荷利趨便至於無所不為而考其法制繼

乙、治国学之方法

一 辨书籍的真伪

对于古书没有明白哪一部是真，哪一部是伪，容易使我们走入迷途，所以研究国学第一步要辨书籍的真伪。

四部的中间，除了集部很少假的，其余经、史、子三部都包含着很多的伪书，而以子部为尤多。清代姚际恒《古今伪书考》，很指示我们一些途径。

先就经部讲：《尚书》现代通行本共有五十八篇，其中只有三十三篇是汉代时的"今文"所有，另二十五篇都是晋代梅颐所假造。这假造的《尚书》，宋代朱熹已经怀疑他，但没曾寻出确证，直到清代，才明白地考出，却已雾迷了一千多年。经中尚有为明代人所伪托，如《汉魏丛书》中的《子贡诗传》系出自明丰坊手。诠释经典之书，也有后人伪托，如孔安国《尚书传》、郑氏《孝经注》、孙奭疏《孟子》之类，都是晋代的产品。不过"伪古文尚书"和"伪孔传"，比较的有些价值，所以还引起一部分人一时间的信仰。

以史而论，正史没人敢假造，别史中就有伪书。《越绝书》，汉代袁康所造，而托名子贡。宋人假造《飞燕外传》《汉武内传》，而列入《汉魏丛书》。《竹书纪年》本是晋人所得，原已难辨真伪，而近代通行本，更非晋人原本，乃是明人伪造的了。

子部中伪书很多，现在举其最著者六种，前三种尚有价值，后三种则全不足信。

（一）《吴子》 此书中所载器具，多非当时所有，想是六朝产

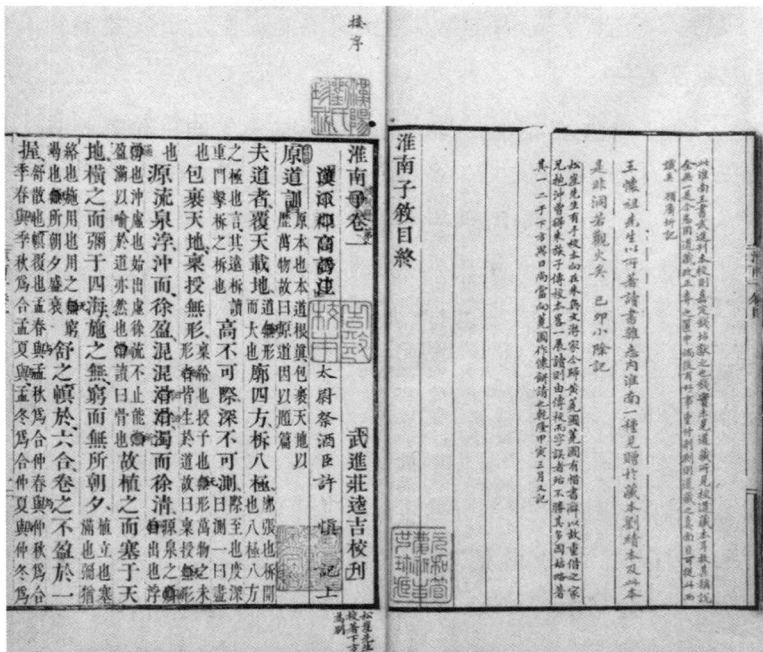

《淮南子》内页

品。但从前科举时代把它当作"武经"，可见受骗已久。

（二）《文子》《淮南子》 为西汉时作品，而《文子》里面大部分抄自《淮南子》，可见本书系属伪托，已有人证明它是两晋六朝人做的。

（三）《列子》 信《列子》的人很多，这也因本书做得不坏，很可动人的原故。须知列子这个人虽见于《史记·老庄列传》中，但书中所讲，多取材于佛经，"佛教"在东汉时始入中国，哪能在前说到？我们用时代证它，已可水落石出。并且《列子》这书，汉人从未有引用一句，这也是一个明证。造《列子》的也是晋人。

（四）《关尹子》 这书无足论。

（五）《孔丛子》 这部书是三国时王肃所造。《孔子家语》一书也是他所造。

（六）《黄石公三略》 唐人所造。又《太公阴符经》一书，出现在《黄石公三略》之后，系唐人李筌所造。

经、史、子三部中的伪书很多，以上不过举个大略。此外，更有原书是真而后人参加一部分进去的，这却不能疑它是假。《四子书》中有已被参入的。《史记》中也有，如《史记》中曾说及扬雄，扬在太史公以后，显系后人加入，但不能因此便疑《史记》是伪书。

总之，以假为真，我们就要陷入迷途，所以不可不辨别清楚。但反过来看，因为极少部分的假，就怀疑全部分，也是要使我们彷徨无所归宿的。如康有为以为汉以前的书都是伪的，都被王莽、刘歆改窜过，这话也只有他一个人这样说。我们如果相信他，便没有可读的古书了。

二　通小学

韩昌黎说：“凡作文章宜略识字。”所谓“识字”，就是通小学的意思。作文章尚须略通小学，可见在现在研究古书，非通小学是无从下手的了。小学在古时，原不过是小学生识字的书，但到了现代，虽研究到六七十岁，还有不能尽通的。何以古易今难至于如此呢？这全是因古今语言变迁的缘故。现在的小学，是可以专门研究的，但我所说的“通小学”，却和专门研究不同，因为一方面要研究国学，所以只能略通大概了。

《尚书》中《盘庚》《洛诰》，在当时不过一种告示，现在我们读了，觉得“佶屈聱牙”，这也是因我们没懂当时的白话，所以如

韩愈（即韩昌黎，768—824）

此。《汉书·艺文志》说：“《尚书》直言也。”直言就是白话。古书原都用当时的白话，但我们读《尚书》，觉得格外难懂，这或因《盘庚》《洛诰》等都是一方的土话，如殷朝建都在黄河以北，周朝建都在陕西，用的都是河北的土话，所以比较地不能明白。《汉书·艺文志》又说，“读《尚书》应用《尔雅》”，这因《尔雅》是诠释当时土话的书，所以《尚书》中于难解的地方，看了《尔雅》就可明白。

总之，读唐以前的书，都非研究些小学，不能完全明白。宋以后的文章和现在差不多，我们就能完全了解了。

研究小学有三法：

（一）通音韵　古人用字，常同音相通，这大概和现在的人写别字一样。凡写别字都是同音的，不过古人写惯了的别字，现在不叫他写别字罢了。但古时同音的字，现在多不相同，所以更难明白。我们研究古书，要知道某字即某字之转讹，先要明白古时代的音韵。

（二）明训诂　古时训某字为某义，后人更引申某义转为他义。可见古义较狭而少，后义较广而繁。我们如不明白古时的训诂，误以后义附会古义，就要弄错了。

（三）辨形体　近体字中相像的，在篆文未必相像，所以我们要明古书某字的本形，以求古书某字的某义。

历来讲形体的书，是《说文》，讲训诂的是《尔雅》，讲音韵的书，是《音韵学》。如能对《说文》《尔雅》《音韵学》都有明确的观念，那么，研究国学就不至犯那"意误""音误""形误"等弊病了。

宋朱熹一生研究《五经》《四子》诸书，连寝食都不离，可是纠缠一世，仍弄不明白。实在，他在小学没有工夫，所以如此。清代毛西河（按名奇龄）事事和朱子反对，但他也不从小学下手，所以反对的论调，也都错了。可见通小学对于研究国学是极重要的一件事了。清代小学一门，大放异彩，他们所发见的新境域，着实不少！

三国以下的文章，十之八九我们能明了，其不能明了的部分，就须借助于小学。唐代文家如韩昌黎、柳子厚的文章，虽是明白晓畅，却也有不能了解的地方。所以我说，看唐以前的文章，都要先研究一些小学。

桐城派也懂得小学，但比较地少用工夫，所以他们对于古书中不能明白的字，便不引用，这是消极的免除笑柄的办法，事实上总行不去的。

哲学一科，似乎可以不通小学，但必专凭自我的观察，由观察而发表自我的意思，和古人完全绝缘，那才可以不必研究小学。倘仍要凭借古人，或引用古书，那么，不明白小学就要闹笑话了。比如朱文公研究理学（宋之理学即哲学），释"格物"为"穷至事物之理"，便召非议。在朱文公原以"格"可训为"来"，"来"可训为"至"，"至"可训为"极"，"极"可训为"穷"，就把"格物"训为"穷物"。可是训"格"为"来"是有理，辗转训"格"为"穷"，就是笑话了。又释"敬"为"主一无适"之谓（这原是程子说的），他的意思是把"适"训作"至"，不知古时"适"与"敌"通，《淮南子》中的主"无适"，所谓"无适"，实是"无敌"之谓，"无适"乃"无敌对"的意义，所以说是"主一"。

所以研究国学，无论读古书或治文学、哲学，通小学都是一件紧要的事。

三　明地理

近顷所谓地理，包含地质、地文、地志三项，原须专门研究的。中国本来的地理，算不得独立的科学，只不过做别几种（史、经）的助手，也没曾研究到地质、地文的。我们现在要研究国学，所需要的也只是地志，且把地志讲一讲。

地志可分两项：天然的和人为的。天然的就是山川脉络之类。山自古至今，没曾变更。大川若黄河，虽有多次变更，我们在历史上可以明白考出，所以，关于天然的，比较地容易研究。人为的就是郡县建置之类。古来封建制度至秦改为郡县制度，已是变迁极大，数千年来，一变再变，也不知经过多少更张，那秦汉时代所置的郡，现在还能大略考出，所置的县就有些模糊了。战国时各国的

153

地界，也还可以大致考出，而各国战争的地点和后来楚汉战争的地点，却也很不明白了，所以，人为的比较地难以研究。

历来研究天然的，在乾隆时有《水道提纲》一书。书中讲山的地方甚少，关于水道，到现在也变更了许多，不过大致是对的。在《水道提纲》以前，原有《水经注》一书，这书是北魏人所著，事实上已用不着，只文采丰富，可当古董看罢了。研究人为的，有《读史方舆纪要》和《乾隆府厅州县志》。民国代兴，废府留县，新置的县也不少，因此更大有出入。在《方舆纪要》和《府厅州县志》以前，唐人有《元和郡县志》，也是研究人为的，只是欠分明。

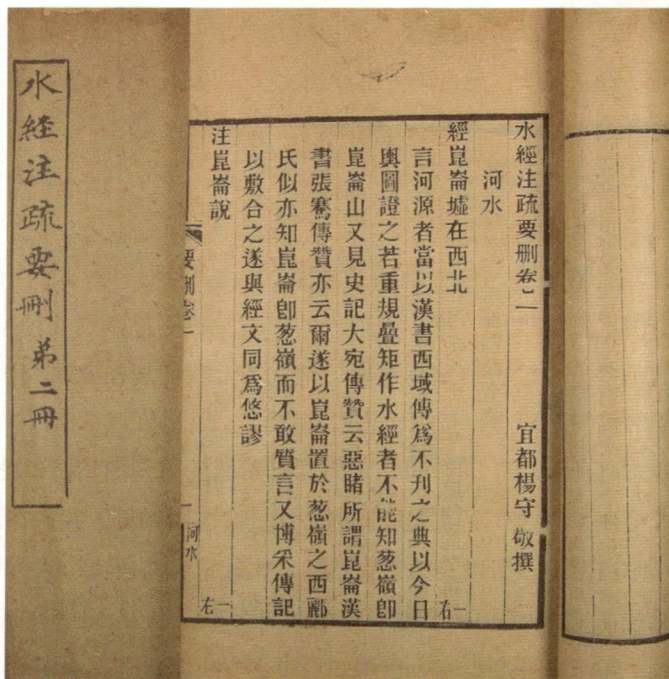

清末民初金石学家杨守敬作《水经注疏要删》

另外还有《大清一统志》《李申耆五种》，其中却有直截明了的记载，我们应该看的。

我们研究国学，所以要研究地理者，原是因为对于地理没有明白的观念，看古书就有许多不能懂。譬如看到春秋战国的战争和楚汉战争，史书上已载明谁胜谁败，但所以胜所以败的原因，关于形势的很多，就和地理有关了。

二十四史中，古史倒还可以明白，最难研究的，要推《南北史》和《元史》。东晋以后，五胡闯入内地，北方的人士多数南迁。他们数千人所住的地，就侨置一州，侨置的地方，大都在现在镇江左近，因此有南通州、南青州、南冀州的地名产生。我们研究南史，对于侨置的地名，实在容易混错。元人灭宋，统一中国，在二十四史就有《元史》的位置。元帝成吉思汗拓展地域很广，关于西伯利亚和欧洲东部的地志，《元史》也有阑入，因此使我们读者发生困难。关于《元史》地志有《元史译文证补》一书，因著者博证海外，故大致不错。

不明白地理而研究国学，普通要发生三种谬误。南北朝时南北很隔绝。北魏人著《水经注》，对于北方地势，还能正确记述，南方的地志，就错误很多。南宋时对于北方大都模糊，所以福建人郑樵所著《通志》，也错得很多。——这是臆测的谬误。中国土地寥阔，地名相同的很多，有人就因此纠缠不清。——这是纠缠的错误。古书中称某地和某地相近，往往考诸实际，相距却是甚远。例如：诸葛亮五月渡泸一事，是大家普通知道的，泸水就是现今金沙江，诸葛亮所渡的地，就是现在四川宁远。后人因为唐代曾在四川置泸州，大家就以为诸葛亮五月渡泸，是在此地，其实相去千里，岂非大错吗？——这是意会的错误。至于河阴、河阳当在黄河南北，但水道已改，地名还是仍旧，也容易舛错的。

我在上节曾讲过"通小学"，现在又讲到"明地理"，本来还有"典章制度"也是应该提出的，所以不提出者，是因各朝的典章制度，史书上多已载明，无以今证古的必要。我们看哪一朝史知道哪一朝的典章制度就够了。

四　知古今人情的变迁

社会更迭地变换，物质方面继续地进步，那人情风俗也随着变迁，不能拘泥在一种情形的。如若不明白这变迁的理，要产生两种谬误的观念。

（一）道学先生看做道德是永久不变，把古人的道德，比做日月经天、江河行地，墨守而不敢违背。

（二）近代矫枉过正的青年，以为古代的道德是野蛮道德。原来道德可分二部分：普通伦理和社会道德。前者是不变的，后者是随着环境变更的。当政治制度变迁的时候，风俗就因此改易，那社会道德是要适应了这制度这风俗才行。古今人情的变迁，有许多是我们应该注意的！

第一，封建时代的道德，是近于贵族的；郡县时代的道德，是近于平民的。这是比较而说的。《大学》有"欲治其国者，先齐其家"一语，《传》第九章里有"其家不可教而能教人者，无之"一语，这明是封建时代的道德。我们且看唐太宗的历史，他的治国，成绩却不坏，世称"贞观之治"，但他的家庭，却糟极了，杀兄、纳弟媳。这岂不是把《大学》的话根本打破吗？要知古代的家和后世的家大不相同。古代的家，并不只包含父子夫妻兄弟这等人，差不多和小国一样，所以孟子说"千乘之家""百乘之家"。在那种制度之下，《大学》里的话自然不错，那不能治理一县的人，自然不能治理一省了。

第二，古代对于保家的人，不管他是否尸位素餐，都很恭维。史家论事，对于那人因为犯事而灭家，不问他所做的是否正当，都没有一句褒奖。《左传》里已是如此，后来《史》《汉》也是如此。晁错创议灭七国，对于汉确是尽忠，但因此夷三族，就使史家对他生怪了。大概古代爱家和现代爱国的概念一样，那亡家也和亡国一样，所以保家是大家同情的。这种观念，到汉末已稍稍衰落，六朝又复盛了。

第三，贵族制度和现在土司差不多，只比较的文明一些。凡在王家的人，和王本身一样看待。他的兄弟在王去位的时候都有承袭的权利。我们看《尚书》到周公代成王摄政，觉得很可怪。他在摄政时代，也俨然称王。在《康诰》里有"王若曰孟侯朕其弟小子封"的话，这王明是指周公。后来成王年长亲政，他又可以把王号取消。《春秋》记隐公、桓公的事，也是如此。这种摄政可称王，退位可取消的情形，到后世便不行。后世原也有兄代弟位的，如明英宗被掳，景泰帝代行政事等。但代权几年，却不许称王；既称王，却不许取消的。宋人解释《尚书》，对于这些没有注意到，所以强为解释，反而愈释愈使人不能解了。

第四，古代大夫的家臣，和天子的诸侯一样，凡是家臣对于主人有绝对服从的义务。这种制度，西汉已是衰落一些，东汉又复兴盛起来。功曹、别驾都是州郡的属官。这种属官，既要奔丧，还要服丧三年，俨有君臣之分。三国时代的曹操、刘备、孙权，他们虽未称王，但他属下的官对于他都是皇帝一般看待的。

第五，丁忧去官一件事在汉末很通行，非但是父母三年之丧要丁忧，就是兄弟姊妹期功服之丧也要丁忧。陶渊明诗有说及奔妹丧的，潘安仁《悼亡诗》也有说及奔丧的，可见丁忧的风在那时很盛。唐时此风渐息，到明代把他定在律令，除了父母丧不必去官。

总之，道德本无所谓是非，在那种环境里产生适应的道德，在那时如此便够了。我们既不可以古论今，也不可以今论古。

五 辨文学应用

文学的派别很多，梁刘勰所著《文心雕龙》一书，已明白罗列，关于这项，将来再仔细讨论，现在只把不能更改的文体讲一讲。

文学可分二项：有韵的谓之诗，无韵的谓之文。文有骈体、散体的区别，历来两派的争执很激烈：自从韩退之崛起，推翻骈体，后来散体的声势很大。宋人就把古代经典都是散体，何必用骈体，

刘勰（465—520）

做宣扬的旗帜。清代阮芸台（按即阮元）起而推倒散体，抬出孔老夫子来，说孔子在《易经》里所著的《文言》《系辞》，都是骈体的。实在这种争执，都是无谓的。

依我看来，凡简单叙一事不能不用散文，如兼叙多人多事，就非骈体不能提纲。以《礼记》而论，同是周公所著，但《周礼》用骈体，《仪礼》却用散体，这因事实上非如此不可的。《仪礼》中说的是起居跪拜之节，要想用骈也无从下手。更如孔子著《易经》用骈，著《春秋》就用散，也是一理。实在，散、骈各有专用，可并存而不能偏废。凡列举纲目的以用骈为醒目，譬如我讲演"国学"，列举各项子目，也便是骈体。秦汉以后，若司马相如、邹阳、枚乘等的骈文，了然可明白。他们用以序叙繁杂的事，的确是不错。后来诏诰都用四六，判案亦有用四六的（唐宋之间，有《龙筋凤髓判》)，这真是太无谓了。

凡称之为诗，都要有韵，有韵方能传达情感。现在白话诗不用韵，即使也有美感，只应归入散文，不必算诗。日本和尚娶妻食肉，我曾说他们可称居士等等，何必称做和尚呢？诗何以要有韵呢？这是自然的趋势。诗歌本来脱口而出，自有天然的风韵，这种韵，可达那神妙的意思。你看，动物中不能言语，他们专以幽美的声调传达彼等的感情，可见诗是必要有韵的。"诗言志，歌永言，声依咏，律和声"，这几句话，是大家知道的。我们仔细讲起来，也证明诗是必要韵的。我们更看现今戏子所唱的二黄西皮，文理上很不通，但彼等也因有韵的原故。

白话记述，古时素来有的，《尚书》的诏诰全是当时的白话，汉代的手诏，差不多亦是当时的白话，经史所载更多照实写出的。《尚书·顾命篇》有"莫丽陈教则肄肄不违"一语，从前都没能解这两个"肆"字的用意，到清代江艮庭（按即江声）始说明多一肆字，乃直写当时病人垂危舌本强大的口吻。《汉书》记周昌"臣期期不奉诏""臣期期知其不可"等语，两"期期"字也是直写周昌口吃。但现在的白话文只是使人易解，能曲传真相却也未必。"语录"皆白话体，原始自佛家，宋代名儒如二程、朱、陆亦皆有语录，但二程为河南人，朱子福建人，陆象山（按即陆九渊）江西人，如果各传真相，应所纪各异，何以语录皆同一体例呢？我尝说，假如李石曾、蔡孑民、吴稚晖三先生会谈，而令人笔录，则李讲官话，蔡讲绍兴话，吴讲无锡话，便应大不相同，但记成白话文却又一样。所以说白话文能尽传口语的真相，亦未必是确实的。

第二章　国学之派别（一）

——经学之派别

讲"国学"而不明派别，将有望洋兴叹、无所适从之感。但"国学"中也有无须讲派别的，如历史学之类；也有不够讲派别的，则为零碎的学问。现在只把古今学者呶呶争辩不已的，分三类讨论：一、经学之派别；二、哲学之派别；三、文学之派别。依顺序先研究经学之派别。

"《六经》皆史也"，这句话详细考察起来，实在很不错。在《六经》里面，《尚书》《春秋》都是记事的典籍，我们当然可以说它是史。《诗经》大半部是为国事而作（《国风》是歌咏各国的事，《雅》《颂》是讽咏王室的），像歌谣一般的，夹入很少，也可以说是史。《礼经》是记载古代典章制度的（《周礼》载官制，《仪礼》载仪注），在后世本是史的一部分。《乐经》虽已失去，想是记载乐谱和制度的典籍，也含史的性状。只有《易经》一书，看起来像是和史没关，但实际上却也是史。太史公说："《易》本隐以之显，《春秋》推见以至隐。"引申他的意思，可以说《春秋》是胪列事实，中寓褒贬之意；《易经》却和近代"社会学"一般，一方面考察古来的事迹，得着些原则，拿这些原则，可以推测现在和将来。简单说起来，《春秋》是显明的史，《易经》是蕴着史的精华的。因此可见《六经》无一非史，后人于史以外，别立为经，推尊过甚，更有些近于宗教。实在周末还不如此，此风乃起于汉时。

秦始皇焚书坑儒，《六经》也遭一炬，其后治经者遂有今文家、古文家之分。今文家乃据汉初传经之士所记述的。

现在要讲今文家，先把今文家的派别，立一简单的表：

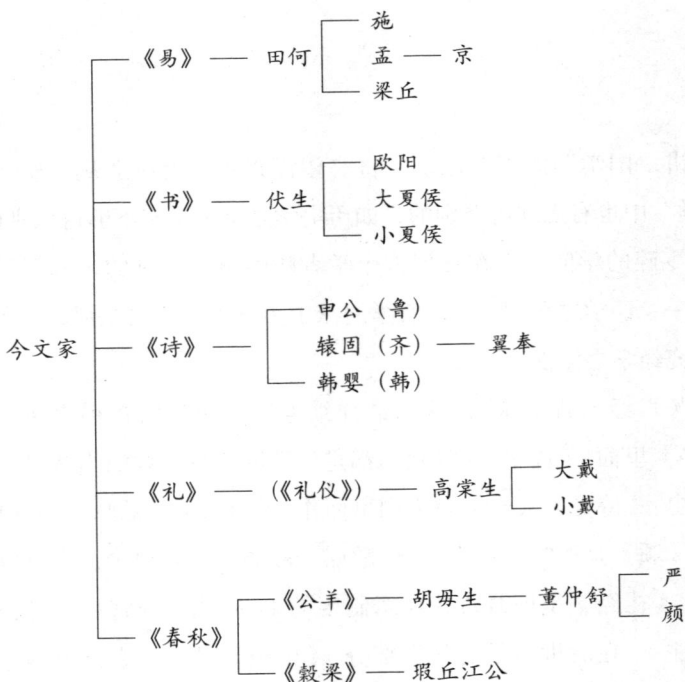

```
                          ┌─ 施
          《易》── 田何 ─┤  孟 ── 京
                          └─ 梁丘

                          ┌─ 欧阳
          《书》── 伏生 ─┤  大夏侯
                          └─ 小夏侯

                          ┌─ 申公（鲁）
今文家     《诗》───────┤  辕固（齐）── 翼奉
                          └─ 韩婴（韩）

                                              ┌─ 大戴
          《礼》──（《礼仪》）── 高棠生 ──┤  小戴

                                                      ┌─ 严
                  ┌─《公羊》── 胡毋生 ── 董仲舒 ─┤  颜
          《春秋》┤
                  └─《穀梁》── 瑕丘江公
```

汉初，田何传《易经》，伏生口授《尚书》，齐、鲁、韩三家治《诗经》，高棠生传《礼经》，胡毋生治《公羊》，瑕丘江公治《穀梁》，那时除了《乐经》以外，《五经》都已完备。后来《易》分四家，《诗》《书》各分三家，《礼》分二家，《公羊》分二家，汉室设学官，立十四博士（《穀梁》不在内），即以上十四家。十四博士在汉初还没十分确定，在西汉末年才确定下来。

今文家所讲的，虽非完全类乎宗教，但大部分是倾向在这一面的。《易》四家中，施和梁丘二家，我们已不能见，且莫论他。京氏治《易》，专重卜筮，传至汉末虞翻，则更多阴阳卜筮之说。《尚书》三家中欧阳也不可考。大、小夏侯则欢喜讲《洪范》五行之说，近于宗教。汉人治《尚书》，似乎最欢喜《洪范篇》。《诗经》三家中，申公所说，没甚可怪，《韩诗外传》（《内传》已失）也没甚可怪的地方，惟翼奉治诗，却拿十干十二支比附《诗经》了。高棠生的《仪礼》，已不可知，大、小戴中（现在所谓二戴，非汉时的大、小戴），也有不少离奇的话。《公羊》的记载，虽和事实相差很远，还没甚么可怪，但治《公羊》的今文家，却奇怪极了。胡毋生的学说，我们已不能见，即颜、严二家的主张也无从考出，但董仲舒的《春秋繁露》，却多怪话。汉末何休注《公羊》，不从颜、严二家之说，自以为是胡毋生嫡派，他的怪话最多，照他说来，直是孔子预知汉室将兴而作《春秋》，简直是为汉预制宪法，所以那时有"《春秋》为汉制法"的话。孔子无论是否为预言家，孔子何至和汉家有这么深厚的感情呢？

汉代学家以为古代既有"经"必有"纬"，于是托古作制，造出许多"纬"来，同时更造"谶"。当时"纬书"种类繁多，现在可查考的只有《易纬》八种。明孙毂《古微书》中辑有纬书很多。《易纬》所讲的是时令节气，仅如《月令》之类。《春秋纬》载孔子著《春秋》《孝经》告成，跪告天，天生彩云，下赐一玉等话，便和耶稣《创世纪》相类了。"谶"是"河图"一类的书，专讲神怪，

黄道周小楷《孝经定本》

说能先知未来，更近于宗教了。"纬书"西汉末年才出现，大概今
文学家弟子迎合当时嗜好推衍出来的。

"经"有兼今古文的，也有无今文而有古文的，也有无古文而
有今文的。汉代古文学家，可以列如下表：

古文家
- 《易》——费氏
- 《书》——孔氏
- 《诗》——毛氏
- 《礼》——桓公（据刘歆语）
- 《春秋》——左氏

《仪礼》（当时称为《士礼》），在古文今文，只为文字上的差

别。《周礼》在汉初不以为经典，东汉始有杜子春和二郑替彼注释。此外，今古文便各自为别了。

今古文的区别，本来只在文字版本上。因为《六经》遭秦火，秦代遗老就所能记忆的，用当代语言记出，称为今文，后来从山崖屋壁发现古时原本，称为古文，也不过像近代今版古版的分别罢了。但今文所记忆，和古文所发现的篇幅的多少，已有不同；今文家所主张和古文家所说，根本上又有不同；因此分道扬镳。古文家异于今文家之点，在下文细说：

（一）《易》以费氏为古文家，是刘向定的。因为刘向校书时，就各家《易经》文字上看，只有费氏相同，所以推为古文家。以《易》而论，今古文也还只文字上的不同。

（二）鲁恭王发孔壁得《尚书》，《尚书》的篇数就发生问题。据《书传》（太史公曰"《书传》《礼记》自孔氏"，可见孔安国家藏《书传》，确自孔壁得来。）称《书序》有百篇，而据伏生所传只有二十九篇（可分为三十四篇），壁中所得却有四十六篇（可分为五十八篇），相差已十七篇。并且《书传》所载和今文更有许多不同的地方。孟子是当时善治《诗》《书》的学者，他所引的"葛伯求饷""象日以杀舜为事"等等，在今文确是没有的，可见事实上又不同了。

（三）《诗》因叶韵易于记忆，当时并未失传，本无今古文之分。毛氏所传《诗》三百十一篇，比三家所传多"笙诗"六篇，而所谓"笙诗"也只有名没有内容的。《毛诗》所以列于古文，是立说不同。他的立说，关于事实和《左传》相同；关于典章制度和《周礼》相同；关于训诂，又和《尔雅》同的。

（四）郑康成注《仪礼》，并存古今文。大概高棠生传十七篇和古文无大出入。孔壁得《礼》五十六篇，比高棠生多三十九篇。这三十九篇和今文中有大不同之点：今文治《礼》，是"推士礼致于天子"，全属臆测的；此三十九篇却载士以上的礼很多。二戴的主张，原不可考，但晋人贺循引《礼》，是我们可据以为张本的。

（五）《左氏》多古文古言。《汉书·艺文志》说：《左氏传》是张苍所献。贾谊事张苍，习《左氏传》，所以《贾谊新书》引《左氏传》的地方很多。《左氏传》的事实和《公羊》多不相同。《穀梁》中事实较《公羊》确实一些，也和《左氏》有出入。至于经文本无不同，但《公羊》《穀梁》是十一篇，《左氏》有十二篇，因《公》《穀》是附闵于庄的。闵公只有三年，附于庄公，原无大异，但何休解《公羊》，却说出一番理由来，以为"孝子三年无改于父道"，故此附闵于庄了。

（六）《周礼》，汉时河间献王向民间抄来，马融说是"出自山崖屋壁"的。这书在战国时已和诸侯王的政策不对，差不多被毁弃掉，所以孟子说："其详不可得闻也；诸侯恶其害己也，而皆去其籍。"《荀子》中和《周礼》相合的地方很多，或者他曾见过。孟子实未见过《周礼》，西汉人亦未见过。《礼记·王制篇》也和《周礼》不同。孟子答北宫锜说"公侯皆方百里，伯七十里，子男五十里"，《周礼》却说是"公五百里，侯四百里，伯三百里，子二百里，男一百里"。《王制》讲官制是"三公，九卿，二十七大夫，八十一元士"。但古代王畿千里，几和现在江苏一般大小，这一百二十个官员，恐怕不够吧！《周礼》称有三百六十官，此三百六十官亦为官名而非官缺，一官实不止一人，如就府吏胥徒合计，当时固有五万余员。

又有在汉时称为"传记"的，就是《论语》和《孝经》二书。

《论语》有《古论》《齐论》《鲁论》之分，《古论》是出自孔氏壁中的。何晏治《论语》参取三家，不能分为古今文。不过王充《论衡》称《论语》之《古论》有百多篇，文字也难解，删繁节要也有三十篇，而何晏说："《鲁论语》二十篇；《齐论语》别有《问王》《知道》等，凡二十二篇；《古论》出孔氏壁中，分《尧曰》下章《子张问》以为一篇，凡二十一篇。"篇数上又有出入。《汉书·艺文志》有《孔子家语》及《孔子徒人图法》二书，太史公述仲尼弟子，曾提及《弟子籍》一书，三十篇中或者有以上三书在内。《孝经》，在《汉书·艺文志》也说出自孔壁，汉代治《孝经》的已无可考，我们所见的是唐玄宗的注释。又有《论语谶》《孝经谶》二书，怪语很多，可存而不论。

宋代所称"十三经"，是合《易》《尚书》《周礼》《仪礼》《礼记》《诗》《左传》《公羊》《穀梁》《论语》《孝经》《孟子》《尔雅》而说的。这只是将诸书汇刻，本无甚么深义，后人遂称为"十三经"了。《汉书·艺文志》扩充六艺为九种，除《易》《诗》《书》《礼》《乐》《春秋》为六艺外，是并《论语》、《孝经》、"小学"在内的。

汉代治经学，崇尚今文家的风气，到了汉末三国之间，渐趋销熄。汉末郑康成治经，已兼重古文和今文。王肃出，极端地相信古文。在汉代没曾立学官的，三国也都列入学官，因此今文家衰，古文家代兴。

三国时古文家的色采很鲜明，和汉代有不可混的鸿沟：

《诗》　汉用三家，三国时尚毛氏。

《春秋》　汉用《公羊》，三国时尚《左氏》。

《易》　汉有施、孟、梁丘、京四家，三国只崇尚郑康成和王弼的学说。

《仪礼》 没有大变更。

《周礼》 汉不列学官，三国列入学官。

学者习尚既变，在三国魏晋之间，所有古文家学说都有人研究；就是从前用今文家的，到此时也改用古文家了。

古文家盛行以后，自己又分派别：以《易》而论，王弼主费氏，郑康成也主费氏。各以己意注释，主张大有不同，因为费氏只是文字古体，并无他的学说的。治《毛诗》的，有郑康成、王肃，意见有许多相反。治《左传》的，汉末有服虔（只解传不解经的），晋有杜预，两家虽非大不同，其中却也有抵触之处。原来汉人治《左氏》，多引《公羊》，并由《公羊》以释经，自己违背的地方很多。杜预《春秋释例》将汉人学说一一驳倒，在立论当中，又有和服虔的主张相反的。《尚书》郑康成有注，郑本称为古文的，但孔安国古本已失，郑本也未必是可靠。我们就和马融、郑康成师生间的立说不同、文字不同，也可明白了。东晋时梅赜的伪古文《尚书》出，托名孔安国，将《汉书·艺文志》所称正十八篇推衍出来，凡今文有的，文字稍有变更，今文所无的，就自己臆造，这书当时很有人信他。

南北朝时南北学者的倾向颇有不同：

《易》 北尊王弼，南尊郑康成。

《毛诗》 南北无十分异同。

《左传》 北尊服虔，南尊杜预。

《尚书》 北尊郑康成，南用伪古文《尚书》。

唐初，孔颖达、贾公彦出而作注疏，产生"五经""七经"的名称。"五经"是孔颖达所主张的，贾公彦益以《周礼》《仪礼》就称"七经"，后更附以《公羊》《穀梁》(《公羊》用何休，《穀梁》用范甯)，就是唐人通称的"九经"。孔颖达曲阜人，当时北方人多以为北不如南，所以他作注疏多采用南方；因此《易》不用王而用郑，《左》不用服而用杜了。唐人本有"南学"(按即南北朝时南朝的经学。承魏晋学风，兼采众说，不拘家法，随意发挥，又受佛教影响，是宋代理学的渊源)、"北学"(按即南北朝时北朝的经学。墨守东汉旧说，以章句训诂为主，不愿别出新义。学风保守，撰述亦少)之分，后来北并于南，所有王弼、服虔的学说，因此散失无遗。

唐代轻学校而重科举，取士用"明经""进士"二科(明经科讨论经典，进士科策论应试)，学者对于孔氏的学说不许违背，因此拘束的弊病，和汉代立十四博士不相上下，并且思想不能自由，成就很少，孔、贾而外，竟没有卓异的经学家了。

《仪礼·丧服》是当时所实用的，从汉末至唐，研究的人很多并且很精，立说也非贾疏所能包。这是特例。

宋代典章制度，多仍唐时之旧。宋人拘守唐人的注疏，更甚于唐人，就是诗赋以经命名的，也不许抵触孔、贾的主张。当时有人作"当仁不让于师赋"，将"师"训作"众"，就落第了。邢昺作《论语》《孝经》疏，拘守孔、贾所已引用的，已是简陋，那些追随他们的后尘的，更是陋极。宋代改"明经科"为"学究科"，这"学究"两字是他们无上的诨号。

在思想不能自由发展环境之下，时势所趋，不能不有大变动，因此宋代学者的主张就和以前趋于相反的方向了。揭反向旗帜的人，首推孙复。他山居读书，治《春秋》以为三传都不可靠。这种主张，在唐人已有赵匡、啖助创议于先，孙不过推衍成之。继孙复而起，是欧阳修，他改窜《诗经》的地方很多，并疑《易》的《系辞》非出自孔氏，立说之中很多荒谬，因为他本是文人，非能说经的。同时有刘敞（字原甫）说经颇多，著有《七经小记》，原本今虽不存，但从别书考见他的主张，虽和注疏背驰，却不是妄想臆测。神宗时王安石治经，著有《三经新义》，当时以为狂妄。原书已难考见，但从集中所引用的看来，也不见得比欧阳修更荒谬，想是宋人对于王安石行为上生怨恶，因此嫌弃他的学说。王的学说，传至弟子吕惠卿辈，真是荒谬绝伦，后来黄氏（按即宋人黄朝英）有《缃素杂记》，把《诗经》看作男女引诱的谈论，和《诗经》的本旨就相去千里了。

宋儒治经以意推测的很多。南宋朱文公（按即朱熹）凭他的臆测酿成很多谬误。朱氏治经，有些地方原有功于经，但是功不能掩过。现且分别指明：

（一）《易经》本为十二篇，郑、王合《象辞》于经，已非本来面目，朱氏分而出之，是他的功。他取陈抟的《河图》《洛书》并入《易经》——《河图》《洛书》由陈抟传至邵康节（按即邵雍），再传至朱文公，他就列入《易经》。有清王懋为朱文公强辩，谓《河图》《洛书》非朱文公所列，那就太无谓了。因为朱文公对于道士炼丹之术，很有些相信，他曾替《参同契》（汉时道家书）作注释，在书上署名"空同道士邹䜣"。"邹""朱"双声，"䜣""熹"通训，他的本名已隐在里面了。这是他的过。分《易》是还原，为功很小；增《河图》《洛书》是益迷信，过很大。可以说是功不掩过。

（二）朱文公从文章上，怀疑伪古文《尚书》，开后人考据的端绪，是他的功。他怀疑《书序》（今文所无、古文所有）也是伪托，他的弟子蔡沈作《集传》，就不信《书序》，是他的过。这可说是功过相当。

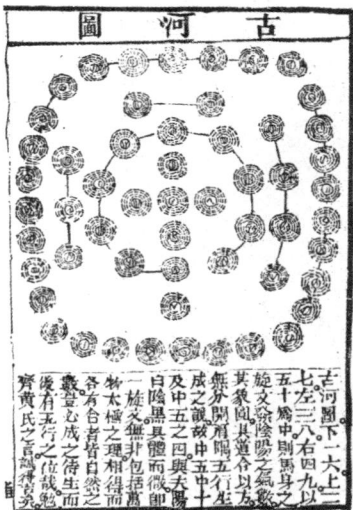
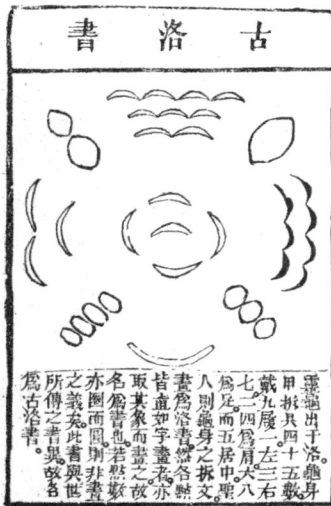

白玉河图洛书牌

（三）古人作诗托男女以寓君臣，《离骚》以美人香草比拟，也同此意。朱文公对于《诗序》（唐时《本事诗》相类）解诗指为国事而作，很不满意，他迳以为是男女酬答之诗，这是不可掩的过。当时陈傅良反对朱文公，有"城阙为偷期之所，彤管为行淫之具"等语（不见于今《诗传》，想已删去）。清人亦有指斥朱文公释《丘中有麻》诗为女人含妒意为不通者。

与朱文公同时有吕东莱（按即吕祖谦），治《毛诗》很精当，却不为时人所重。元代，朱子学说大行，明代更甚。在这二代中，经学无足观，士子受拘束也达极点，就激成清代的大反动。

清初，毛奇龄（号西河）首出反对朱子的主张。毛为文人，于经没彻底的研究，学说颇近王阳明。他驳斥朱子的地方固精当，他自己的主张和朱子一般荒谬。朱子注《四子书》，也有援引原注的，毛也一并指斥无余了。继起为胡渭（胐明），他精研地理，讲《禹

171

《离骚》的作者屈原（约公元前 340—前 278）

贡》甚精当，对于《河图》《洛书》有重大的抨击。在那时双方各无所根据，凭主观立论，都不能立在不败之地，汉学便应运而起。

阎若璩力攻古代书籍，已和汉学接近，不过对于朱子，不十分叛离，有许多地方仍援用朱说的。后江慎修（按即江永）出，对于音韵有研究，也倾向到汉学，但未揭明汉学的旗帜。

揭汉学旗帜的首推惠栋（定宇）（苏州学派），他的父亲惠士奇著《礼说》《春秋说》已开其端，定宇更推扬之，汉学以定。他所谓汉学，是摈斥汉以下诸说而言。惠偏取北学，著有《九经古义》《周易述》《明堂大道录》等书，以《周易述》得名。后惠而起有戴震（东原），他本是江永的弟子，和惠氏的学说不十分相同，他著有《诗经小传》等书，不甚卓异。

就惠、戴本身学问论，戴不如惠，但惠氏不再传而奄息，戴的弟子在清代放极大异彩，这也有二种原因：

甲、惠氏墨守汉人学说，不能让学者自由探求，留发展余地。戴氏从音韵上辟出新途径，发明"以声音合文字，以文字考训诂"的法则。手段已有高下。

乙、惠氏揭汉学的旗帜，所探求的只是汉学。戴氏并非自命为汉学，叫人从汉学上去求新的发见，态度上也大有不同。

戴氏的四弟子，成就都很多，戴氏不过形似汉学，实际尚含朱子的臭味，他的弟子已是摈除净尽了。今将其四弟子分别说明如下：

（一）孔广森讲音韵极精，著有《诗声类》一书。

（二）任大椿著有《弁服释例》一书，很确实的。

（三）段玉裁以《六书音韵表》《说文解字注》闻名。

（四）王念孙本非戴的传经学生，戴在王家教授时，只不过教授些时文八股。王后来自有研究，所发明的比上列三家较多，《广雅疏证》一书，很为学者所重。

上列四家，孔、任尚近汉学，段已和汉学不同，王才高学精，用汉学以推翻汉学，诚如孟子所谓"逢蒙学射于羿，尽羿之道，于是杀羿"了。

王念孙及其子引之著《经义述闻》，引用汉代训诂，善于调换，于诸说中采其可通者，于是诘屈聱牙的古书，一变而为普通人所能懂得了。历来研究经学的，对于名词、动词有人研究；关于助词，都不知讨论。王氏父子著《经传释词》，于古书助词之用法列举无遗，实于我们研究上有莫大的便利，如《孟子》中"然而无有乎尔，则亦无有乎尔"二句，本不易解，王氏训"乎尔"为"于此""于彼"，便豁然可悟了。我以我们不看《经传释词》，也算是虚词不通。

上列二派，在清代称为"汉学"，和"宋学"对立，厥后崛起的为"常州派"，是今文学家。

"常州派"自庄存与崛起，他的外甥刘逢禄、宋翔凤承继他的学说。庄氏治《公羊》，却信东晋《古文尚书》，并习《周礼》。刘氏亦讲《公羊》，却有意弄奇，康有为的离奇主张，是从他的主张演绎出来的，但他一方面又信《书序》。这两人不能说纯粹的今文学家。朱氏（按疑当为宋氏，宋翔凤）以《公羊》治《论语》，极为离奇，"孔教"的促成，是由他们这一班人的。今文学家的后起，王闿运、廖平、康有为辈一无足取，今文学家因此大衰了。

今文学家既衰，古文学家又起。孙诒让是一代大宗，《周礼正义》一书，颇为学者所重。在他以外，考典章制度原有江永、惠士奇（作《礼说》）、金榜（著《礼笺》）、金鹗（作《求古录》）、黄以周（著《礼书通故》）等人，但和他终有上下床之别。自孙诒让以后，经典大衰。像他这样大有成就的古文学家，因为没有卓异的今文学家和他对抗，竟因此经典一落千丈，这是可叹的。我们更可知学术的进步，是靠着争辩，双方反对愈激烈，收效方愈增大。我在日本主《民报》笔政，梁启超主《新民丛报》笔政，双方为国体问题辩论得很激烈，很有色彩，后来《新民丛报》停版，我们也就搁笔，这是事同一例的。

自汉分古今文，一变而为南北学之分，再变而为汉、宋学之分，最后复为今古文，差不多已是反原，经典的派别，也不过如此罢。

第三章　国学之派别（二）

"哲学"一名词，已为一般人所通用，其实不甚精当。"哲"训作"知"，"哲学"是求知的学问，未免太浅狭了。不过习惯相承，也难一时改换，并且也很难得一比此更精当的。南北朝号"哲学"为"玄学"，但当时"玄""儒""史""文"四者并称，"玄学"别"儒"而独立，也未可用以代"哲学"。至宋人所谓"道学"和"理学"是当时专门名辞，也不十分适用。今姑且用"哲学"二字罢。

讨论哲学的，在国学以子部为最多，经部中虽有极少部分与哲学有关，但大部分是为别种目的而作的。以《易》而论，看起来像是讨论哲学的书，其实是古代社会学，只《系辞》中谈些哲理罢了。《论语》，后人称之为"经"，在当时也只算是子书。此书半是"伦理道德学"，半是论哲理的。"九流"的成立，也不过适应当时需求，其中若"纵横家"是政客的技术，"阴阳家"是荒谬的迷信，"农家"是种植的技艺，"杂家"是杂乱的主张，都和哲学无关。至和哲学最有关系的，要算儒、道二家，其他要算"法家""墨家""名家"了。"道家"出于史官，和《易》相同。老、庄二子的

175

主张，都和哲学有牵涉的。管子也是道家，也有小部分是和哲学有关的。儒家除《论语》一书外，还有《孟子》《荀子》都曾谈谈哲理。名家是治"正名定分之学"，就是现代的"伦理学"，可算是哲学的一部分。尹文子、公孙龙子和庄子所称述的惠子，都是治这种学问的。惠子和公孙龙子主用奇怪的论调，务使人为我所驳倒，就是希腊所谓"诡辩学派"。《荀子·正名篇》，研究"名学"也很精当。墨子本为宗教家，但《经上》《经下》二篇，是极好的名学。法家本为应用的，而韩非子治法家之学，自谓出于老子，他有《解老》《喻老》二篇，太史公也把他和老、庄合传，其中有一部分也

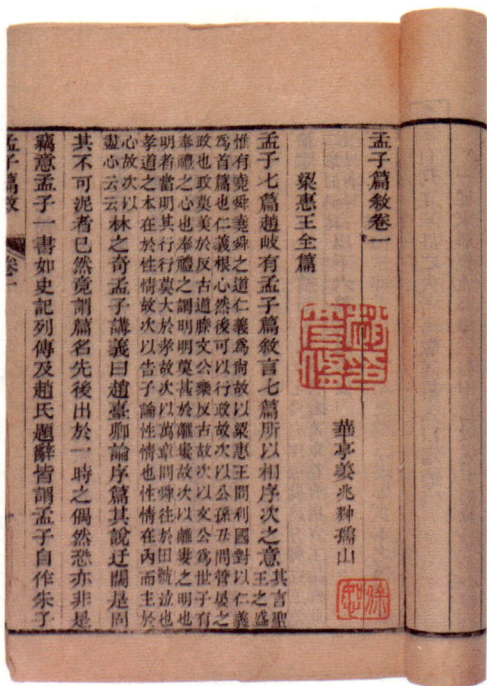

《孟子》内页

有关哲理的。儒家、道家和法家的不同，就在出发点上。儒、道二家是以哲理为基本而推衍到政治和道德的，法家是旁及哲理罢了。他如宋轻（按即宋钘），《汉书·艺文志》把他归在小说家，其实却有哲理的见解。庄子推宋轻为一家，《荀子·解蔽篇》驳宋的话很多，想宋轻的主张，在当时很流行，他是主张非兵的。宋轻所以算做小说家，因为他和别家不同：别家是用高深的学理，和门人研究；他是逢人便说，陈义很浅的。

周秦诸子，道、儒两家所见独到。这两家本是同源，后来才分离的。《史记》载孔子受业于徵藏史，已可见孔子学说的渊源。老子道德的根本主张，是"上德不德"，就是无道德可见，才可谓之为真道德。孔子的道德主张，也和这种差不多。就是孟子所谓"由仁义行，非行仁义也"，也和老子主张一样的。道、儒两家的政治主张，略有异同：道家范围大，对于一切破除净尽；儒家范围狭小，对于现行制度，尚是虚与委蛇，也可以说是"其殊在量，非在质也"。老子为久远计，并且他没有一些名利观念，所以敢放胆说出；孔子急急要想做官，竟是"三月无君，则皇皇如也"，如何敢放胆说话呢！

儒家之学，在《韩非子·显学篇》说是"儒分为八"，有所谓颜氏之儒。颜回是孔子极得意门生，曾承孔子许多赞美，当然有特别造就。但孟子和荀子是儒家，记载颜子的话很少，并且很浅薄。《庄子》载孔子和颜回的谈论却很多。可见颜氏的学问，儒家没曾传，反传于道家了。《庄子》有极赞孔子处，也有极诽谤孔子处；对于颜回，只有赞无议，可见庄子对于颜回是极佩服的。庄子所以连孔子也要加抨击，也因战国时学者托于孔子的很多，不如把孔子也驳斥，免得他们借孔子作护符。照这样看来，道家传于孔子为儒家；孔子传颜回，再传至庄子，又入道家了。至韩退之以庄子为子夏门人，因此说庄子也是儒家。这是"率尔之论，未尝订入实录"。他因为庄子曾称田子方，遂谓子方是庄子的先生。那么，《让王篇》也曾举曾原、则阳、无鬼、庚桑诸子，也都列名在篇目，都可算做庄子的先生吗？

孟子，《史记》说他是"受业子思之门"。宋人说子思是出于曾子之门，这是臆测之词，古无此说。《中庸》中虽曾引曾子的话，也不能断定子思是出于曾子的。至谓《大学》是曾子所作，也是宋人杜撰，不可信的。子思在《中庸》所主张，确含神道设教的意味，颇近宗教；《孟子》却一些也没有。《荀子·非十二子篇》，对于子思、孟子均有诽议，说他们是信仰五行的。孟子信五行之说，今已无证据可考，或者外篇已失，内篇原是没有这种论调的。子思在《礼记》中确已讲过五行的话。

荀子的学问，究源出何人，古无定论。他尝称仲尼、子弓。子弓是谁，我们无从考出。有人说，子弓就是子张。子张在孔子门人中不算卓异的人才，如何会是他呢？今人考出子弓就是仲弓，这也有理。仲弓的学问，也为孔子所赞许，造就当有可观。郑康成《六艺论》，说仲弓是编辑《论语》的。而《荀子》一书，体裁也是仿效《论语》的，《论语》以《学而》始，以《尧曰》终；荀子也以《劝学》始，以《尧问》终。其中岂非有蛛丝马迹可寻吗？荀子和孟子虽是都称儒家，而两人学问的来源大不同。荀子是精于制度典章之学，所以"隆礼仪而杀《诗》《书》"，他书中的《王制》《礼论》《乐论》等篇，可推独步。孟子通古今，长于《诗》《书》，而于《礼》甚疏；他讲王政，讲来讲去，只有"五亩之宅，树之以桑；鸡豚狗彘之畜，无失其时；百亩之田，勿夺其时"等话，简陋不堪，哪能及荀子的博大！但孟子讲《诗》《书》，的确好极，他的小学也很精，他所说"庠者养也；洚水者洪水也；畜君者好君也"等等，真可冠绝当代！由他们两人根本学问的不同，所以产生"性善""性恶"两大反对的主张。在荀子主礼仪，礼仪多由人为的，因此说人性本恶，经了人为，乃走上善的路。在孟子是主《诗》《书》，《诗》是陶淑性情的，《书》是养成才气的，感情和才气都自天然，所以认定人性本善的。两家的高下，原难以判定。韩退之以大醇小疵定之，可谓鄙陋之见。实在汉代治儒家之学，没有能及荀、孟两家了。

告子，庄子说他是兼学儒、墨，孟子和他有辩驳，墨子也排斥他的"仁内义外"的主张。墨、孟去近百年，告子如何能并见？或者当时学问是世代相传的。告子的"生之为性，无善无不善"的主张，看起来比荀、孟都高一着。荀、孟是以所学定其主张，告子是超乎所学而出主张的。告子口才不及孟子，因此被孟子立刻驳倒。其实，孟子把"犬之性犹牛之性，牛之性犹人之性与"一语难告子，告子也何妨说"生之为性，犬之生犹牛之生，牛之生犹人之生"呢？考"性"亦可训作"生"，古人所谓"毁不灭性"的"性"字，就是"生"的意义。并且我们也常说"性命"一语呢！

道家的庄子以时代论，比荀子早些，和孟子同时，终没曾见过一面。庄子是宋人，宋和梁接近，庄子和惠子往来。惠子又为梁相，孟子在梁颇久，本有会面的机会，但孟子本性不欢喜和人家往来，彼此学问又不同，就不会见了。

庄子自以为和老子不同，《天下篇》是偏于孔子的。但庄子的根本学说，和老子相去不远。不过老子的主张，使人不容易捉摸，庄子的主张比较的容易明白些。

庄子的根本主张，就是"自由""平等"。"自由平等"的愿望，是人类所共同的，无论哪一种宗教，也都标出这四个字。自由平等见于佛经。"自由"，在佛经称为"自在"。庄子发明自由平等之义，在《逍遥游》《齐物论》二篇。"逍遥游"者自由也，"齐物论"者平等也。但庄子的自由平等，和近人所称的，又有些不同。近人所谓"自由"，是在人和人的当中发生的，我不应侵犯人的自由，人亦不应侵犯我的自由。《逍遥游》所谓"自由"，是归根结底到"无待"两字。他以为人与人之间的自由，不能算数；在饥来想吃、寒来想衣的时候，就不自由了。就是列子御风而行，大鹏自北冥徙南冥，皆有待于风，也不能算"自由"。真自由惟有"无待"才可以做到。近人所谓平等，是指人和人的平等，那人和禽兽草木之间，还是不平等的。佛法（按佛教名词，指佛教各种教义和佛教"真理"）中所谓平等，已把人和禽兽平等。庄子却更进一步，与物都

梦蝶图（梦蝶，《庄子·齐物论》）

平等了。仅是平等，他还以为未足。他以为"是非之心存焉"，尚是不平等，必要去是非之心，才是平等。庄子临死有"以不平平，其平也不平"一语，是他平等的注脚。

庄子要求平等自由，既如上述。如何而能达到平等自由，他的话很多，差不多和佛法相近。《庄子·庚桑楚篇》，朱文公说他全是禅（宋人凡关于佛法，皆称为"禅"），实在《庚桑楚篇》和"禅"尚有别，和"佛法"真很近了。庄子说"灵台者有持"，就是佛法的"阿陀那识"，"阿陀那"意即"持"。我们申而言之，可以说，眼目口鼻所以能运动自由，都有"持之者"，即谓"持生之本也"。《庄子》又有《德充符篇》，其中有王骀者，并由仲尼称述他的主张。是否有此人，原不可知，或是庄子所假托的。我们就常季所称述"彼为己，以其知得其心；以其心得其常心"等语，是和佛法又相同的。"知"就是"意识"，"心"就是"阿陀那识"，或称"阿赖耶识"，简单说起来就是"我"。"常心"就是"庵摩罗识"，或称"真如心"，就是"不生不灭之心"。佛家主张打破"阿赖耶识"，以求"庵摩那识"。因为"阿赖耶识"存在，人总有妄想苦恼，惟能打破生命之现象，那"不生不灭之心"才出现。庄子求常心，也是此理。他也以为常心是非寻常所能知道的。庄子"无我"的主张，也和佛法相同。庄子的"无我"和孔子的"毋我"、颜子的"克己复礼"也相同，即一己与万物同化，今人所谓融"小我"于"大我"之中。这种高深主张，孟、荀见不到此，原来孔子也只推许颜回是悟此道的。所以庄子面目上是道家，也可说是儒家。

自孔子至战国，其间学说纷起，都有精辟的见解，真是可以使我们景仰的。

战国处士横议，秦始皇所最愤恨，就下焚书坑儒等凶辣手段。

汉初虽有人治经学，对于"九流"，依旧怀恨，差不多和现在一般人切齿政客一般。汉武帝时，学校只许读经学，排斥诸子百家了。

汉初经学，一无可取，像董仲舒、公孙弘辈，在当时要算通博之儒，其他更何足论！西汉一代，对于哲理有精深研究的，只有扬雄一人。韩退之把荀、扬并称，推尊他已达极点。实在扬雄的学说，和荀、孟相差已多；秦汉以后的儒家，原没有及荀、孟的。不过扬雄在当时自有相当的地位和价值。西汉学者迷信极重，扬雄能够不染积习，已是高人一着。他的《法言》，全仿《论语》，连句调都有些模拟，但终究不及荀子。宋人说"荀子才高，扬子才短"，可称定评。

东汉学者迷信渐除，而哲理方面的发现仍是很少，儒家在此时渐出，王符《潜夫论》、王充《论衡》，可称为卓异的著述。王符专讲政治，和哲理无关。王充（也有归入杂家的）在《论衡》中几于无迷不破，《龙虚》《雷虚》《福虚》等篇，真是独具只眼。他的思想锐敏已极，但未免过分，《问孔》《刺孟》等篇，有些过当之处。他又因才高不遇，命运一端总看不破，也是遗恨。王充破迷信高出扬雄之上，扬雄新见解也出王充之上，这两人在两汉是前后辉映的。

汉人通经致用，最为曹操所不欢喜。他用移风易俗的方法，把学者都赶到吟咏一途，因此三国的诗歌，很有声色。这是曹操手段高出秦始皇处。

魏晋两朝，变乱很多，大家都感着痛苦，厌世主义因此产生。当时儒家迂腐为人所厌，魏文帝辈又欢喜援引尧、舜，竟要说"舜、禹之事，吾知之矣"。所以，"竹林七贤"便"非尧、舜，薄汤、武"了。七贤中嵇康、阮籍辈的主张和哲学没有关系，只何晏、王弼的主张含些哲学。何晏说"圣人无情"，王弼说"圣人茂于人者神明，同于人者五情"，这是两个重要的见解。郭象承何晏之说以解庄子，他说："子哭之恸，在孔子也不过人哭亦哭，并非有情的。"据他的见解，圣人竟是木头一般了。佛法中有"大乘""小乘"（按大乘、小乘是佛教派别名），习"小乘"成功，人也就麻木，习"大乘"未达到成佛的地位，依旧有七情的。

自魏晋至六朝，其间佛法入中国，当时治经者极少，远公（按即晋释慧远）是治经的大师。他非但有功佛法，并且讲《毛诗》、讲《仪礼》极精，后来治经者差不多都是他的弟子。佛法入中国，所以为一般人所信仰，是有极大原因：学者对于儒家觉得太浅薄，因此弃儒习老、庄，而老、庄之学，又太无礼法规则，彼此都感受不安。佛法合乎老、庄，又不猖狂，适合脾胃，大家认为非此无可求了。当时《弘明集》治佛法，多取佛法和老、庄相引证。才高的人，都归入此道，猖狂之风渐熄。

历观中国古代，在太平安宁之时，治哲学的极少，等到乱世，才有人研究。隋唐统一天下，讲哲理的只有和尚，并且门户之见很深，和儒家更不相容。唐代读书人极不愿意研究，才高的都出家做和尚去。我们在这一代中，只能在文人中指出三人：一、韩昌黎，二、柳子厚，三、李翱。韩昌黎见道不明，《原道》一篇，对于释、老只有武断的驳斥。柳子厚较韩稍高，他以为天是无知的。李翱（韩昌黎的侄婿）是最有学识的文人，他著《复性篇》说"斋戒其心，未离乎情；知本无所思，则动静皆离"，和禅宗（按禅宗为中国佛教宗派，以专修"禅定"而得名）很近了。李后来事药山（按唐代名僧），韩后来事大颠（按佛教禅宗南派慧能三传弟子，自号大颠和尚），李和药山是意气相投，韩贬潮州以后，意气颓唐，不

183

得已而习佛法的。韩习佛法，外面还不肯直认，和朋友通信，还说佛法外形骸是他所同意的。儒家为自己的体面计，往往讳言韩事大颠，岂不可笑！实在韩自贬潮州以后，人格就堕落，上表请封禅，就是献媚之举，和扬雄献符命有甚么区别呢？大颠对于韩请封禅一事，曾说："疮痍未起，安请封禅！"韩的内幕又被揭穿，所以韩对于大颠从而不敢违。韩对于死生利禄之念，刻刻不忘，登华山大哭，作《送穷文》，是真正的证据。韩、柳、李而外，王维、白居易也信佛，但主张难以考见，因为他们不说出的。

七国、六朝之乱，是上流社会的争夺。五代之乱，是下流社会崛起，所以五代学术衰微极了。宋初，赵普、李沆辈也称知理之人，赵普并且自夸"半部《论语》治天下"，那时说不到哲理。后来周敦颐出，才辟出哲理的新境域。在周以前有僧契嵩，著有《镡津文集》，劝人读《中庸》《文中子》《扬子法言》等书，是宋学（按宋儒理学，为别于汉学，称为宋学。也称为道学）的渊源。周从僧寿崖，寿崖劝周只要改头换面，所以周所著《太极图说》《周子通书》，只皮相是儒家罢了。周的学说很圆滑，不易琢磨，和《老子》一般，他对二程只说"寻孔、颜乐处"。他终身寡言，自己不曾标榜，也可以说是道学以外的人。

二程都是周的弟子，对于"寻孔、颜乐处"一话，恐怕只有程明道（按即程颢）能做到。明道对人和颜悦色，无事如泥木人，他所著《定性篇》《识仁篇》，和李翱相近。他说"不要方检穷索"，又说"与其是外而非内，不如内外两忘"，见解是很精辟的。伊川（按即程颐）陈义虽高，但他自尊自大，很多自以为是之处，恐怕不见得能得孔、颜乐处。邵康节（按即邵雍）以"生姜树头生"一语讥伊川，就是说他自信过甚。

邵康节本为阴阳家，不能说是儒家，他的学问自陈抟传来，有几分近墨子。张横渠（按即张载）外守礼仪颇近儒，学问却同于回教。佛家有"见病"一义，就是说一切所见都是眼病。张对此极力推翻，他是主张一切都是实有的。考回纥自唐代入中国，奉摩尼教，教义和回相近。景教在唐也已入中国，如清虚一大为天，也和回教相同。张子或许是从回教求得的。

北宋诸学者，周子浑然元气，邵子迷于五行，张子偏于执拗，二程以明道为精深，伊川殊欠涵养，这是我的判断。

南宋，永嘉派承二程之学，专讲政治；金华派吕东莱辈，专讲掌故，和哲理无关。朱文公师事延平（按即李侗），承"默坐证心，体认天理"八字的师训。我们在此先把"天理"下一定义。

桐荫高士图 团扇镜心

"天"就是"自然","天理"就是"自然之理"，朱文公终身对于"天理"，总没曾体认出来，生平的主张，晚年又悔悟了。陆象山（按即陆九渊）和朱相反对。朱是揭"道学问"一义，陆是揭"尊德性"一义。比较起来，陆高于朱，陆"先立乎其大者"，谓"六经注我，我不注六经"，是主张一切皆出自心的。朱主张"无极太极"，陆则以为只有"太极"，并无"无极"的。两人通信辩论很多，虽未至诋毁的地步，但悻悻之气，已现于词句间。可见两人的修养都没有功夫。陆象山评二程，谓"明道尚疏通，伊川锢蔽生"，实在朱、陆的锢蔽，比伊川更深咧。朱时守时变，陆是一生不变的。王荆公（按即王安石）为宋人所最嫉恶，惟陆以与王同为江西人，所以极力称颂，也可见他的意气了。明王阳明之学，本高出陆象山之上，因为不敢自我作古，要攻讦朱文公，不得不攀附于陆象山了。

陆象山的学生杨慈湖（简），见解也比陆高，他所著的《绝四记》《己易》二书，原无甚精采，《己易》中仍是陆氏的主张；但杨氏驳孟子"求放心"和《大学》"正心"的主张说："心本不邪，安用正？心不放，安用求？"确是朱、陆所见不到的。黄佐（广东人）指杨氏的学说，是剽窃六祖慧能的主张，六祖的"菩提本无树，明镜亦非台，本来无一物，何处染尘埃"一偈，确是和杨氏的主张一样的。

宋代的哲学，总括说起来：北宋不露锋芒，南宋锋芒太露了。这或者和南北地方的性格有关。

南宋，朱、陆两派，可称是旗鼓相当。陆后传至杨慈湖，学说是更高一步。在江西，陆的学说很流行，浙西也有信仰他的。朱的学说，在福建很流行，后来金华学派归附于他，浙东士子对朱很有信仰。

元朝，陆派的名儒，要推吴澄（草庐），但其见解不甚高。朱派仅有金华派传他的学说，金履祥（仁山）、王柏（会之）、许谦（白云），是这一派的巨擘。金履祥偶亦说经，立论却也平庸。许谦也不过如此。王柏和朱很接近，荒谬之处也很多，他竟自删《诗》了。

金华派传至明初，宋濂承其学，也只能说他是博览，于"经"于"理"，都没有什么表见。宋之弟子方孝孺（正学）对于理学很少说，灭族（按明成祖为燕王时，兵入南京，方不肯为之草写登极诏书，被杀，并灭十族——九族及方的学生，死者达八百七十余人）以后，金华派也就式微。明初，陆派很不流行，已散漫不能成派，这也因明太祖尊朱太过之故。

明自永乐后，学者自有研究，和朱、陆都不相同，学说也各有建树。且列表以明之：

永乐时，薛、吴二人，颇有研究，立明代哲学之基。薛瑄（敬轩），陕西人，立论很平正，和朱文公颇相近。明人因为于谦被杀时，他居宰辅地位，不能匡救，很有微词，并且因此轻视他。吴与弼（康斋），家居躬耕，读书虽少，能主苦学力行，很为人所推重，后来他由石亨推荐出仕，对石亨称门下士，士流又引以为耻。

薛的学问，很少流传。吴的学问，流传较广。胡居仁、娄谅和陈献章三人，是他的学生。胡自己没有什么新的发明，明人对他也没有反对。娄的著作后来烧毁净尽，已无可考，不过王阳明是他的学生。陈在胡死后才著名，时人称为白沙先生。

明代学者和宋儒厘然独立，自成系统，自陈白沙始。宋人欢喜著书，并且有"语录"之类。陈白沙认著书为无谓，生平只有诗和

（永乐后）明儒

```
                    东林派                          江西弟子      王艮（泰州学派）   徐爱   钱德洪   王畿（龙溪学派）   罗钦顺   薛瑄   吴与弼   吕经野   李颙—顾亭林
                  顾宪成  高攀龙                   邹守益  欧阳德  聂德  罗洪先       王栋                                                                      胡居仁  陈献章—湛若水  娄谅—王阳明
                  应㧑谦  高愈                      王时槐                          何心隐                                                                                许孚远—刘宗周
                                                                                    李卓吾
```

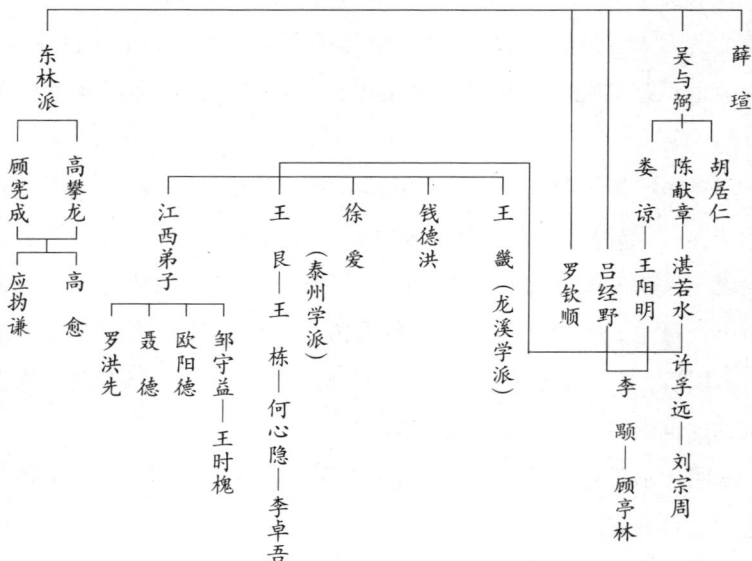

序跋之类。他的性质，也和别人不同。初时在阳春坛静坐三年，后来只是游山赋诗，弟子从学也只有跟他游山。陈生平所最佩服的，只是"浴乎沂，风乎舞雩，咏而归，……吾与点也"这些话。对于宋儒都不看重，就是明道也不甚推重。他自以为濂溪（按濂溪即周敦颐）嫡派，终日无一时不乐的。白沙弟子湛若水，广东人，本"体认天理"一语，他以为无论何事，皆自然之规则。王阳明成进士时，和他交游，那时他学问高出王之上。后来，王别有研究，和他意见不甚相合。他自己讲学，流传颇广，知名的却很少。

王守仁（阳明）本是欢喜研究道教的，曾延道士至家，再四拜求。后来从娄谅游，成进士后又和湛往来，见解遂有变更。贬龙场驿丞（按王早年因反对宦官刘瑾被贬官）以后，阳明的学问大进。他看得世间别无可怕，只有死是可怕的，所以造石棺以尝死的况味，所主张的"致良知"，就在卧石棺时悟出。在贵州时有些苗民很崇拜他，从他讲求学问，阳明把"知行合一"和他们说。阳明的"知行合一"，和明道有些相同。明道以为曾经试行过，才算得"知"，没曾试行过，不能称为"知"，譬如不知道虎之凶猛的人，见虎不怕，受了虎的损害的，就要谈虎色变了。这类主张，渐变而为阳明的主张。阳明以为知即是行，也可说"知的恳切处即行，行的精粹处即知"。不过阳明的"知行合一"主张，是在贵州时讲的；后来到南京，专讲静坐；归江西后又讲"致良知"了。《传习录》是他在贵州时的产品，和后来有些不合。

阳明自悟得"致良知"以后，和朱文公不能不处于反对地位，并非专和朱反对，才有这些主张的。有人谓"致良知"的主张，宋胡宏在《胡子知言》已有讲起。阳明是否本之于胡，抑自己悟出，这是不能臆断的。阳明讲"良知"，曾攀附到孟子。实在孟子的"良知"，和他的殊不相同。孟子说："人之所不学而能者其良能也；所不虑而知者其良知也。孩提之童，无不知爱其亲者，及其长也，无不知敬其兄也。"可见他专就感情立论。阳明以为一念之生，是善是恶，自己便能知道，是溢出感情以外，范围较广了。孟子和阳明的不同，可用佛法来证明。《唯识论》里说：一念的发生，便夹着"相分""见分""自证分""证自证分"四项。且把这四个名词下一解释：

（一）相分　"相分"就是"物色"，就是我们所念的。

（二）见分　"见分"就是"物色此物色"，也就是我们所能念的。

（三）自证分　念时有别一念同时起来，便是"自证分"。譬如我讲了后一句话，自己决不至忘了前一句话，便是"自证分"在那里主之。

（四）证自证分　"自证分"的结果，便是"证自证分"。

再用例来说明：譬如，想到几年前的友朋，想到"他姓张或姓李"，后来忽然断定他是姓张，当时并不曾证诸记录或书籍的，这便是"相分、见分、自证分、证自证分"的连合了。依此来判良知，孟子所说是指"见分"，阳明是指"自证分、证自证分"的。可见阳明和孟子是不相关连的，阳明所以要攀附孟子，是儒家的积习：宋人最喜欢的是"喜怒哀乐之未发谓之中"，苏氏兄弟也尝说这话。实在《中庸》所说是专指感情的，宋人以为一切未发都算是中，相去很远了。还有"鸢飞鱼跃，活泼泼地"一语，也为宋人所最爱用，陈白沙更用得多。在《诗经》原意，不过是写景（按《诗经·大雅·旱麓》第三章：鸢飞戾天，鱼跃于渊。岂弟君子，遐不作人。）《中庸》中"鸢飞戾天，鱼跃于渊，言其上下察也"一节，也不过引用诗文来表明"明"的意思。"察，明也"，鸢在上见鱼，很明白地想要攫取；鱼在下见鸢也很明白，立刻潜避了。就是照郑康成的注解，训"察"为"至"，也只说道之流行，虽愚夫愚妇都能明白，用鸢鱼来表示上下罢了；其中并没含快活的意思。宋人在"鸢飞鱼跃"下面，一定要加"活泼泼地"四字，和原意也不同了。这些和阳明攀附孟子是一样的。

阳明"致良知"的主张，以为人心中于是非善恶自能明白，不必靠什么典籍，也不必靠旁的话来证明，但是第二念不应念，有了第二念自己便不明了。人以为阳明的学说，很宜于用兵，如此便不至有什么疑虑和悔恨。

190

《诗经》名物——木瓜

《诗经》名物——楚

《诗经》名物——舜

晚年阳明讲"天泉证道"，王畿（龙溪）和钱德洪（绪山）是从游的。钱以为"无善无恶心之体，有善有恶心之动，知善知恶为致知，存善去恶为格物"。王和他不同，以为一切都是无善无恶的。阳明对于这两种主张，也不加轩轾于其间。

　　阳明的弟子，徐爱早死，钱德洪的学问，人很少佩服他。继承阳明的学问，要推王艮和王畿。王艮，泰州人，本是烧银的灶丁，名"银"，"艮"是阳明替他改的。他见阳明时，学问已博，初见时阳明和他所讲论，他尚不满意，以为阳明不足为之师，后来阳明再讲一段，他才佩服。他的学问，和程明道、陈白沙颇相近，有《学乐歌》："学是乐之学；乐是学之乐。"从他游的颇多寻常人，间有上流人，自己真足自命不凡的。王畿是狂放的举人，很诽议阳明的，后来忽又师事阳明了。黄梨洲（按即黄宗羲）《明儒学案》对于二王都有微词。他佩服的是阳明的江西弟子。

　　阳明的江西弟子，以邹守益、欧阳德、聂德、罗洪先为最有造就。罗自有师承，非阳明弟子，心里很想从阳明游，不能如愿，后来阳明也死了。阳明弟子强罗附王，他也就承认。罗的学问比他弟子高深得多；自己静坐有得，也曾访了许多僧道。他说："极静之时，但觉此心本体如长空云气，大海鱼龙；天地古今，打成一片。"黄佐对于罗的论调，最不赞同；以为是参野狐禅，否则既谓无物，哪有鱼龙。实在，心虽无物而心常动，以佛经讲，"阿赖耶识"是恒转如瀑流，就是此意。罗所说"云气"和"鱼龙"是表示动的意思。罗洪先自己确是证到这个地步，前人没有及他的了。

　　王时槐的学问自邹守益传来，见解颇精深。他说："纯无念时，是为一念，非无念也，时之至微者也。"譬如吾人入睡，一无所梦，这时真可算无念，但和死却有分别的。就佛法讲"意根恒审思量"，意根念念所想的什么？就是"我"，"我"就是"阿赖耶识"。我所以不忘这"我"，便因有了"意根"之故。"我"，寻常人多不疑，譬如自己说了一句话，决不会疑"这是谁说的"，至于其余对象，我们总要生一种疑虑的。念念想着，和无念竟是差不多，我们从早晨起来感到热，继续热下去，也就感不到了：所以纯无念时，仍有一念。

王艮弟子王栋主张意与心有分，以为"意非心之所发，意为心之主者"。这种主张，和佛法说有些相同。佛法以"阿赖耶识"自己无作用，有了意根，才能起作用，也就是禅宗所谓"识得主人翁"的意思。刘宗周对于王栋的主张很多采取，栋自己看书不多，这种见解，的是证出的。

阳明、若水两派以外，有许多士子信仰吕泾野的主张。吕，陕西人，笃守礼教，和朱文公最相近，立言很平正，无过人处。当时所以能和湛、王并驾，这也因王的弟子，太不守礼法，猖狂使人生厌，那些自检的子弟，就倾向吕泾野了。原来何心隐习泰州之学差不多和政客一般，张居正恨而杀之。李卓吾师事何心隐，荒谬益甚，当时人所疾首痛心的。这守礼教和不守礼教，便是宋、明学者的大别。宋儒若陆象山见解之超妙，也仍对于礼教拘守不敢离，既禁止故人子的挟妓，又责备吕东莱的丧中见客。明儒若陈白沙已看轻礼教，只对于名节还重视，他曾说"名节乃士人之藩篱"。王阳明弟子猖狂已甚，二王为更甚，顾亭林（按顾炎武）痛骂"王学"（即王阳明所创学派）也是为此。

湛、王学问，晚年已不相同，但湛弟子许孚远，却合湛、王为一。再传至刘宗周（蕺山），自己又别开生面，和湛、王都有些不同。刘主张"意非心之所发"，颇似王栋；"常惺惺"，也是他的主张，这主张虽是宋人已讲过，但他的功夫是很深的。

阳明附会朱文公《晚年定论》，很引起一般人的攻讦。同时有罗钦顺（整庵）和他是对抗的。罗的学问，有人说他是朱派，实在明代已无所谓纯粹朱派。罗的见解，又在朱之上，就说是朱派，也是朱派之杰出者。罗本参禅，后来归入理学，纠正宋儒之处很多。朱文公所谓"气质之性，义理之性"，罗表示反对，他说："义理乃在气质之中。"宋人于天理人欲纠缠不清。罗说："欲当即理。"这种见解，和王不同，较朱又高一着，所以能与阳明相抗衡。清戴东原（按即戴震）的主张，是师承罗的学说的。

明末，东林派高攀龙、顾宪成等也讲宋人学问，较阳明弟子能守规矩。他们有移风易俗的本意，所以借重礼法。不过党派的臭味太重，致召魏忠贤杀害的惨劫。清初，东林派还有流传，高愈、应㧑谦辈也只步武前人罢！

此外尚有李颙（二曲），也是名儒。李，陕西人，出身微贱，原是一个差役。他自己承认是吕派，实际是近王派的，所发见很不少。他每天坐三炷香，"初则以心观心，久之心亦无所观"，这是他的工夫。他尝说"一念万念"一句话。这话很像佛法，但是究竟的意思，他没有说出。我们也不知道他是说"一念可以抵万念呢"，抑或是"万念就是一念呢"？在佛法中谓：念念相接则生时间；转念速，时间长，转念慢，时间短；一刹那可以经历劫。李的本意，或许是如此。李取佛法很多，但要保持礼教面目，终不肯说出。"体用"二字，本出于佛法，顾亭林以此问他，他也只可说"宝物出于异国，亦可采取"了。

清代，理学可以不论，治朱之学远不如朱。陆陇其（稼书）、汤斌等隶事两朝，也为士林所不齿，和吴澄事元有什么分别呢？江

194

藩作《宋学渊源记》，凡能躬自力行的都采入，那在清廷做官的，都在摈弃之列。

颜元（习斋）、戴震（东原），是清代大儒。颜力主"不骛虚声"，劝学子事礼、乐、射、御、书、数，和小学很相宜。戴别开学派，打倒宋学。他是主张"功利主义"，以为欲人之利于己，必先有利于人，并且反对宋人的遏情欲。

罗有高（台山）、彭绍升（尺木）研究王学的。罗有江湖游侠之气，很佩服李卓吾（按即李贽）；彭信佛法，但好扶乩；两人都无足取。

哲学的派别，既如上述，我们在此且总括地比较一下：以哲学论，我们可分宋以来之哲学、古代的九流、印度的佛法和欧西的哲学四种。欧西的哲学，都是纸片上的文章，全是思想，并未实验。他们讲唯心论，看着的确很精，却只有比量，没是现量，不能如各科学用实地证明出来。这种只能说是精美的文章，并不是学问。禅宗说"猢狲离树，全无伎俩"，是欧西哲学绝佳比喻，他们离了名相，心便无可用了。宋、明诸儒，口头讲的原有，但能实地体认出来，却也很多，比欧西哲学专讲空论是不同了。

再就宋以来的理学和九流比较看来，却又相去一间了。黄梨洲说："自阳明出，儒释疆界，邈若山河。"实在儒、释之界，宋已分明，不过儒、释有疆界，便是宋以后未达一间之遗憾。宋以后的理学，有所执着，专讲"生生不灭之机"，只能达到"阿赖耶恒动如瀑流"，和孔子"逝者如斯夫，不舍昼夜"地步，那"真如心"便非理学家所能见。孔子本身并非未尝执着，理学强以为道体如此，真太粗心了！

至于佛法所有奥妙之处，在九流却都有说及，可以并驾齐驱。

佛法说"前后际断"，庄子的"无终无始，无几无时；见独而后，能无古今"，可说是同具一义的。佛法讲"无我"，和孔子的"毋我""克己复礼"，庄子的"无己恶乎得有有"，又相同了。佛家的"唯识唯心说"："心之外无一物；心有境无；山河大地，皆心所造"，九流中也曾说过。战国儒家公孙尼子说"物皆本乎心"，孟子说"万物皆备于我"，便是佛家的立意。佛家大乘断"所知障"，断"理障"；小乘断"烦恼障"，断"事障"。孔子说"我有知乎哉？无知也"，老子说"玄之又玄，众妙之门"，又说"涤除玄览"，便是断"所知"和"理"障的了。佛法说"不生不灭"，庄子说"无古今而后入于不死不生"，"不死不生"就是"不生不灭"。佛法说"无修无证，心不见心，无相可得"。孟子说"望道而未之见"（道原是不可见，见道即非道），庄子说"斯身非吾有也，胡得有乎道"，又相同了。照这么看来，"九流"实远出宋、明诸儒之上，和佛法不相出入的。

我们研究哲学，从宋人入手，却也很好，因为晋人空谈之病，宋人所无，不过不要拘守宋学，才有高深的希望。至于直接研究佛法，容易流入猖狂。古来专讲佛而不讲儒学的，多不足取，如王维降安禄山，张商英和蔡京辈往来，都是可耻的。因为研究佛法的居士，只有五戒，在印度社会情形简单，或可维持，中国社会情形复杂，便不能维持了。历来研究儒家兼讲佛法的，如李习之（按即李翱）、赵大州口不讳佛，言行都有可观。可见研究佛法，非有儒学为之助不可。

第四章　国学之派别（三）

——文学之派别

　　什么是文学？据我看来，有文字著于竹帛叫作"文"，论彼的法式叫作"文学"。文学可分有韵、无韵二种：有韵的今人称为"诗"，无韵的称为"文"。古人却和这种不同。《文心雕龙》说："今之常言，有文有笔，有韵者文也，无韵者笔也。"范晔自述《后汉书》说："文患其事尽于形，情急于藻，义牵其旨，韵移其意""政可类工巧图绩，竟无得也""手笔差易，文不拘韵故也"。可见有韵在古谓之"文"，无韵在古谓之"笔"了。不过做无韵的固是用笔，做有韵的也何尝不用笔，这种分别，觉得很勉强，还不如后人分为"诗""文"二项的好。

　　古时所谓文章，并非专指文学。孔子称"尧、舜焕乎其有文章"，是把"君臣朝廷尊卑贵贱之序，车舆衣服宫室饮食嫁娶丧祭之分"叫作"文"，"八风从律，百度得数"叫作"章"。换句话说：文章就是"礼""乐"。后来范围缩小，文章专指文学而言。

　　文学中有韵、无韵二项，后者比前者多。我们现在先讨论无韵的文。在讨论文的派别之先，把文的分类讲一讲，并列表以清眉目：

```
                            ┌─ 传、状、行述、事略
                  ┌─ 记事文 ─┤  书事、记
                  │         └─ 碑、墓志、碣、表
          ┌─ 集内文 ┤
          │       │         ┌─ 论、说、辨
          │       └─ 论议文 ─┤  奏、议、封事
          │                 │  序、(题词) 跋
  文 ──────┤                 └─ 书
          │
          │       ┌─ 子
          │       ├─ 史
          │       ├─ 经
          └─ 集外文 ┤
                  ├─ 数典之文
                  └─ 习艺之文
```

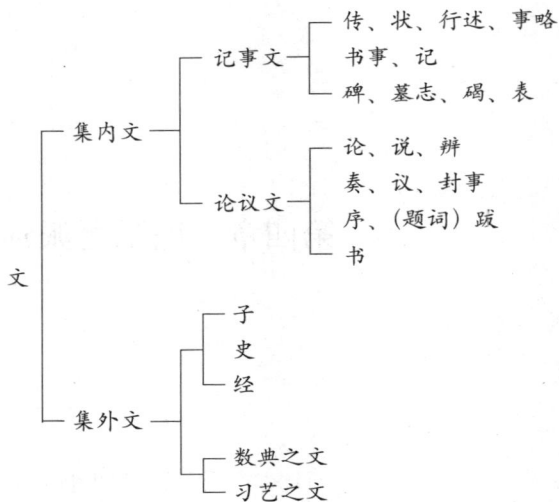

　　我们普通讲文，大概指集部而言，那经、史、子，文非不佳，而不以文称。但上表所列文的分类中，以"传"而论，"四史"（按即《史记》《汉书》《后汉书》《三国志》的总称）中列传已在集部以外，"本纪""世家"和"传"是同性质的，也非集部所有；集部只有"家传"。以"论"而论，除了文人单篇的论文，也有在集部以外的，譬如：庄子《齐物论》，荀子《礼论》《乐论》，贾谊《过秦论》，都是子部所有的。以"序"而论，也只单篇的，集中所已备；那连合的序，若《四库提要》，就非集部所有。至如"编年史"中《左传》《资治通鉴》之类和"名人年谱"，都是记事文，也非集部所能包了。

　　"传"是记述某人的一生或一事，我们所普通见到的。明人以为没曾做过史官，不应替人做"传"，我以为太拘了。史官所做，是卿相名人的"传"。那普通人的"传"，文人当然可以做的。"行

述""状"和"传"各不相同。"状"在古时只有几句考语，用以呈诸考功之官，凭之以定谥法。自唐李翱以为"状"仅凭考语不能定谥法，乃定"状"亦须叙事，就与"传"相同。"行述"须叙事，形式与"传"虽相同而用处不同。

"碑"原非为个人而作，若秦"峄山碑"是纪始皇的功绩，汉裴岑"纪功碑"是记破西域的事迹，差不多都是关于国家大事的。就以"庙碑"而论，虽为纪事，也不是纯为纪事的。只有墓上之碑，才是为个人而作。"碑""碣"实质是一样的，只大小长短不同。唐五品以上可用"碑"，六品以下都用"碣"的。"表"和"碑""碣"都不同，没有大小长短的区别。说到彼等的内质，"传"是纪事的；"状"是考语兼纪事的；"碑"是考语多，后附有韵的铭，间有纪事，也略而不详。宋以后"碑"和"传"只有首尾的不同了。"表"，宋后就没有"铭"，在汉时有"表记""表颂"的不同，"表颂"是有"铭"的。汉以前没有"墓志"，西晋也很少，东晋以后才多起来。这也因汉人立碑过多，东晋下令禁碑，"墓志"藏在墓内，比较便当一些。北朝和唐并不禁碑，而墓志很流行：一、官品不及的；二、官品虽大曾经犯罪的；三、节省经费的，都以此为便。"墓志"的文章，大都敷衍交情，没有什么精采。至很小的事，记述大都用"书事"或"记"等。

单篇论文，在西汉很少，就是《过秦论》也见《贾谊新书》中的。东汉渐有短论，延笃《仁孝先后论》可算是首创。晋人好谈名理，"论说"乃出。这种论文，须含陆士衡《文赋》所说"精微流畅"那四字的精神。

"奏"，秦时所无，有之自汉始。汉时奏外尚有"封事"，是奏密事用的。奏，有的为国家大事，有的为个人的事，没有定规的。

李斯《峄山碑》

"议"，若西汉《石渠议》《盐铁论》《白虎通》，都是合集许多人而成的。后来，凡议典礼，大都用"议"的。

"书"，在古时已有，差不多用在私人的往还，但古人有"上书"，则和"奏记"差不多，也就是现今的"说帖"和"禀"。至如刘歆《移让太常博士书》，却又和"移文"一样了。

"序"，也是古所已有，如《序卦》《书序》《诗序》都是的，刘向《别录》和《四库提要》也是这一类。后人大概自著自作，或注释古书附加一序的。古人的"题词"和"序"相同，赵岐注《孟子》，一"序"一"题词"，都用在前面。"跋"，大都在书后，体裁和序无不同之处。

纪事论议而外，尚有集部所无的，如：

（壹）数典之文：

甲、官制　如《周礼》《唐六典》《明清会典》之类。

乙、仪注　《仪礼》《唐开元礼》等皆是。

丙、刑法　如《汉律》《唐律》《明律》《清律》之类。

丁、乐律　如宋《律吕正义》、清《燕乐考原》等。

戊、书目　如刘向《别录》，刘歆《七略》，王俭、阮孝绪《七录》《七志》，宋《崇文书目》，清《四库提要》之类。

（贰）习艺之文：

甲、算术　如《九章算法》《圜法》之类。

乙、工程　如《周礼·考工记》，徐光启的《龙骨车》《玉衡车》之类。

丙、农事　如北魏《齐民要术》、元王桢《农书》、明徐光启《农政全书》之类。

丁、医书　如《素问》《灵枢》《伤寒论》《千金要方》之类。

戊、地志　如《禹贡》《周礼·职方志》《水经》《水道提纲》《乾隆府厅州县志》《方舆志略》之类。

以上各种，文都佳绝，也非集部所具的，所以我们目光不可专注在集部。

文学的分类既如上述，我们再进一步讨论文学的派别：

经典之作，原非为文，诸子皆不以文称。《汉书·贾谊传》称贾谊"善属文"，文乃出。西汉一代，贾谊、董仲舒、太史公、枚乘、邹阳、司马相如、扬雄、刘向，称为"文人"。但考《汉书》所载赵充国的奏疏，都卓绝千古，却又不以"文人"称，这是什么原故呢？想是西汉所称为"文人"，并非专指行文而言，必其人学问渊博，为人所推重，才可算文人的。东汉班彪著《王命论》，班固著《两都赋》，以及蔡邕、傅毅之流，是当时著称的文人。但东汉讲政治若崔实《政论》，仲长统《昌言》，说经若郑康成之流，行文高出诸文人上，又不以文名了。在西汉推尊文人，大概注目在淹博有学问一点，东汉推尊的文人，有些不能明白了。东、西汉文人在当时并无派别，后人也没曾有人替他们分成派别的。

三国时曹家父子三人（操、丕、植）文名甚高。操以"诏令"名，丕以《典论》名，植以《求自试表》等称，人们所以推尊他们，还不以其文，大都是以诗推及其文的。徐幹诗不十分好，《中论》一书也不如仲长统所著而为当时所称；吴中以张昭文名为最高，我们读他所著，也无可取，或者以道德而推及其文的。陆家父子（逊、抗、凯、云、机）都以文名，而以陆机为尤，他是开晋代文学之先的。晋代潘、陆虽并称，但人之尊潘终不如陆，《抱朴子》中有赞陆语，《文中子》也极力推尊他，唐太宗御笔赞也只有陆机、王羲之二人，可见人们对他的景仰了。自陆出，文体大变：两汉壮

曹操雕像

美的风气，到了他变成优美了；他的文，平易有风致，使人生快感的。晋代文学和汉代文学，有大不同之点。汉代厚重典雅，晋代华妙清妍，差不多可以说一是刚的、一是柔的。东晋好谈论而无以文名者，骈文也自此产生了。南北朝时傅季友（宋人）骈体殊佳，但不能如陆机一般舒卷自如，后此任昉、沈约辈每况斯下了。到了徐、庾之流，去前人更远，对仗也日求精工，典故也堆叠起来，气象更是不雅淡了。至当时不以文名而文极佳的，如著《崇有论》的裴𬱟，著《神灭论》的范缜等；更如孔琳（宋）、萧子良（齐）、袁翻（北魏）的奏疏，干宝、袁宏、孙盛、习凿齿、范晔的史论，我们实在景仰得很。在南北朝，文家亦无派别，只北朝人好摹仿南朝，因此有推尊任昉的，有推尊沈约的等不同。北朝至周，文化大衰，到了隋代，更是文不成文了。

唐初文也没有可取，但轻清之气尚存，若杨炯辈是以骈兼散的。中唐以后，文体大变，变化推张燕公（按即张说，玄宗时封燕国公）、苏许公（按即苏颋，袭封许国公）为最先，他们行文不同于庾，也不同于陆，大有仿司马相如的气象。在他们以前，周时有苏绰，曾拟《大诰》，也可说是他们的滥觞。韩、柳的文，虽是别开生面，却也从燕、许出来，这是桐城派不肯说的。中唐萧颖士、李华的文，已渐趋于奇。德宗以后，独孤及的行文，和韩文公更相近了。后此韩文公、柳宗元、刘禹锡、吕温，都以文名。四人中以韩、柳二人最喜造词，他们是主张词必己出的。刘、吕也爱造词，不过不如韩、柳之甚。韩才气大，我们没见他的雕琢气；柳才小，就不能掩饰。韩之学生皇甫湜、张籍，也很欢喜造词。晚唐李翱别具气度，孙樵诘屈聱牙，和韩也有不同。骈体文，唐代推李义山（按即李商隐），渐变为后代的"四六体"，我们把他和陆机一比，真有天壤之分。唐人常称孟子、荀卿，也推尊贾谊、太史公，把晋人柔曼气度扫除净尽，返于汉代的"刚"了。

宋苏轼称韩文公"文起八代之衰"，人们很不佩服。他所说八代，也费端详。有的自隋上推，合南朝四代及晋、汉为八代，这当然不合的；有的自隋上推，合北朝三代及晋、汉、秦为八代，那是更不合了。因为司马迁、贾谊是唐人所极尊的，东坡何至如此胡涂？有的自隋上推，合南朝四代、北朝三代为八代，这恰是情理上所有的。

宋初承五代之乱，已无文可称。当时大都推重李义山，四六体渐盛，我们正可以说李义山是承前启后的人，以前是骈体，以后变成四六了。北宋初年，柳开得《韩昌黎集》读之，行文自以为学韩，考之实际，和韩全无关系，但宋代文学，他实开其源。以后穆

东坡题竹图

修、尹洙辈也和四六离异，习当时的平文（古文一名，当时所无），尹洙比较前人高一着。北宋文人以欧阳修、三苏、曾、王为最著。欧阳本习四六，后来才走入此途；同时和他敌对，首推宋祁。祁习韩文，著有《新唐书》，但才气不如韩。他和欧阳交情最深，而论文极不合。他的长兄宋郊，习燕、许之文，和他也不同。

明人称"唐宋八大家"，因此使一般人以为唐宋文体相同。实在唐文主刚，宋文主柔，极不相同。欧阳和韩，更格格不相入。韩喜造词，所以对于李观、樊宗师的文很同情。欧阳极反对造词，所以"天地轨，万物苗，圣人发"等句，要受他的"红勒帛"（按即红帛做的腰带，此指批改文字时用笔涂抹的痕迹。欧阳修涂抹上述文字，见《梦溪笔谈·九·人事》）。并且"黈纩塞耳，前旒蔽明"二语，见于《大戴礼》，欧阳未曾读过，就不以为然，它无论矣。三苏以东坡为最博，洵、辙不过尔尔。王介甫（按即王安石）才高，读书多，造就也较多。曾子固（按即曾巩）读书亦多，但所作《乐记》，只以大话笼罩，比《原道》还要空泛。有人把他比刘原甫，一浮一实，拟于无伦了。宋人更称曾有经术气，更堪一笑！

南宋文调甚俗，开科举文之端。这项文东坡已有雏形，只未十分显露，后来相沿而下，为明初宋濂辈的台阁体。中间在元代虽有姚燧、虞集辈尚有可观，但较诸北宋已是一落千丈。

宋代不以文名而文佳者，如刘敞、司马光辈谨严厚重，比欧阳高一等，但时人终未加以青目，这也是可惜的。

唐宋八大家文抄浮雕

明有"前七子""后七子"之分。"前七子"（李梦阳等）恨台阁体；"后七子"（王世贞等）自谓学秦、汉，也很庸俗。他们学问都差于韩、苏，摹拟不像，后人因此讥他们为伪体。归有光出，和"后七子"中王世贞相抗敌，王到底不能不拜他的下风。归所学的是欧、曾二家，确能入其门庭，因此居伪体之上。正如孟子所说，"五谷不熟，不如荑稗"的了！

桐城派，是以归有光为鼻祖，归本为昆山人，后来因为方、姚（按方即方苞，姚即姚鼐）兴自桐城，乃自为一派，称文章正宗。归讲格律、气度甚精工，传到顾亭林有《救文》一篇，讲公式禁忌甚确，规模已定。清初汪琬学归氏甚精，可算是归氏的嫡传，但桐城派不引而入之，是纯为地域上的关系了。

方苞出，步趋归有光，声势甚大，桐城之名以出。方行文甚谨严，姚姬传承他的后，才气甚高，也可与方并驾。但桐城派所称刘大櫆，殊无足取，他们竟以他是姚的先生，并且是桐城人，就凭意气收容了，因此引起"阳湖"和他对抗。阳湖派以恽敬、张惠言为巨子。惠言本师事王灼，也是桐城派的弟子。他们嫉恶桐城派独建旗帜，所以分裂的，可惜这派传流不能如桐城派的远而多。姚姬传弟子甚多，以管同、梅曾亮为最。梅精工过于方、姚，体态也好，惜不甚大方，只可当作词曲看。曾国藩本非桐城人，因为声名煊赫，桐城派强引而入之。他的著作，比前人都高一著。归、汪、方、姚都只能学欧、曾（按此指曾巩）。曾（按此指曾国藩）才有些和韩相仿佛，所以他自己也不肯说是桐城的。桐城派后裔吴汝纶的文，并非自桐城习来，乃自曾国藩处授得的。清代除桐城而外，汪中的文也卓异出众，他的叙事文与姚相同，骈体文又直追陆机了。

我们平心论之，文实在不可分派。言其形式，原有不同，以言性情才力，各各都不相同，派别从何分起呢？我们所以推重桐城派，也因为学习他们的气度格律，明白他们的公式禁忌，或者免除那台阁派和七子派的习气罢了。

他们所告诉我们的方式和禁忌，就是：

（一）官名、地名应用现制。

（二）亲属名称应仍《仪礼·丧服》《尔雅·丧服》之旧。（按《尔雅》无此篇，疑当为《尔雅·释亲》。）

（三）不俗——忌用科举滥调。

（四）不古。

（五）不枝。

我们在此可以讨论有韵文了。有韵文是什么？就是"诗"。有韵文虽不全是诗，却可以归在这一类。在古代文学中，诗而外，若"箴"，全是有韵的；若"铭"，虽杂些无韵，大部分是有韵的；若"诔"，若"像赞"，若"史述赞"，若"祭文"，也有有韵的，也有无韵的。那无韵的，我们可归之于文；那有韵的可归之于诗了。至于《急就章》《千字文》《百家姓》"医方歌诀"之类，也是有韵的，我们也不能不称之为诗。——前次曾有人把《百家姓》可否算诗来问我，我可以这么答道："诗只可论体裁，不可论工拙，《百家姓》既是有韵，当然是诗。"——总之，我们要先确定有韵为诗，无韵为文的界限，才可以判断什么是诗，像《百家姓》之流，以工拙论，原不成诗，以形式论，我们不能不承认他是诗。

诗以广义论，凡有韵是诗；以狭义论，则惟有诗可称诗。什么可称诗？《周礼·春官》称六诗，就是风、赋、比、兴、雅、颂。但是后来赋与诗离，所谓比、兴也不见于《诗经》。究竟当日的赋、比、兴是怎样的？已不可考。后世有人以为赋、比、兴就在风、雅、颂之中，《郑志》张逸问："何诗近于比、赋、兴？"答曰："比、赋、兴，吴札观诗时，已不歌也。孔子录诗，已合风、雅、颂中，难复摘别，篇中义多兴，此谓比、赋、兴各有篇什。自孔子敹杂第次而毛公独旌表兴，其比、赋俄空焉。圣者颠倒而乱形名，大师偏弼而失邻类。"郑康成《六艺论》也说：风、雅、颂中有赋、比、兴。《毛传》在诗的第一节偶有"兴也"二字。朱文公也就自我作古，把"比也""赋也"均添起来了。我以为诗中只有风、雅、颂，没有赋、比、兴。左氏说："《彤弓》《角弓》，其实《小雅》也；吉甫作诵，其风肆好，其实《大雅》也。"考毛公所附"兴也"的本义，也和赋、比、兴中的"兴"不同，只不过像乐府中的"引""艳"一样。

"六诗"（按《诗经》学名词）本义何在？我们除比、兴不可考而外，其余都可溯源而得之：

（一）风 《诗·小序》："风者上以风化下，下以风刺上。"我以为风的本义，还不是如此。风是空气的激荡，气出自口就是风，当时所谓风，只是口中所讴唱罢了。

（二）颂 "颂"在《说文》就是"容"字，《说文》中"容"只有纳受的意义，这"颂"字才有形容的意义。《诗·小序》谓："颂者美盛德之形容。"我们于此可想见古人的颂是要"式歌式舞"的。

（三）赋 古代的赋，原不可见，但就战国以后诸赋看来都是排列铺张的。古代凡兵事所需，由民间供给的谓之"赋"，在收纳民赋时候，必须按件点过。赋体也和按件点过一样，因此得名了。

（四）雅 这项的本义，比较的难以明白。《诗·小序》说："雅者正也。"雅何以训作正？历来学者都没有明白说出，不免引

《诗经·国风》之《豳风》：伐柯　局部

《诗经·国风》之《豳风》：九罭　局部

《诗经·国风》之《豳风》：狼跋　局部

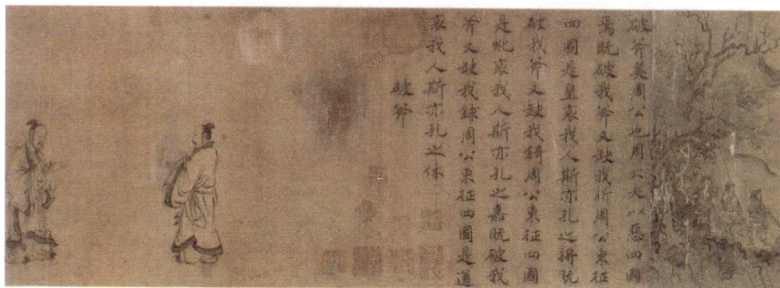

《诗经·国风》之《豳风》：破斧　局部

《诗经·国风》之《豳风》：七月　局部

《诗经·国风》之《豳风》：鸱鸮　局部

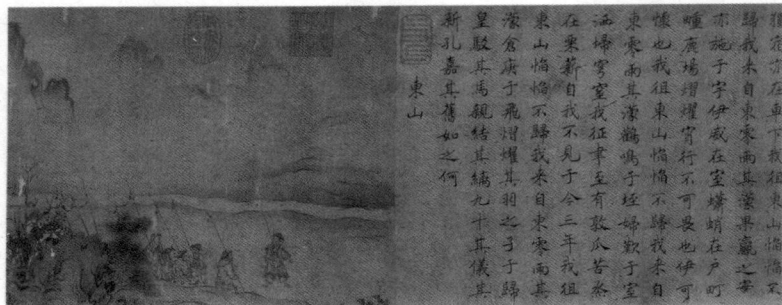

《诗经·国风》之《豳风》：东山　局部

起我们的疑惑。据我看来，"雅"在《说文》就是"鸦"，"鸦"和"乌"音本相近，古人读这两字也相同的，所以我们也可以说"雅"即"乌"。《史记·李斯传·谏逐客书》《汉书·杨恽传·报孙会宗书》均有"击缶而歌乌乌"之句，人们又都说"乌乌"秦音也。秦本周地，乌乌为秦声，也可以说乌乌为周声。又商有颂无雅，可见雅始于周。从这两方面看来，"雅"就是"乌乌"的秦声，后人因为他所歌咏的都是庙堂大事，因此说"雅"者正也。《说文》又训"雅"为"疋"，这两字音也相近。"疋"的本义，也无可解，说文训"疋"为"足"，又说："疋，记也。"大概"疋"就是后人的"疏"，后世的"奏疏"，也就是记。《大雅》所以可说是"疋"，也就因为《大雅》是记事之诗。

我们明白这些本义，再去推求《诗经》，可以明白了许多。太史公在《孔子世家》说："古者诗三千余篇，及至孔子，去其重，取可施于礼义，上采契、后稷，中述殷、周之盛，至幽、厉之缺，始于衽席。故曰《关雎》之乱以为《风》始。《鹿鸣》为《小雅》始，《文王》为《大雅》始，《清庙》为《颂》始，三百五篇，孔子皆弦歌之以求合韶、武、雅、颂之音。"可见古诗有三千余篇。有

212

人对于三千余篇有些怀疑，以为这是虚言。据我看来，这并非是虚言。风、雅、颂已有三百余篇，考他书所见逸诗，可得六百余篇；若赋、比、兴也有此数，就可得千二百篇了。《周礼》称九德（按指九种品德）六诗之歌，可见六诗以外，还有所谓九德之歌。在古代盛时，"官箴、占繇皆为诗，所以序《庭燎》称'箴'，《沔水》称'规'，《鹤鸣》称'诲'，《祈父》称'刺'，诗外更无所谓官箴，辛甲诸篇，也在三千之数"。（按《庭燎》《沔水》《鹤鸣》《祈父》为《诗经》篇名）我们以六诗为例，则九德也可得千八百篇：合之已有三千篇之数，更无庸怀疑。至于这三千篇删而为三百篇，是孔子所删，还是孔子以前已有人删过呢？我们无从查考。不过孔子开口就说诵诗三百，恐怕在他以前，已有人把诗删过了！大概三千篇诗太复杂，其中也有诵世系以劝戒人君，若《急就章》之流，使学者厌于讽诵。至若比、赋、兴虽依情志，又复广博多华，不宜声乐，因此十五流中删取其三，到了孔子不过整齐彼的篇第不使凌乱罢了。

　　《诗经》只有风、雅、颂，赋不为当时所称，但是到了战国，赋就出来了。屈原、孙卿（按即荀子）都以赋名：孙卿以《赋》《成相》分二篇，题号已别。屈原《离骚》诸篇，更可称为卓立千古的赋。《七略》次赋为四家：一曰屈原赋，二曰陆贾赋，三曰孙卿赋，四曰杂赋。屈原的赋是道情的，孙卿的赋是咏物的，陆贾赋不可见，大概是"纵横"之变。后世言赋者，大都本诸屈原。汉代自从贾生《惜誓》上接《楚辞》，《鹏鸟》仿佛《卜居》，司马相如自《远游》流变而为《大人赋》，枚乘自《大招》《招魂》散而为《七发》，其后汉武帝《悼李夫人》、班婕妤《自悼》，以及淮南、东方朔、刘向辈大都自屈、宋脱胎来的。至摹拟孙卿的，也有之，如

《鹦鹉》《焦鹩》诸赋都能时见一端的。

　　三百篇（按即《诗经》）以后直至秦代，无诗可见。一到汉初，诗便出来了。汉高祖《大风歌》，项羽《虞兮歌》，可说是独创的诗。此后五言诗的始祖，当然要推《古诗十九首》。这十九首中据《玉台新咏》指定九首是枚乘作的，可见这诗是西汉的产品。至苏武、李陵赠答之诗，有人疑是东汉时托拟的。这种五言诗多言情，是继四言诗而起的，因为四言诗至三百篇而至矣尽矣，以后继作，都不能比美，汉时虽有四言诗，若韦孟之流，才气都不及，我们总觉得很淡泊。至碑铭之类（峄山碑等）又是和颂一般，非言情之作，其势非变不可，而五言代出。

　　汉代雅已不可见，《郊祀歌》之流，和颂实相类似，四言而外，也有三言的，也有七言的。此后颂为用甚滥，碑铭称"颂"，也是很多的。

　　汉代文人能为赋未必能以诗名，枚乘以诗长，他的赋却也不甚著称。东汉一代，也没有卓异的诗家，若班固等，我们只能说是平凡的诗家。

　　继《十九首》而振诗风，当然要推曹孟德（按即曹操）父子。孟德的四言，上不摹拟《诗经》，独具气魄，其他五言、七言诸诗，虽不能如《十九首》的冲淡，但色味深厚，读之令人生快。魏文帝和陈思王（按即曹植）的诗，也各有所长，同时刘桢、王粲辈毕竟不能和他们并驾。钟嵘《诗品》评《古诗十九首》说是"一字千金"，我们对于曹氏父子的诗，也可以这样说它，真所谓："其气可以抗浮云，其诚可以比金石。"

　　语曰："在心为志，发言为诗。"可见诗是发于性情。三国以前的诗，都从真性情流出，我们不能指出某句某字是佳，他们的好处，是无句不佳、无字不佳的。曹氏父子而后，就不能如此了。

曹氏父子而后，阮籍以《咏怀诗》闻于世。他本好清谈，但所作的诗，一些也没有这种气味。《诗品》称阮诗出于《离骚》，真是探源之论，不过陈思王的诗，也出自《离骚》，阮的诗还不能如他一般痛快。

晋初，左思《咏史诗》《招隐诗》风格特高，与曹不同，可说是独开一派。在当时他的诗名不著，反而陆机、潘岳辈以诗称。我们平心考察：陆诗散漫，潘诗较整饬，毕竟不能及左思，他们也只可以说是作赋的能手罢了。当时所以不看重左思，也因他出身微贱，不能像潘、陆辈身居贵胄的原故。《诗品》评诗，也不免于徇俗，把左思置在陆、潘之下，可为浩叹！其他若张华的诗，《诗品》中称他是"儿女情多，风云气少"。我们读他的诗意，只觉得是薄弱无力量，所谓儿女情多，也不知其何所见而云然，或者我们没曾看见他所著的全豹，那就未可臆断了！

东晋，清谈过甚，他们的"清谈诗"，和宋时"理学诗"一般

陶渊明（352 或 365—427）

可厌。他们所做的诗，有时讲讲庄、老，有时谈谈佛理，像孙绰、许询辈都是如此。孙绰《天台山赋》有"大虚辽廓而无阂，运自然之妙有"等句，是前人所不肯用的。《诗品》说他们的诗，已是"风骚体尽"，的是不错。在东晋一代中无诗家可称，但刘琨《扶风歌》等篇，又是诗中佳品，以武人而能此，却也可喜！

陶渊明出，诗风一振，但他的诗终不能及古人，《诗品》评为"隐逸之诗"。他讲"田舍风味"，极自然有风致，也是独树一帜。在他以前，描写风景的诗很少，至他专以描写风景见长，如"采菊东篱下，悠然见南山"之句，真古人所不能道。渊明以后，谢灵运和颜延之二家继他而起。谢描摹风景的诗很多，句调精炼，《诗品》说他是"初出芙蓉"。颜诗不仅描风景，作品中也有雕刻气，所以推为诗家，或以颜学问淹博之故。《诗品》评颜谓为"镂金错彩"。陶诗脱口自然而出，并非揉作而成，虽有率尔之词，我们总觉得可爱。如谢诗就有十分聱牙之处，我们总可以觉得他是矫作的。小谢（谢朓）写风景很自然，和渊明不相上下，而当时学者终以小谢不及大谢（按即谢灵运），或者描写风景之诗，大家都爱工巧，所以这般评论。梁代诗家推沈约（永明体自他出），律诗已有雏形了。古诗所以变为律诗，也因谢、颜诗不可讽诵，他因此故而定句调。沈约的律诗，和唐后律诗又不相同。《隋书·经籍志》载他的《四声谱》有一卷，可见谱中所载调是很多的，并不像唐后律诗这么简单。他的《四声谱》，我们虽不能见，但读他的诗，比谢、颜是调和些，和陶、小谢却没有什么分别呢。

宋鲍照、齐江淹，也以诗名。鲍有汉人气味，以出身微贱，在当时不甚著称。江善于拟古，自己的创作却不十分高明。

南北朝中，我们只能知道南朝的作品，北朝究竟有无诗家，久已无从考得，但《木兰诗》传自北朝，何等高超，恐怕有些被淹没了呢！

梁末，诗又大变，如何逊、阴铿的作品，只有一二句佳绝了。在此时，古今诗辟下一大界限，全篇好是古诗的特色，一二句好是此后的定评。隋杨素诗绝佳，和刘琨可仿佛。此时文人习于南北朝的诗风，爱用典故，并喜雕琢。杨素武人不爱雕琢，亦不能雕琢，所以诗独能过人。当时文人专着眼在一二句好处，对于杨素不甚看重。所以隋炀帝为了忌嫉"空梁落燕泥""庭草无人随意绿"二佳句，就杀两诗人了。

唐初，律诗未出，唐太宗和魏徵的诗，和南北朝相去不远。自四杰（骆宾王、王勃、杨炯、卢照邻）出，作品渐含律诗的气味，不过当时只有五言律，并未有七言律。四杰之文很卑微，他们的诗，却有气魄。成就五言的是沈佺期、宋之问，他们的诗，气魄也大，虽有对仗，但不甚拘束。五言古诗到此时也已穷极，五律、七古不能不产生了。唐以前七古虽有，但不完备，至唐始备全。七古初出，若李太白、崔颢的诗，都苍苍茫茫，信笔写去，无所拘忌。李诗更含复古的气味，和同时陈子昂同一步骤。

盛唐诗家以王维、孟浩然、张九龄为最。张多古诗，和李、陈同有复古的倾向。王、孟诗与陶相近，作品中有古诗、有律诗，以描写风景为最多，都平淡有意趣。

李、陈、张三家都是复古诗家，三人中自然推李为才最高。他生平目空古人，自以为在古人之上，在我们看来，他的气自然盛于前人，说他是高于前人恐怕未必。王、孟两家是在古今之间，到了杜甫，才开今派的诗。

杜甫的诗，元稹说他高于李，因为杜立排律之体，为李所不及的。据我看来，李诗是成线的，杜诗是成面的，杜诗可说是和"赋"有些相像，必要说杜胜于李却仍不敢赞同。并且自杜诗开今，流于典故的堆叠，自然的气度也渐渐遗失，为功为罪，未可定论！至于杜的古诗，和古人也相去不远，只排律一体，是由他首创，"子美别开新世界"，就是这么一个世界罢！在杜以前诸诗家，除颜延之而外，没有一个以多用书为贵的，自杜以后，才非用典故不能夸示于人。或者后人才不如古，以典故文饰，可掩了自己的短处！正如天然体态很美的女子，不要借力于脂粉，那些体态不甚美的，非藉此不可了。昌黎的诗，习杜之遗风，更爱用典故，并爱用难识的字，每况愈下了，但自然之风尚存，所以得列于诗林。

韦应物、柳宗元两家，和昌黎虽同时，而作品大不相同。他们有王、孟气味，很自然平淡的。我们竟可以说柳的文和诗截不相同。同时有元微之、白居易二家，又和别家不同。他们随便下笔，说几句民情，有《小雅》的风趣，他们所以见称也以此。

晚唐，温庭筠、李义山两家爱讲对仗，和杜甫爱典故是一样的，结合便成宋代的诗风。"西昆体"染此风甚深，所以宋代诗话，专在这些地方留意。

宋初，欧阳修、梅圣俞对于"西昆体"很反对，但欧阳修爱奇异的诗句，如"水泥行郭索（这句是咏蟹，"郭索"两字见扬子《太玄经》），云木叫钩辀（这句是咏鸠，"钩辀"两字见陆机《毛诗草木鸟兽虫鱼疏》）"二句，已不可解，他却大加赞赏，和他的论文大相抵触的。梅圣俞的诗，开考古之源，和古人咏古的诗，又大不相同了。总之，宋人的诗，是合"好对仗、引奇字、考据"三点而成，以此病入膏肓。苏轼的诗，更打破唐诗的规模，有时用些佛典之法理，太随便了。王荆公爱讲诗律，但他的诗律，忽其大者而注重小者，竟说："上句用《汉书》，下句也要用《汉书》的。"（按原话为："用汉人语，止可以汉人语对。"见《石林诗话》）自此大方气象全失；我们读宋祁"何言汉朴学（见《汉书》），反似楚技官（见《史记·吴起传》）"之句，再看王维"正法调狂象，（见佛法）玄言问老龙（见《庄子》）"之句，真有天壤之判呢！有宋一代，诗话很多，无一不深中此病。惟《沧浪诗话》和众不同，他说"诗有别才，不关学也；诗有别趣，不关理也"。此种卓见，可扫宋人的习气了。

南宋，陆放翁含北宋习气也很深，惟有范石湖（按即范成大）、刘复村（按疑为刘克庄，号后村之误）自有气度，与众不同。黄山谷（按即黄庭坚）出，开江西诗派之源。黄上学老杜，开场两句必对仗，是他们的规律，这一派诗无足取。

元、明、清三代诗甚衰，一无足取。高青邱（按明诗人高启，号青邱子）的诗失之靡靡，七子的诗失之空门面，王渔洋、朱彝尊的诗失之典泽过浓，到了翁方纲以考据入诗，洪亮吉爱对仗，更不成诗。其间稍可人意的，要推查初白（按即查慎行）的，但也不能望古人之项背。洪亮吉最赏识"足以乌孙涂上茧，头儿黄祖座中枭"二句，我们读了只作三日呕！

诗至清末，穷极矣。穷则变，变则通；我们在此若不向上努力，便要向下堕落。所谓向上努力就是直追汉、晋，所谓向下堕落就是近代的白话诗，诸君将何取何从？提倡白话诗人自以为从西洋传来，我以为中国古代也曾有过，他们如要访祖，我可请出来。唐代史思明（夷狄）的儿子史朝义称怀王，有一天他高兴起来，也咏一首樱桃的诗："樱桃一篮子，一半青，一半黄，一半与怀王，一半与周贽。"那时有人劝他，把末两句上下对掉，作为"一半与周赟，一半与怀王"，便与"一半青，一半黄"押韵。他怫然道："周赟是我的臣，怎能在怀王之上呢？"如在今日，照白话诗的主张，他也何妨说："何必用韵呢？"这也可算白话诗的始祖罢。一笑！

陆游（1125—1210）

第五章　结论

——国学之进步

中国学术，除文学不能有绝对的完成外，其余的到了清代，已渐渐告成，告一结束。清末诸儒，若曾国藩、张之洞辈都以为一切学问已被前人说尽，到了清代，可说是登峰造极，后人只好追随其后，决不再能超过了。我以为后人仅欲得国学中的普通学识，则能够研究前人所已发明的，可算已足，假使要求真正学问，怕还不足罢！即以"考据"而论，清代成就虽多，我们依着他们的成规，引而伸之，也还可以求得许多的知识。在他们的成规以外，未始没有别的途径可寻，那蕴蓄着未开辟的精金正多呢！总之，我们若不故步自封，欲自成一家言，非但守着古人所发明的于我未足，即依律引伸，也非我愿，必须别创新律，高出古人才满足心愿——这便是进步之机。我对于国学求进步之点有三：

（一）经学　以比类知原求进步。

（二）哲学　以直观自得求进步。

（三）文学　以发情止义求进步。——毕竟讲来，文学要求进步，恐怕难能呢？

清代治经学较历代为尤精，我在讲经学之派别时已经讲过。我们就旧有成规再加讲讨，原也是个方法。不过"温故知新"仅"足以为师"，不足语于进步。我们治经必须比类知原，才有进步。因前人治经，若宋、明的讲大体，未免流于臆测妄断；若清代的订训诂，又仅求一字的妥当，一句的讲明，一制的考明，"擘绩补苴"，不甚得大体。我们生在清后，那经典上的疑难，已由前人剖析明白，可让我们融会贯通再讲大体了。

　　从根本上讲，经史是决不可以分的。经是古代的历史，也可以说是断代史。我们治史，当然要先看通史，再治断代的史，才有效果，若专治断代史，效果是很微细的。治经，不先治通史，治经不和通史融通，其弊与专治断代史等，如何能得利益？前人正犯此病。所以我主张比类求原，以求经史的融会，以谋经学的进步。如何是比类求原？待我说来！经典中的《尚书》《春秋》，是后代"编年""纪传"两体之先源。刘知几曾说"记传"是源于《尚书》，"编年"是源于《春秋》，章学诚也曾说后代诸史皆本于《春秋》。这二人主张虽不同，我们考诸事实，诸史也不尽同于《尚书》《春秋》，而诸史滥觞于彼，是毫无疑义的。所以治经，对于"制度"，下则求诸《六典》《会典》诸书，上以归之于《周礼》《仪礼》。对于地理，下则考诸史及地舆志，上以归之于《禹贡》及《周礼·职方志》。即风俗道德，亦从后代记载上求源于经典。总之，把经看作古代的历史，用以参考后世种种的变迁，于其中看明古今变迁的中心。那么，经学家最忌的武断、琐屑二病，都可免除了。未来所新见的，也非今日所可限量呢！

　　中国哲学在晋代为清谈，只有口说，讲来讲去，总无证据。在宋、明为理学，有道学问、尊德性之分，自己却渐有所证。在清代专在文字上求、以此无专长者，若戴东原著《孟子字义疏证》，阮芸台讲性命，陈兰甫（按即陈澧）著《汉儒通义》，也仅在文字上求、训诂上求，有何可取！要知哲理非但求之训诂为无用，即一理为人人所共明而未证之于心，也还没有用处的，必须直观自得，才是真正的功夫。王阳明辈内证于心，功夫深浅各有不同，所得见解，也彼此歧异，这也是事实上必有的。理，仿佛是目的地，各人所由的路，既不能尽同，所见的理，也必不能尽同；不尽同和根源上并无不合呢！佛家内证功夫最精深，那些堕落的就专在语言文字上讲了。西洋哲学，文字虽精，仍是想像如此，未能证之于心，一无根据，还不能到宋学的地步，所以彼此立论，竟可各走极端的。这有理论无事实的学问，讲习而外，一无可用了！近代法国哲学家柏格森渐注重直觉，和直观自得有些相近了。总之，讲哲理决不可像天文家讲日与地球的距离一样，测成某距离为已精确了。因为日的距离，是事实上决不能量，只能用理论推测的，那心象是在吾人的精神界，自己应该觉得的。所以，不能直观自得，并非真正的哲理，治哲学不能直观自得便不能进步。

文学如何能求进步？我以为要"发情止义"。何为发情止义？如下述："发情止义"一语，出于《诗序》。彼所谓"情"是喜怒哀乐的"情"，所谓"义"是礼义的"义"。我引这语是把彼的意义再推广之："情"是"心所欲言，不得不言"的意思，"义"就是"作文的法度"。桐城派的文章，并非没有法度，但我们细读一过，总觉得无味，这便因他们的文，虽止乎义，却非发乎情。他们所作游记论文，也不过试试自己的笔墨罢了。王渔洋（按即王士禛）的诗，法度非不合，但不能引人兴趣，也因他偶到一处，即作一诗，仿佛日记一般，并非有所为而作的。清初侯方域、魏叔子（按即魏禧）以明代遗民，心有不平，发于文章，非无感情，但又绝无法度。明末大儒黄梨洲、王船山（按即王夫之），学问虽博，虽有兴亡感慨，

223

但黄文既不类白话，又不类语录，又不类讲章，只可说是像批语；王船山非常生硬，又非故意如此，都可说是不上轨道的。所以文学非但要"止乎义"，还要"发乎情"。那初作文，仅有法度，并无情，用以练习则可，用以传世则不可，仿佛习字用九宫格临帖，是不可以留后的。韩昌黎自以为因文生道，顾亭林对于这话有所批评。实在昌黎之文，并非无情无义，若《书张中丞传后》，自是千古必传的，可惜他所作碑志太多，就多止于义、不发于情的了。苏东坡的史论，有故意翻案的、有不必作的，和场屋文一般，也非发于情之作。古文中非无此流，比较的少一些。诗关于情更深，因为诗专以写性情为主的。若过一处风景，即写一诗，诗如何能佳? 宋代苏、黄的诗，就犯此病。苏境遇不佳，诗中写抑郁不平的还多，而随便应酬的诗也很多，就损失他的价值了。唐代杜工部身遇乱世，又很穷困，诗中有情之作，可居半数，其他也不免到一处写一首的。杜以前诸诗家，很少无情之作，即王、孟也首首有情的。至古代诗若《大风歌》《扶风歌》全是真性情流出，一首便可传了!

诗文二项中：文有有法无情的，也有无法有情的；诗却有情无法少，有法无情多；近代诗虽浅鄙，但非出乎轨外。我们学文学诗，初步当然要从法上走，然后从情创出。那初步即欲文学太史公，诗学李太白的，可称狂妄之人呢! 我们还要知文学作品忌多，太多必有无情之作，不足贵了。

二三十年前，讲文学，只怕无情，不怕无义。梁任公（按即梁启超）说我是正统派，这正统派便能不背规则的。在现在有情既少，益以无义，文学衰堕极了。我们若要求进步，在今日非从"发情止义"下手不可。能发情止义，虽不必有超过古人之望，但诗或可超过宋以下诸诗家，文或可超过清以下诸文家! 努力!

朱自清 · 经典常谈

序

　　在中等以上的教育里，经典训练应该是一个必要的项目。经典训练的价值不在实用，而在文化。有一位外国教授说过，阅读经典的用处，就在教人见识经典一番。这是很明达的议论。再说做一个有相当教育的国民，至少对于本国的经典，也有接触的义务。本书所谓经典是广义的用法，包括群经、先秦诸子、几种史书、一些集部；要读懂这些书，特别是经、子，得懂"小学"，就是文字学，所以《说文解字》等书也是经典的一部分。我国旧日的教育，可以说整个儿是读经的教育。经典训练成为教育的唯一的项目，自然偏枯失调；况且从幼童时代就开始，学生食而不化，也徒然摧残了他们的精力和兴趣。新式教育施行以后，读经渐渐废止。民国以来虽然还有一两回中小学读经运动，可是都失败了，大家认为是开倒车。另一方面，教育部制定的初中国文课程标准里却有"使学生从本国语言文字上，了解固有文化"的话。高中的标准里更有"培养学生读解古书，欣赏中国文学名著之能力"的话。初高中的国文教材，从经典选录的也不少。可见读经的废止并不就是经典训练的废止，经典训练不但没有废止，而且扩大了范围，不以经为限，又按着学生程度选材，可以免掉他们囫囵吞枣的弊病。这实在是一种进步。

我国经典，未经整理，读起来特别难，一般人往往望而生畏，结果是敬而远之。朱子似乎见到了这个，他注"四书"，一种作用就是使"四书"普及于一般人。他是成功的，他的"四书"注后来成了小学教科书。又如清初人选注的《史记菁华录》，价值和影响虽然远在"四书"注之下，可是也风行了几百年，帮助初学不少。但到了现在这时代，这些书都不适用了。我们知道清代"汉学家"对于经典的校勘和训诂贡献极大。我们理想中一般人的经典读本——有些该是全书，有些只该是选本、节本——应该尽可能地采取他们的结论：一面将本文分段，仔细地标点，并用白话文作简要的注释。每种读本还得有一篇切实而浅明的白话文导言。这需要见解、学力和经验，不是一个人一个时期所能成就的。商务印书馆编印的一些《学生国学丛书》，似乎就是这番用意，但离我们理想的标准还远着呢。理想的经典读本既然一时不容易出现，有些人便想着先从治标下手。顾颉刚先生用浅明的白话文译《尚书》，又用同样的文体写《汉代学术史略》，用意便在这里。这样办虽然不能教一般人直接亲近经典，却能启发他们的兴趣，引他们到经典的大路上去。这部小书也只是向这方面努力的工作。如果读

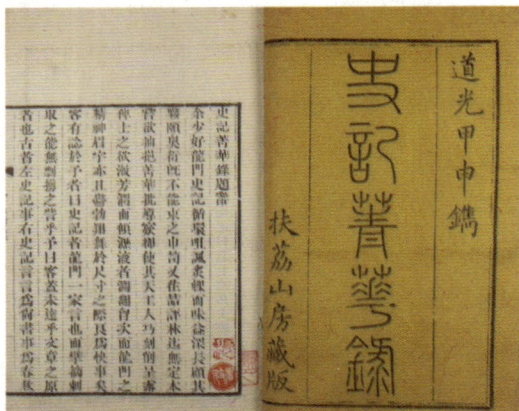

清代姚苎田作《史记菁华录》

者能把它当作一只船，航到经典的海里去，编撰者将自己庆幸，在经典训练上，尽了他做尖兵的一份儿。可是如果读者念了这部书，便以为已经受到了经典训练，不再想去见识经典，那就是以筌为鱼，未免辜负编撰者的本心了。

这部书不是"国学概论"一类。照编撰者现在的意见，"概论"这名字容易教读者感到自己满足："概论"里好像什么都有了，再用不着别的——其实什么都只有一点儿！"国学"这名字，和西洋人所谓"汉学"一般，都未免笼统的毛病。国立中央研究院的历史语言研究所分别标明历史和语言，不再浑称"国学"，确是正办。这部书以经典为主，以书为主，不以"经学""史学""诸子学"等作纲领。但《诗》《文》两篇，却还只能叙述源流；因为书太多了，没法子一一详论，而集部书的问题，也不像经、史、子的那样重要，在这儿也无需详论。书中各篇的排列，按照传统的经、史、子、集的顺序，并照传统的意见将"小学"书放在最前头。各篇的讨论，尽量采择近人新说；这中间并无编撰者自己的创见，编撰者的工作只是编撰罢了。全篇的参考资料，开列在各篇后面；局部的，随处分别注明。也有袭用成说而没有注出的，那是为了节省读者的注意力；一般的读物和考据的著作不同，是无需乎那样严格的。末了儿编撰者得谢谢杨振声先生，他鼓励编撰者写下这些篇常谈。还得谢谢雷海宗先生允许引用他还没有正式印行的《中国通史选读》讲义，陈梦家先生允许引用他的《中国文字学》稿本。还得谢谢董庶先生，他给我钞了全份清稿，让排印时不致有太多的错字。

朱自清

三十一年二月，昆明西南联合大学

说文解字第一

　　中国文字相传是黄帝的史官叫仓颉的造的。这仓颉据说有四只眼睛，他看见了地上的兽蹄儿、鸟爪儿印着的痕迹，灵感涌上心头，便造起文字来。文字的作用太伟大了，太奇妙了，造字真是一件神圣的工作。但是文字可以增进人的能力，也可以增进人的巧诈。仓颉泄漏了天机，却将人教坏了。所以他造字的时候，"天雨粟，鬼夜哭"。人有了文字，会变机灵了，会争着去做那容易赚钱的商人，辛辛苦苦去种地的便少了。天怕人不够吃的，所以降下米来让他们存着救急。鬼也怕这些机灵人用文字来制他们，所以夜里嚎哭；文字原是有巫术的作用的。但仓颉造字的传说，战国末期才有，那时人并不都相信，如《易・系辞》里就只说文字是"后世圣人"造出来的。这"后世圣人"不止一人，是许多人。我们知道，文字不断地在演变着；说是一人独创，是不可能的。《系辞》的话自然合理得多。

　　"仓颉造字说"也不是凭空起来的。秦以前是文字发生与演化的时代，字体因世、因国而不同，官书虽是系统相承，民间书却极为庞杂。到了战国末期，政治方面、学术方面，都感到统一的需要了，鼓吹的也有人了；文字统一的需要，自然也在一般意识之中。这时候抬出一个造字的圣人，实在是统一文字的预备工夫，好教人知道"一个"圣人造的字当然是该一致的。《荀子·解蔽篇》说，"好书者众矣，而仓颉独传者，一也"，"一"是"专一"的意思，这儿只说仓颉是个整理文字的专家，并不曾说他是造字的人；可见得那时"仓颉造字说"还没有凝成定型。但是，仓颉究竟是什么人呢？照近人的解释，"仓颉"的字音近于"商契"，造字的也许指的是商契。商契是商民族的祖宗。"契"有"刀刻"的义；古代用刀笔刻字，文字有"书契"的名称。可能因为这点联系，商契便传为造字的圣人。事实上商契也许和造字全然无涉，但这个传说却暗示着文字起于夏商之间。这个暗示也许是值得相信的。至于仓颉是黄帝的史官，始见于《说文序》。"仓颉造字说"大概凝定于汉初，那时还没有定出他是哪一代的人；《说文序》所称，显然是后来加添的枝叶了。

识字是教育的初步。《周礼·保氏》说贵族子弟八岁入小学，先生教给他们识字。秦以前字体非常庞杂，贵族子弟所学的，大约只是官书罢了。秦始皇统一了天下，他也统一了文字；小篆成了国书，别体渐归淘汰，识字便简易多了。这时候贵族阶级已经没有了，所以渐渐注重一般的识字教育。到了汉代，考试史、尚书史（书记秘书）等官儿，都只凭识字的程度；识字教育更注重了。识字需要字书。相传最古的字书是《史籀篇》，是周宣王的太史籀作的。这部书已经佚失，但许慎《说文解字》里收了好些"籀文"，又称为"大篆"，字体和小篆差不多，和始皇以前三百年的碑碣器物上的秦篆简直一样。所以现在相信这只是始皇以前秦国的字书。"史籀"是"书记必读"的意思，只是书名，不是人名。

始皇为了统一文字，教李斯作了《仓颉篇》七章，赵高作了《爰历篇》六章，胡毋敬作了《博学篇》七章。所选的字，大部分还是《史籀篇》里的，但字体以当时通用的小篆为准，便与"籀文"略有不同。这些是当时官定的标准字书。有了标准字书，文字统一就容易进行了。汉初，教书先生将这三篇合为一书，单称为《仓颉篇》。秦代那三种字书都不传了；汉代这个《仓颉篇》，现在残存着一部分。西汉时期还有些人作了些字书，所选的字大致和这个《仓颉篇》差不多。其中只有史游的《急就篇》还存留着。《仓颉》残篇四字一句，两句一韵。《急就篇》不分章而分部，前半三字一句，后半七字一句，两句一韵；所收的都是名姓、器物、官名等日常用字，没有说解。这些书和后世"日用杂字"相似，按事类收字——所谓分章或分部，都据事类而言。这些一面供教授学童用，一面供民众检阅用，所收约三千三百字，是通俗的字书。

　　东汉和帝时，有个许慎，作了一部《说文解字》。这是一部划时代的字书。经典和别的字书里的字，他都搜罗在他的书里，所以有九千字。而且小篆之外，兼收籀文"古文"；"古文"是鲁恭王所得孔子宅"壁中书"及张仓所献《春秋左氏传》的字体，大概是晚周民间的别体字。许氏又分析偏旁，定出部首，将九千字分属五百四十部首。书中每字都有说解，用晚周人作的《尔雅》，扬雄的《方言》，以及经典的注文的体例。这部书意在帮助人通读古书，并非只供通俗之用，和秦代及西汉的字书是大不相同的。它保存了小篆和一些晚周文字，让后人可以溯源沿流；现在我们要认识商周文字，探寻汉以来字体演变的轨迹，都得凭这部书。而且不但研究字形得靠它，研究字音、字义也得靠它。研究文字的形、音、义的，以前叫"小学"，现在叫文字学。从前学问限于经典，所以说研究学问必须从小学入手；现在学问的范围是广了，但要研究古典、古史、古文化，也还得从文字学入手。《说文解字》是文字学的古典，又是一切古典的工具或门径。

《说文序》提起出土的古器物，说是书里也搜罗了古器物铭的文字，便是"古文"的一部分，但是汉代出土的古器物很少；而拓墨的法子到南北朝才有，当时也不会有拓本，那些铭文，许慎能见到的怕是更少。所以他的书里还只有秦篆和一些晚周民间书，再古的可以说是没有。到了宋代，古器物出土的多了，拓本也流行了，那时有了好些金石、图录考释的书。"金"是铜器，铜器的铭文称为金文。铜器里钟鼎最是重器，所以也称为钟鼎文。这些铭文都是记事的。而宋以来发见的铜器大都是周代所作，所以金文多是两周的字。清代古器物出土的更多，而光绪二十五年（公元 1899 年）河南安阳发现了商代的甲骨，尤其是划时代的。甲是龟的腹甲，骨是牛胛骨。商人钻灼甲骨，以卜吉凶，卜完了就在上面刻字纪录。这称为甲骨文，又称为卜辞，是盘庚（约公元前 1300 年）以后的商代文字。这大概是最古的文字了。甲骨文、金文，以及《说文》里所谓"古文"，还有籀文，现在统统算作古文字，这些大部分是文字统一以前的官

仰韶文化彩陶

233

书。甲骨文是"契"的，金文是"铸"的。铸是先在模子上刻字，再倒铜。古代书写文字的方法除"契"和"铸"外，还有"书"和"印"，因用的材料而异。"书"用笔，竹、木简以及帛和纸上用"书"。"印"是在模子上刻字，印在陶器或封泥上。古代用竹、木简最多，战国才有帛，纸是汉代才有的。笔出现于商代，却只用竹木削成。竹木简、帛、纸，都容易坏，汉以前的，已经荡然无存了。

　　造字和用字有六个条例，称为"六书"。"六书"这个总名初见于《周礼》，但六书的各个的名字到汉人的书里才见。一是"象形"，象物形的大概，如"日""月"等字。二是"指事"，用抽象的符号，指示那无形的事类，如"二"（上）"二"（下）两个字，短画和长画都是抽象的符号，各代表着一个物类。"二"指示甲物在乙物之上，"二"指示甲物在乙物之下。这"上"和"下"两种关系便是无形的事类。又如"刃"字，在"刀"形上加一点，指示刃之所在，也是的。三是"会意"，会合两个或两个以上的字为一个字，这一个字的意义是那几个字的意义积成的，如"止""戈"为"武"，"人""言"为"信"等。四是"形声"，也是两个字合成一个字，

六书本原

234

但一个字是形，一个字是声；形是意符，声是音标。如"江""河"两字，"氵"（水）是形，"工""可"是声。但声也有兼义的。如"浅""钱""贱"三字，"水""金""贝"是形，同以"戋"为声；但水小为"浅"，金小为"钱"，贝小为"贱"，三字共有的这个"小"的意义，正是从"戋"字来的。象形、指事、会意、形声，都是造字的条例；形声最便，用处最大，所以我们的形声字最多。

五是"转注"，就是互训。两个字或两个以上的字，意义全部相同或一部分相同，可以互相解释的，便是转注字，也可以叫作同义字。如"考""老"等字，又如"初""哉""首""基"等字；前者同形同部，后者不同形不同部，却都可以"转注"。同义字的孳生，大概是各地方言不同和古今语言演变的缘故。六是"假借"，语言里有许多有音无形的字，借了别的同音的字，当作那个意义用。如代名词，"予""汝""彼"等，形况字"犹豫""孟浪""关关""突如"等，虚助字"于""以""与""而""则""然""也""乎""哉"等，都是假借字。又如"令"，本义是"发号"，借为县令的"令"；"长"本义是"久远"，借为县长的"长"。"县令""县长"是"令""长"的引申义。假借本因有音无字，但以后本来有字的也借用别的字。所以我们现在所用的字，本义的少，引申义的多，一字数义，便是这样来的。这可见假借的用处也很广大。但一字借成数义，颇不容易分别。晋以来通行了四声，这才将同一字分读几个音，让意义分得开些。如"长远"的"长"平声，"县长"的"长"读上声之类。这样，一个字便变成几个字了。转注、假借都是用字的条例。

象形字本于图画。初民常以画记名，以画记事，这便是象形的源头。但文字本于语言，语言发于声音，以某声命物，某声便是那物的名字。这是“名”，“名”该只指声音而言。画出那物形的大概，是象形字。“文字”与“字”都是通称；分析的说，象形的字该叫作“文”，“文”是“错画”的意思。“文”本于“名”，如先有“日”名，才会有“日”这个“文”；“名”就是“文”的声音。但物类无穷，不能一一造“文”，便只得用假借字。假借字以声为主，也可以叫作“名”。一字借为数字，后世用四声分别，古代却用偏旁分别，这便是形声字。如“⊠”本像箕形，是“文”，它的“名”是“丌”。而日期的“期”，旗帜的“旗”，麒麟的“麒”等，在语言中与“⊠”同声，却无专字，便都借用“⊠”字。后来才加“月”为“期”，加“㫃”为“旗”，加“鹿”为“麒”，一个字变成了几个字。严格地说，形声字才该叫作“字”，“字”是“孳乳而渐多”的意思。象形有抽象作用，如一画可以代表任何一物，“𠄞”（上）、“𠄟”（下）、“一”“二”“三”其实都可以说是象形。象形又有指示作用，如“刀”字上加一点，表明刃在那里。这样，旧时所谓指事字其实都可以归入象形字。象形还有会合作用，会合两个或两个以上的分子，表示一个意义；那么，旧时所谓会意字其实也可以归入象形字。但会合成功的不是“文”，也该是“字”。象形字、假借字、形声字，是文字发展的逻辑的程序，但甲骨文里三种字都已经有了。这里所说的程序，是近人新说，和“六书说”颇有出入。六书说原有些不完备、不清楚的地方，新说加以补充修正，似乎更可信些。

秦以后只是书体演变的时代。演变的主因是应用，演变的方向是简易。始皇用小篆统一了文字，不久便又有了“隶书”。当时公事忙，文书多，书记虽遵用小篆，有些下行文书，却不免写得草率些。日子长了，这样写的人多了，便自然而然成了一体，称为

"隶书"，因为是给徒隶等下级办公人看的。这种字体究竟和小篆差不多。到了汉末，才渐渐变了，椭圆的变为扁方的，"敛笔"变为"挑笔"。这是所谓汉隶，是隶书的标准。晋唐之间，又称为"八分书"。汉初还有草书，从隶书变化，更为简便。这从清末以来在新疆和敦煌发现的汉晋间的木简里最能见出。这种草书，各字分开，还带着挑笔，称为"章草"。魏晋之际，又嫌挑笔费事，改为敛笔，字字连书，以一行或一节为单位。这称为"今草"。隶书方整，去了挑笔，又变为"正书"。这起于魏代。晋唐之间，却称为"隶书"，而称汉隶为"八分书"。晋代也称为"楷书"。宋代又改称为"真书"。正书本也是扁方的，到陈隋的时候，渐渐变方了。到了唐代，又渐渐变长了。这是为了好看。正书简化，便成"行书"，起于晋代。大概正书不免于拘，草书不免于放，行书介乎两者之间，最为适用。但现在还通用着正书，而辅以行、草。一方面却提倡民间的"简笔字"，将正书、行书再行简化；这也还是求应用便利的缘故。

	魚	鳥	羊
甲骨文			
金文			
小篆			
隶书			
楷书			
草书			

汉字的演变

周易第二

在人家门头上，在小孩的帽饰上，我们常见到八卦那种东西。八卦是圣物，放在门头上，放在帽饰里，是可以辟邪的。辟邪还只是它的小神通；它的大神通在能够因往知来，预言吉凶。算命的，看相的、卜课的，都用得着它。他们普通只用五行生克的道理就够了，但要详细推算，就得用阴阳和八卦的道理。八卦及阴阳五行和我们非常熟习；这些道理直到现在还是我们大部分人的信仰；我们大部分人的日常生活不知不觉之中教这些道理支配着。行人不至，谋事未成，财运欠通，婚姻待决，子息不旺，乃至种种疾病疑难，许多人都会去求签问卜、算命看相，可见影响之大。讲五行的经典，现在有《尚书·洪范》；讲八卦的便是《周易》。

八卦相传是伏羲氏画的。另一个传说却说不是他自出心裁画的。那时候有匹龙马从黄河里出来，背着一幅图，上面便是八卦，伏羲只照着描下来罢了。但因为这伏羲是圣人，那时代是圣世，天才派了龙马赐给他这件圣物。所谓"河图"，便是这个。那讲五行的洪范，据说也是大禹治水时在洛水中从一只神龟背上得着的，也出于天赐。所谓"洛书"，便是那个。但这些神怪的故事显然是八

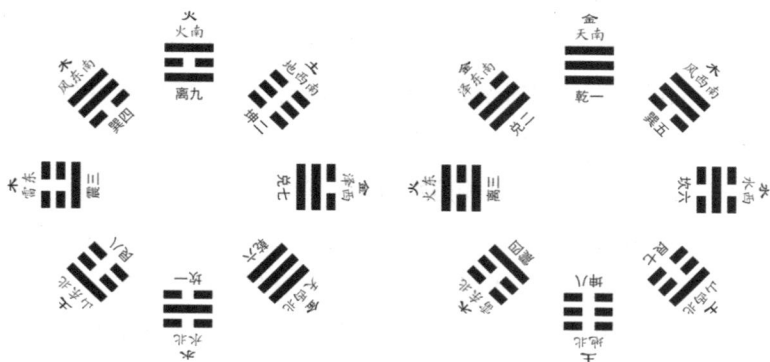

先天八卦图　　　　　　　　后天八卦图

卦和五行的宣传家造出来抬高这两种学说的地位的。伏羲氏恐怕压根儿就没有这个人，他只是秦汉间儒家假托的圣王。至于八卦，大概是有了筮法以后才有的。商民族是用龟的腹甲或牛的胛骨卜吉凶，他们先在甲骨上钻一下，再用火灼；甲骨经火，有裂痕，便是兆象，卜官细看兆象，断定吉凶；然后便将卜的人、卜的日子、卜的问句等用刀笔刻在甲骨上。这便是卜辞。卜辞里并没有阴阳的观念，也没有八卦的痕迹。

卜法用牛骨最多，用龟甲是很少的。商代农业刚起头，游猎和畜牧还是主要的生活方式。那时牛骨头不缺少，到了周代，渐渐脱离游牧时代，进到农业社会了。牛骨头便没有那么容易得了。这时候却有了筮法，作为卜法的辅助。筮法只用些蓍草，那是不难得的。蓍草是一种长寿草，古人觉得这草和老年人一样，阅历多了，知道的也就多了，所以用它来占吉凶。筮的时候用它的杆子，方法

239

已不能详知，大概是数的。取一把蓍草，数一下看是什么数目，看是奇数还是偶数，也许这便可以断定吉凶。古代人看见数目整齐而又有变化，认为是神秘的东西。数目的连续、循环以及奇偶，都引起人们的惊奇。那时候相信数目是有魔力的，所以巫术里用得着它。——我们一般人直到现在，还嫌恶奇数，喜欢偶数，该是那些巫术的遗迹。那时候又相信数目是有道理的，所以哲学里用得着它。我们现在还说，凡事都有定数，这就是前定的意思；这是很古的信仰了。人生有数，世界也有数，数是算好了的一笔账；用现在的话说，便是机械的。数又是宇宙的架子，如说太极生两仪，两仪生四象，[①] 就是一生二、二生四的意思。筮法可以说是一种巫术，是靠了数目来判断吉凶的。

八卦的基础便是一二三的数目。整画"—"是一；断画"——"是二；三画叠而成卦是三。这样配出八个卦，便是☰☱☲☳☴☵☶☷；乾、兑、离、震、艮、坎、巽、坤，是这些卦的名字。那整画断画的排列，也许是在排列着蓍草时触悟出来的。八卦到底太简单了，后来便将这些卦重起来，两卦重作一个，按照算学里错列与组合的必然，成了六十四卦，就是《周易》里的卦数。蓍草的应用，也许起于民间；但八卦的创制，六十四卦的推演，巫与卜官大约是重要的角色。古代巫与卜官同时也就是史官，一切的记载，一切的档案，都掌管在他们手里。他们是当时知识的权威，参加创卦或重卦的工作是可能的。筮法比卜法简便得多，但起初人们并不十分信任它。直到春秋时候，还有"筮短龟

---

① 二语见《易·系辞》。太极是混沌的元气，两仪是天地，四象是日月星辰。

长"①的话。那些时代，大概小事才用筮，大事还得用卜的。

　　筮法袭用卜法的地方不少。卜法里的兆象，据说有一百二十体，每一体都有十条断定吉凶的"颂"辞。② 这些是现成的辞。但兆象是自然的灼出来的，有时不能凑合到那一百二十体里去，便得另造新辞。筮法里的六十四卦，就相当于一百二十体的兆象。那断定吉凶的辞，原叫作繇辞，"繇"是抽出来的意思。《周易》里一卦有六画，每画叫作一爻——六爻的次序是由下向上数的。繇辞是属于卦的总体的，有属于各爻的；所以后来分称为卦辞和爻辞。这种卦爻辞也是卜筮官的占筮纪录，但和甲骨卜辞的性质不一样。

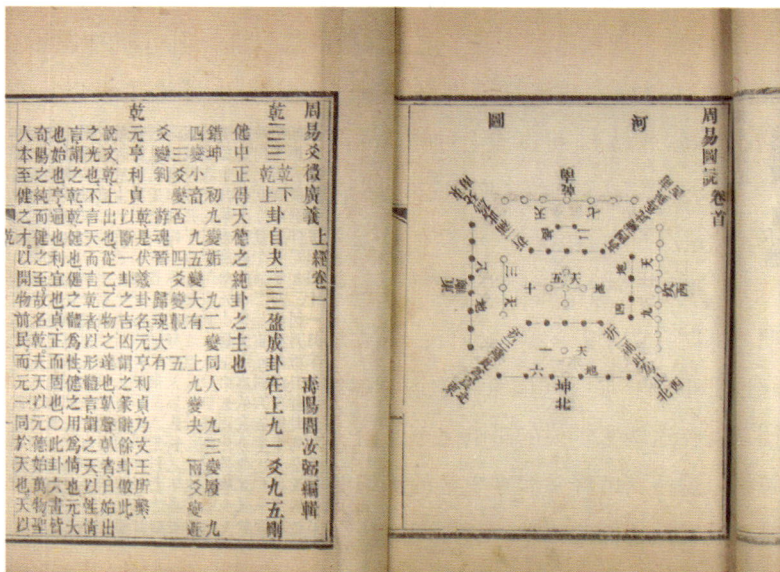

清阎汝弼撰《周易爻徵广义》内页

① 《左传》僖公四年。
② 《周礼·春官·太卜》。

从卦爻辞里的历史故事和风俗制度看，我们知道这些是西周初叶的记录，记录里好些是不连贯的，大概是几次筮辞并列在一起的缘故。那时卜筮官将这些卦爻辞按着卦爻的顺序编辑起来，便成了《周易》这部书。"易"是"简易"的意思，是说筮法比卜法简易的意思，本来呢，卦数既然是一定的，每卦每爻的辞又是一定的，检查起来，引申推论起来，自然就"简易"了。不过这只在当时的卜筮官如此。他们熟习当时的背景，卦爻辞虽"简"，他们却觉得"易"。到了后世就不然了，筮法久已失传，有些卦爻辞简直就看不懂了。《周易》原只是当时一部切用的筮书。

　　《周易》现在已经变成了儒家经典的第一部，但早期的儒家还没注意这部书。孔子是不讲怪、力、乱、神的。《论语》里虽有"五十以学《易》，可以无大过矣"的话，但另一个本子作"五十以学，亦可以无大过矣"；所以这句话是很可疑的。孔子只教学生读《诗》《书》和《春秋》，确没有教读《周易》。《孟子》称引《诗》《书》，也没说到《周易》。《周易》变成儒家的经典，是在战国末期。那时候阴阳家的学说盛行，儒家大约受了他们的影响，才研究起这部书来。那时候道家的学说也盛行，也从另一面影响了儒家。儒家就在这两家学说的影响之下，给《周易》的卦爻辞作了种种新解释。这些新解释并非在忠实的确切的解释卦爻辞，其实倒是借着卦爻辞发挥他们的哲学。这种新解释存下来的，便是所谓《易传》。

　　《易传》中间较有系统的是彖辞和象辞。彖辞断定一卦的涵义——"彖"就是"断"的意思。象辞推演卦和爻的象，这个"象"字相当于现在所谓"观念"。这个字后来成为解释《周易》的专门名词。但彖辞断定的涵义，象辞推演的观念，其实不是真正从卦爻里探究出来的；那些只是作传的人傅会在卦爻上面的。这里面包含着多量的儒家伦理思想和政治哲学；象辞的话更有许多和《论语》相近的。但说到"天"的时候，不当作有人格的上帝，而只当作自然的道，却是道家的色彩了。这两种传似乎是编纂起来的，并非一人所作。此外有《文言》和《系辞》。《文言》解释乾坤两卦；《系辞》发挥宇宙观、人生观，偶然也有分别解释卦、爻的话。这些似乎都是抱残守缺，汇集众说而成。到了汉代，又新发现了《说卦》《序卦》《杂卦》三种传。《说卦》推演卦象，说明某卦的观念象征着自然界和人世间的某些事物，譬如乾卦象征着天，又象征着父之类。《序卦》说明六十四卦排列先后的道理。《杂卦》比较各卦意义的同异之处。这三种传据说是河内一个女子在什么地方找着的，后来称为《逸易》，其实也许就是汉代人作的。

八卦原只是数目的巫术，这时候却变成数目的哲学了。那整画"—"是奇数，代表天，那断画"--"是偶数，代表地。奇数是阳数，偶数是阴数，阴阳的观念是从男女来的。有天地，不能没有万物，正和有男女就有子息一样，所以三画才能成一卦。卦是表示阴阳变化的，《周易》的"易"，也便是变化的意思。为什么要八个卦呢？这原是算学里错列与组合的必然，但这时候却想着是万象的分类。乾是天，是父等；坤是地，是母等；震是雷，是长子等；巽是风，是长女等；坎是水，是心病等；离是火，是中女等；艮是山，是太监等；兑是泽，是少女等。这样，八卦便象征着也支配着整个的大自然，整个的人间世了。八卦重为六十四卦，卦是复合的，卦象也是复合的，作用便更复杂、更具体了。据说伏羲、神农、黄帝、尧、舜一班圣人看了六十四卦的象，悟出了种种道理，这才制造了器物，建立了制度、耒耜以及文字等等东西，"日中为市"等等制度，都是他们从六十四卦推演出来的。

这个观象制器的故事，见于《系辞》。《系辞》是最重要的一部《易传》。这传里借着八卦和卦、爻辞发挥着的融合儒、道的哲学，和观象制器的故事，都大大的增加了《周易》的价值，抬高了它的地位。《周易》的地位抬高了，关于它的传说也就多了。《系辞》里只说伏羲作八卦；后来的传说却将重卦的，作卦爻辞的，作《易传》的人，都补出来了。但这些传说都比较晚，所以有些参差，不尽能像"伏羲画卦说"那样成为定论。重卦的人，有说是伏羲的，有说是神农的，有说是文王的。卦爻辞有说全是文王作的，有说爻辞是周公作的，有说全是孔子作的。《易传》却都说是孔子作的。这些都是圣人。《周易》的经传都出于圣人之手，所以和儒家所谓道统关系特别深切；这成了他们一部传道的书。所以到了汉代，便已跳到"六经"之首了。① 但另一面阴阳八卦与五行结合起来，三位一体的演变出后来医卜星相种种迷信，种种花样，支配着一般民众，势力也非常雄厚。这里面儒家的影响却很少了，大部分还是《周易》原来的卜筮传统的力量。儒家的《周易》是哲学化了的，民众的《周易》倒是巫术的本来面目。

_____

① 《庄子·天运篇》和《庄子·天下篇》所说"六经"的次序是：《诗》《书》《礼》《乐》《易》《春秋》，到了《汉书·艺文志》，便成了《易》《书》《诗》《礼》《乐》《春秋》了。

尚书第三

　　《尚书》是中国最古的记言的历史。所谓记言，其实也是记事，不过是一种特别的方式罢了。记事比较的是间接的，记言比较的是直接的。记言大部分照说的话写下来，虽然也须略加剪裁，但是尽可以不必多费心思。记事需要化自称为他称，剪裁也难，费的心思自然要多得多。

　　中国的记言文是在记事文之先发展的。商代甲骨卜辞大部分是些问句，记事的话不多见。两周金文也还多以记言为主。直到战国时代，记事文才有了长足的进展。古代言文大概是合一的，说出的、写下的都可以叫作"辞"。卜辞我们称为"辞"，《尚书》的大部分其实也是"辞"。我们相信这些辞都是当时的"雅言"，就是当时的官话或普通话。但传到后世，这种官话或普通话却变成诘屈聱牙的古语了。

　　《尚书》包括虞、夏、商、周四代，大部分是号令，就是向大众宣布的话，小部分是君臣相告的话。也有记事的，可是照近人的说数，那记事的几篇，大都是战国末年人的制作，应该分别的看。那些号令多称为"誓"或"诰"，后人便用"誓""诰"的名字来代表这一类。平时的号令叫"诰"，有关军事的叫"誓"。君告臣的话多称为"命"；臣告君的话却似乎并无定名，偶然有称为"谟"的。这些辞有的是当代史官所记，有的是后代史官追记。当代史官也许根据亲闻，后代史官便只能根据传闻了。这些辞原来似乎只是说的话，并非写出的文告；史官记录，意在存作档案，备后来查考之用。这种古代的档案，想来很多，留下来的却很少。汉代传有《书序》，来历不详，也许是周秦间人所作。有人说，孔子删《书》为百篇，每篇有序，说明作意。这却缺乏可信的证据。孔子教学生的典籍里有《书》，倒是真的。那时代的《书》是个什么样子，已经无从知道。"书"原是记录的意思，大约那所谓"书"只是指当时留存着的一些古代的档案而言。那些档案恐怕还是一件件的，并未结集成书。成书也许是在汉人手里。那时候这些档案留存着的更少了，也更古了，更稀罕了，汉人便将它们编辑起来，改称《尚书》。"尚""上"也；《尚书》据说就是"上古帝王的书"。"书"上加一"尚"字，无疑的是表示着尊信的意味。至于《书》称为"经"，始于《荀子》；不过也是到汉代才普遍罢了。

儒家所传的"五经"中，《尚书》残缺最多，因而问题也最多。秦始皇烧天下诗书及诸侯史记，并禁止民间私藏一切书。到汉惠帝时，才开了书禁，文帝接着更鼓励人民献书，书才渐渐见得着了。那时传《尚书》的只有一个济南伏生。伏生本是秦博士。始皇下诏烧诗书的时候，他将《书》藏在墙壁里。后来兵乱，他流亡在外。汉定天下，才回家，检查所藏的《书》，已失去数十篇，剩下的只二十九篇了。他就守着这一些，私自教授于齐鲁之间。文帝知道了他的名字，想召他入朝。那时他已九十多岁，不能远行到京师去。文帝便派掌故官晁错来从他学。伏生私人的教授，加上朝廷的提倡，使《尚书》流传开去。伏生所藏的本子是用"古文"写的，还是用秦篆写的，不得而知，他的学生却只用当时的隶书钞录流布。这就是东汉以来所谓《今尚书》或《今文尚书》。汉武帝提倡儒学，立"五经"博士。宣帝时每经又都分家数立官，共立了十四博士。每一博士各有弟子员若干人。每家有所谓"师法"或"家法"，从学者必须严守。这时候经学已成利禄的途径，治经学的自然就多起来了。《尚书》也立下欧阳（和伯）、大小夏侯（夏侯胜、夏侯建）三博士，却都是伏生一派分出来的。当时去伏生已久，传经的儒者为使人尊信的缘故，竟有硬说《尚书》完整无缺的。他们说，二十九篇是取法天象的，一座北斗星加上二十八宿，不正是二十九吗！这二十九篇，东汉经学大师马融、郑玄都给作过注。可是那些注现在差不多亡佚干净了。

汉景帝时，鲁恭王为了扩展自己的宫殿，去拆毁孔子的旧宅。在墙壁里得着"古文"经传数十篇，其中有《书》。这些经传都是用"古文"写的。所谓"古文"，其实只是晚周民间别体字。那时恭王肃然起敬，不敢再拆房子，并且将这些书都交还孔家的主人孔子的后人叫孔安国的。安国加以整理，发见其中的《书》比通行本多出十六篇，这称为《古文尚书》。武帝时，安国将这部书献上去。因为语言和字体的两重困难，一时竟无人能通读那些"逸书"，所以便一直压在皇家图书馆里。成帝时，刘向、刘歆父子先后领校皇家藏书。刘向开始用《古文尚书》校勘今文本子，校出今文脱简及异文各若干。哀帝时，刘歆想将《左氏春秋》《毛诗》《逸礼》及《古文尚书》立博士，这些都是所谓"古文"经典。当时的"五经"博士不以为然，刘歆写了长信和他们争辩。这便是后来所谓今古文之争。

今古文之争是西汉经学一大史迹。所争的虽然只是几种经书，

孔子讲学诗墙

他们却以为关系孔子之道即古代圣帝明王之道甚大。"道"其实也是幌子，骨子里所争的还在禄位与声势，当时今古文派在这一点上是一致的。不过两派的学风确也有不同处。大致今文派继承先秦诸子的风气，"思以其道易天下"，所以主张通经致用。他们解经，只重微言大义。而所谓微言大义，其实只是他们自己的历史哲学和政治哲学。古文派不重哲学而重历史，他们要负起保存和传布文献的责任，所留心的是在章句、训诂、典礼、名物之间。他们各得了孔子的一端，各有偏畸的地方。到了东汉，书籍流传渐多，民间私学日盛。私学压倒了官学，古文经学压倒了今文经学。学者也以兼通为贵，不再专主一家。但是这时候"古文"经典中《逸礼》即《礼》古经已经亡佚，《尚书》之学，也不昌盛。

东汉初，杜林曾在西州（今新疆境）得漆书《古文尚书》一卷，非常宝爱，流离兵乱中，老是随身带着。他是怕"《古文尚书》学"会绝传，所以这般珍惜。当时经师贾逵、马融、郑玄都给那一卷《古文尚书》作注，从此《古文尚书》才显于世。原文"《古文尚书》学"直到贾逵才真正开始；从前是没有什么师说的。而杜林所得只一卷，绝不如孔壁所出的多。学者竟爱重到那般地步。大约孔安国献的那部《古文尚书》，一直埋没在皇家图书馆里，民间也始终没有盛行，经过西汉末年的兵乱，便无声无息地亡失了罢。杜林的那一卷，虽经诸大师作注，却也没传到后世，这许又是三国兵乱的缘故。《古文尚书》的运气真够坏的，不但没有能够露头角，还一而再地遭到了些冒名顶替的事儿。这在西汉就有。汉成帝时，因孔安国所献的《古文尚书》无人通晓，下诏征求能够通晓的人。东莱有个张霸，不知孔壁的书还在，便根据《书序》，将伏生二十九篇分为数十，作为中段，又采《左氏传》及《书序》所说，补作首尾，共成《古文尚书百二篇》。每篇都很简短，文意又浅陋。他将这伪书献上去。成帝教用皇家图书馆藏着的孔壁《尚书》对看，满不是的。成帝便将张霸下在狱里，却还存着他的书，并且听它流传世间。后来张霸的再传弟子樊并谋反，朝廷才将那书毁废。这第一部伪《古文尚书》就从此失传了。

到了三国末年，魏国出了个王肃，是个博学而有野心的人。他伪作了《孔子家语》《孔丛子》，又伪作了一部孔安国的《古文尚书》，还带着孔安国的传。他是个聪明人，伪造这部《古文尚书》孔传，是很费了心思的。他采辑群籍中所引"逸书"，以及历代嘉言，改头换面，巧为联缀，成功了这部书。他是参照汉儒的成法，先将伏生二十九篇分割为三十三篇，另增多二十五篇，共五十八篇，以合于东汉儒者如桓谭、班固所记的《古文尚书》篇数。所增各篇，用力阐明儒家的"德治主义"，满纸都是仁义道德的格言。这是汉武帝罢黜百家，专崇儒学以来的正统思想，所谓大经、大法，足以取信于人。只看宋以来儒者所口诵心维的"十六字心传"，正在他伪作的《大禹谟》里，便见出这部伪书影响之大。其实《尚书》里的主要思想，该是"鬼治主义"，像《盘庚》等篇所表现的。"原来西周以前，君主即教主，可以为所欲为，不受什么政治道德的拘束。逢到臣民不听话的时候，只要抬出上帝和先祖来，自然一切解决。"这叫作"鬼治主义"。"西周以后，因疆域的开拓，交通的便利，富力的增加，文化大开。自孔子以至荀卿、韩非，他们的政治学说都建筑在人性上面。尤其是儒家，把人性扩张得极大。他们觉得政治的良好只在诚信的感应，只要君主的道德好，臣民自然风从，用不到威力和鬼神的压迫。"这叫作"德治主义"。看古代的档案，包含着"鬼治主义"思想的，自然比包含着"德治主义"思想的可信得多。但是王肃的时代早已是"德治主义"的时代，他的伪书所以专从这里下手。他果然成功了。只是词旨坦明，毫无诘屈聱牙之处，却不免露出了马脚。

晋武帝时候，孔安国的《古文尚书》曾立过博士，这《古文尚书》大概就是王肃伪造的。王肃是武帝的外祖父，当时即使有怀疑的人，也不敢说话。可是后来经过怀帝永嘉之乱，这部伪书也散失了，知道的人很少。东晋元帝时，豫章内史梅赜发见了它，便拿来献到朝廷上去。这时候伪《古文尚书》孔传便和马、郑注的《尚书》并行起来了。大约北方的学者还是信马、郑的多，南方的学者才是信伪孔的多。等到隋统一了天下，南学压倒了北学，马、郑《尚书》，习者渐少。唐太宗时，因章句繁杂，诏令孔颖达等编撰《五经正义》。高宗永徽四年（公元653年），颁行天下，考试必用此本。《正义》成了标准的官书，经学从此大统一。那《尚书正义》便用的伪《古文尚书》孔传。伪孔定于一尊，马、郑便更没人理睬了，日子一久，自然就残缺了，宋以来差不多就算亡了。伪《古文尚书》孔传如此这般冒名顶替了一千年，直到清初的时候。

这一千年中间，却也有怀疑伪《古文尚书》孔传的人。南宋的吴棫首先发难。他有《书稗传》十三卷，可惜不传了。朱子因孔安国的"古文"字句皆无整，又平顺易读，也觉得可疑。但是他们似乎都还没有去找出确切的证据。至少朱子还不免疑信参半；他还采取伪《大禹谟》里"人心""道心"的话解释"四书"，建立道统呢。元代的吴澄才断然的将伏生今文从伪古文分出。他的《尚书纂言》只注解今文，将伪古文除外。明代梅鷟著《尚书考异》，更力排伪孔，并找出了相当的证据。但是严密钩稽决疑定谳的人，还得等待清代的学者。这里该提出三个可尊敬的名字，第一是清初的阎若璩，著《古文尚书疏证》。第二是惠栋，著《古文尚书考》。两书辨析详明，证据确凿，教伪孔体无完肤，真相毕露。但将作伪的罪名加在梅鷟头上，还不免未达一间。第三是清中叶的丁晏，著《尚书余论》，才将真正的罪人王肃指出。千年公案，从此可以定论。这以后等着动手的，便是搜辑汉人的伏生《尚书》说和马、郑注。这方面努力的不少，成绩也斐然可观，不过所能做到的，也只是抱残守缺的工作罢了。伏生《尚书》从千年迷雾中重露出真面目，清代诸大师的劳绩是不朽的。但二十九篇固是真本，其中也还该分别的看。照近人的意见，《周书》大都是当时史官所记，只有一二篇像是战国时人托古之作。《商书》究竟是当时史官所记，还是周史官追记，尚在然疑之间。《虞书》《夏书》大约多是战国末年人托古之作，只《甘誓》那一篇许是后代史官追记的。这么着，《今文尚书》里便也有了真伪之分了。

诗经第四

　　诗的源头是歌谣。上古时候，没有文字，只有唱的歌谣，没有写的诗。一个人高兴的时候或悲哀的时候，常愿意将自己的心情诉说出来，给别人或自己听。日常的言语不够劲儿，便用歌唱，一唱三叹的叫别人回肠荡气。唱叹再不够的话，便手也舞起来了，脚也蹈起来了，反正要将劲儿使到了家。碰到节日，大家聚在一起酬神作乐，唱歌的机会更多。或一唱众和，或彼此竞胜。传说葛天氏的乐八章，三个人唱，拿着牛尾，踏着脚，似乎就是描写这种光景的。

　　歌谣越唱越多，虽没有书，却存在人的记忆里。有了现成的歌儿，就可借他人酒杯，浇自己块垒。随时拣一支合适的唱唱，也足可消愁解闷。若没有完全合适的，尽可删一些、改一些，到称意为止。流行的歌谣中往往不同的词句并行不悖，就是为此。可也有经过众人修饰，成为定本的。歌谣真可说是"一人的机锋，多人的智慧"了。歌谣可分为徒歌和乐歌。徒歌是随口唱，乐歌是随着乐器唱。徒歌也有节奏，手舞脚蹈便是帮助节奏的，可是乐歌的节奏更规律化些。乐器在中国似乎早就有了，《礼记》里说的土鼓土槌儿、芦管儿，也许是我们乐器的老祖宗。到了《诗经》时代，有了琴瑟钟鼓，已是洋洋大观了。歌谣的节奏最主要的靠重叠或叫复沓。本来歌谣以表情为主，只要翻来覆去将情表到了家就成，用不着费话。重叠可以说原是歌谣的生命，节奏也便建立在这上头。字数的均齐，韵脚的调协，似乎是后来发展出来的。有了这些，重叠才在诗歌里失去主要的地位。

有了文字以后，才有人将那些歌谣记录下来，便是最初的写的诗了。但记录的人似乎并不是因为欣赏的缘故，更不是因为研究的缘故。他们大概是些乐工，乐工的职务是奏乐和唱歌；唱歌得有词儿，一面是口头传授，一面也就有了唱本儿。歌谣便是这么写下来的。我们知道春秋时的乐工就和后世阔人家的戏班子一样，老板叫作太师。那时各国都养着一班乐工，各国使臣来往、宴会时都得奏乐唱歌。太师们不但得搜集本国乐歌，还得搜集别国乐歌。不但搜集乐词，还得搜集乐谱。那时的社会有贵族与平民两级。太师们是伺候贵族的，所搜集的歌儿自然得合贵族们的口味，平民的作品是不会入选的。他们搜得的歌谣，有些是乐歌，有些是徒歌。徒歌得合乐才好用。合乐的时候，往往得增加重叠的字句或章节，便不能保存歌词的原来样子。除了这种搜集的歌谣以外，太师们所保存的还有贵族们为了特种事情，如祭祖、宴客、房屋落成、出兵、打猎等等作的诗。这些可以说是典礼的诗。又有讽谏、颂美等等的献诗。献诗是臣下作了献给君上，准备让乐工唱给君上听的，可以说是政治的诗。太师们保存下这些唱本儿，带着乐谱，唱词儿共有三百多篇，当时通称做"诗三百"。到了战国时代，贵族渐渐衰落，平民渐渐抬头，新乐代替了古乐，职业的乐工纷纷散走。乐谱就此亡失，但是还有三百来篇唱词儿流传下来，便是后来的《诗经》了。

清光绪刻本《芥子园诗经》内页

　　"诗言志"是一句古话；"诗"（誌）这个字就是"言""志"两个字合成的。但古代所谓"言志"和现在所谓"抒情"并不一样；那"志"总是关联着政治或教化的。春秋时通行赋诗。在外交的宴会里，各国使臣往往得点一篇诗或几篇诗叫乐工唱。这很像现在的请客点戏，不同处是所点的诗句必加上政治的意味。这可以表示这国对那国或这人对那人的愿望、感谢、责难等等，都从诗篇里断章取义。断章取义是不管上下文的意义，只将一章中一两句拉出来，就当前的环境，作政治的暗示。如《左传》襄公二十七年，郑伯宴晋使赵孟于垂陇，赵孟请大家赋诗，他想看看大家的"志"。子太

254

叔赋的是《野有蔓草》。原诗首章云："野有蔓草，零露溥兮，有美一人，清扬婉兮。邂逅相遇，适我愿兮。"子太叔只取末两句，借以表示郑国欢迎赵孟的意思，上文他就不管。全诗原是男女私情之作，他更不管了。可是这样办正是"诗言志"。在那回宴会里，赵孟就和子太叔说了"诗以言志"这句话。

到了孔子时代，赋诗的事已经不行了，孔子却采取了断章取义的办法，用诗来讨论做学问做人的道理。"如切如磋，如琢如磨"，本来说的是治玉，将玉比人，他却用来教训学生做学问的工夫。"巧笑倩兮，美目盼兮，素以为绚兮"，本来说的是美人，所谓天生丽质，他却拉出末句来比方作画，说先有白底子，才会有画，是一步步进展的。作画还是比方，他说的是文化，人先是朴野的，后来才进展了文化——文化必须修养而得，并不是与生俱来的。他如此解诗，所以说"思无邪"一句话可以包括"诗三百"的道理，又说诗可以鼓舞人，联合人，增加阅历，以泄牢骚，事父事君的道理都在里面。孔子以后，"诗三百"成为儒家的"六经"之一，《庄子》和《荀子》里都说到"诗言志"，那个"志"便指教化而言。

但春秋时列国的赋诗只是用诗，并非解诗。那时诗的主要作用还在乐歌，因乐歌而加以借用，不过是一种方便罢了。至于诗篇本来的意义，那时原很明白，用不着讨论。到了孔子时代，诗已经不常歌唱了，诗篇本来的意义，经过了多年的借用，也渐渐含糊了。他就按着借用的办法，根据他教授学生的需要，断章取义的来解释那些诗篇。后来解释《诗经》的儒生都跟着他的脚步走。最有权威的毛氏《诗传》和郑玄《诗笺》差不多全是断章取义，甚至断句取义——断句取义是在一句、两句里拉出一个两个字来发挥，比起断章取义，真是变本加厉了。

毛氏有两个人：一个毛亨，汉时鲁国人，人称大毛公，一个毛苌，赵国人，人称小毛公。大毛公创始《诗经》的注解，传给小毛公，在小毛公手里完成。郑玄是东汉人，他是专给毛《传》作《笺》的，有时也采取别家的解说。不过别家的解说在原则上也还和毛氏一鼻孔出气，他们都是以史证诗。他们接受了孔子"无邪"的见解，又摘取了孟子的"知人论世"的见解，以为用孔子的诗的哲学，别裁古代的史说，拿来证明那些诗篇是什么时代作的，为什么事作的，便是孟子所谓"以意逆志"。其实孟子所谓"以意逆志"倒是说要看全篇大意，不可拘泥在字句上，与他们不同。他们这样猜出来的作诗人的志，自然不会与作诗人相合。但那种志倒是关联着政治教化而与"诗言志"一语相合的。这样的以史证诗的思想，最先具体的表现在《诗序》里。

　　《诗序》有《大序》《小序》。《大序》好像总论，托名子夏，说不定是谁作的。《小序》每篇一条，大约是大、小毛公作的。以史证诗，似乎是《小序》的专门任务。传里虽也偶然提及，却总以训诂为主，不过所选取的字义，意在助成序说，无形中有个一定方向罢了。可是《小序》也还是泛说的多，确指的少。到了郑玄，才更详密的发展了这个条理。他按着《诗经》中的国别和篇次，系统的附合史料，编成了《诗谱》，差不多给每篇诗确定了时代，《笺》中也更多的发挥了作为各篇诗的背景的历史。以史证诗，在他手里算是集大成了。

　　《大序》说明诗的教化作用，这种作用似乎建立在风、雅、颂、赋、比、兴，所谓"六义"上。《大序》只解释了风、雅、颂，说风是风化（感化）、讽刺的意思，雅是正的意思、颂是形容盛德的意思。这都是按着教化作用解释的。照近人的研究，这三个字大概都从音乐得名。风是各地方的乐调，《国风》便是各国土乐的意思。雅就是"乌"字，似乎描写这种乐的呜呜之声。雅也就是"夏"字，古代乐章叫作"夏"的很多，也许原是地名或族名。雅又分《大雅》《小雅》，大约也是乐调不同的缘故。颂就是"容"字，容就是"样子"；这种乐连歌带舞，舞就有种种样子了。风、雅、颂之外，其实还该有个"南"。南是南音或南调，《诗经》中《周南》《召南》的诗，原是相当于现在河南、湖北一带地方的歌谣。《国风》旧有十五，分出二南，还剩十三。而其中邶、鄘两国的诗，现经考定，都是卫诗，那么只有十一《国风》[①]了。颂有《周颂》《鲁颂》《商颂》，《商颂》经考定实是《宋颂》。至于搜集的歌谣，大概是在二南、《国风》和《小雅》里。

赋、比、兴的意义，说数最多。大约这三个名字原都含有政治和教化的意味。赋本是唱诗给人听，但在《大序》里，也许是"直铺陈今之政教善恶"的意思。比、兴都是《大序》所谓"主文而谲谏"；不直陈而用譬喻叫"主文"，委婉讽刺叫"谲谏"。说的人无罪；听的人却可警诫自己。《诗经》里许多譬喻就在比兴的看法下，断章断句的硬派作政教的意义了。比、兴都是政教的譬喻，但在诗篇发端的叫作兴。《毛传》只在有兴的地方标出，不标赋、比；想来赋义是易见的，比、兴虽都是曲折成义，但兴在发端，往往关系全诗，比较更重要些，所以便特别标出了。《毛传》标出的兴诗，共一百十六篇，《国风》中最多，《小雅》第二；按现在说，这两部分搜集的歌谣多，所以譬喻的句子也便多了。

---

① 卫、王、郑、齐、魏、唐、秦、陈、桧、曹、豳。

三礼第五

许多人家的中堂里，供奉着"天地君亲师"的大牌位。天地代表生命的本源。亲是祖先的意思，祖先是家族的本源。君师是政教的本源。人情不能忘本，所以供奉着这些。荀子只称这些为礼的三本，大概是到了后世才宗教化了的。荀子是儒家大师。儒家所称道的礼，包括政治制度、宗教仪式、社会风俗习惯等等，却都加以合理的说明。从那"三本说"，可以知道儒家有拿礼来包罗万象的野心，他们认礼为治乱的根本，这种思想可以叫作礼治主义。

怎样叫作礼治呢？儒家说初有人的时候，各人有各人的欲望，各人都要满足自己的欲望，没有界限，没有分际，大家就争起来了。你争我争，社会就乱起来了。那时的君师们看了这种情形，就渐渐给定出礼来，让大家按着贵贱的等级、长幼的次序，各人得着自己该得的一份吃的、喝的、穿的、住的，各人也做着自己该做的一份工作。各等人有各等人的界限和分际，若是只顾自己，不管别人，任性贪多务得，偷懒图快活，这种人就得受严厉的制裁，有时候保不住性命。这种礼，教人节制，教人和平，建立起社会的秩序，可以说是政治制度。

天生万物，是个很古的信仰。这个天是个能视能听的上帝，管生杀，管赏罚。在地上的代表，便是天子。天子祭天，和子孙祭祖先一样。地生万物是个事实。人都靠着地里长的活着，地里长的不够了，便闹饥荒，地的力量自然也引起了信仰。天子诸侯祭社稷，祭山川，都是这个来由。最普遍的还是祖先的信仰。直到我们的时代，这个信仰还是很有力的。按儒家说，这些信仰都是"报本返始"的意思。报本返始是庆幸生命的延续，追念本源，感恩怀德，勉力去报答的意思。但是这里面怕不单是怀德，还是畏威的成分。感谢和恐惧产生了种种祭典。儒家却只从感恩一面加以说明，看作礼的一部分。但这种礼教人恭敬，恭敬便是畏威的遗迹了。儒家的丧礼，最主要的如三年之丧，也建立在感恩的意味上；却因恩谊的亲疏，又定出等等差别来。这种礼，大部分可以说是宗教仪式。

　　居丧一面是宗教仪式，一面是普通人事。普通人事包括一切日常生活而言。日常生活都需要秩序和规矩。居丧以外，如婚姻、宴会等大事，也各有一套程序，不能随便马虎过去，这样是表示郑重，也便是表示敬意和诚心。至于对人，事君，事父母，待兄弟、姊妹，待子女，以及夫妇、朋友之间，也都自有一番道理。按着尊卑的分际，各守各的道理，君仁臣忠，父慈子孝，兄友弟恭，夫妇朋友互相敬爱，才算能做人。人人能做人，天下便治了。就是一个人饮食言动，也都该有个规矩，别叫旁人难过，更别侵犯着旁人，反正诸事都记得着自己的份儿。这些个规矩也是礼的一部分。有些固然含着宗教意味，但大部分可以说是风俗习惯。这些风俗习惯有一些也可以说是生活的艺术。

　　王道不外乎人情，礼是王道的一部分，按儒家说是通乎人情的。既通乎人情，自然该诚而不伪了。但儒家所称道的礼，并不全是实际施行的。有许多只是他们的理想，这种就不一定通乎人情了。就按那些实际施行的说，每一个制度、仪式或规矩，固然都有它的需要和意义。但是社会情形变了，人的生活跟着变。人的喜怒爱恶虽然还是喜怒爱恶，可是对象变了。那些礼的惰性却很大，并不跟着变。这就留下了许许多多遗形物，没有了需要，没有了意义，不近人情的伪礼，只会束缚人。《老子》里攻击礼，说"有了礼，忠信就差了"；后世有些人攻击礼，说"礼不是为我们定的"；近来大家攻击礼教，说"礼教是吃人的"。这都是指着那些个伪礼说的。

　　从来礼乐并称，但乐实在是礼的一部分。乐附属于礼，用来补助仪文的不足。乐包括歌和舞，是"人情之所必不免"的。不但是"人情之所必不免"，而且乐声的绵延和融和也象征着天地万物的"流而不息，合同而化"。这便是乐本。乐教人平心静气，互相和爱，教人联合起来，成为一整个儿。人人能够平心静气，互相和爱，自然没有贪欲、捣乱、欺诈等事，天下就治了。乐有改善人心、移风易俗的功用，所以与政治是相通的。按儒家说，礼、乐、刑、政，到头来只是一个道理，这四件都顺理成章了，便是王道。这四件是互为因果的。礼坏乐崩，政治一定不成，所以审乐可以知政。"治世之音安以乐，其政和；乱世之音怨以怒，其政乖；亡国之音哀以思，其民困。"吴公子季札到鲁国观乐，乐工奏哪一国的乐，他就知道是哪一国的，他是从乐歌里所表现的政治气象而知道的。歌词就是诗，诗与礼乐也是分不开的。孔子教学生要"兴于诗，立于礼，成于乐"，那时要养成一个人才，必需学习这些。这些诗、礼、乐，在那时代都是贵族社会所专有，与平民是无干的。到了战国，新声兴起，古乐衰废，听者只求悦耳，就无所谓这一套

古代打击乐器 编钟

乐意。汉以来胡乐大行，那就更说不到了。

　　古代似乎没有关于乐的经典，只有《礼记》里的《乐记》，是抄录儒家的《公孙尼子》等书而成，原本已经是战国时代的东西了。关于礼，汉代学者所传习的有三种经和无数的"记"。那三种经是《仪礼》《礼古经》《周礼》。《礼古经》已亡佚，《仪礼》和《周礼》相传都是周公作的。但据近来的研究，这两部书实在是战国时代的产物。《仪礼》大约是当时实施的礼制，但多半只是士的礼。那些礼是很繁琐的，踵事增华的多，表示诚意的少，已经不全是通乎人情的了。《仪礼》可以说是宗教仪式和风俗习惯的混合

261

物；《周礼》却是一套理想的政治制度。那些制度的背景可以看出是战国时代；但组成了整齐的系统，便是著书人的理想了。

"记"是儒家杂述礼制、礼制变迁的历史，或礼论之作；所述的礼制有实施的，也有理想的，又叫作《礼记》。这《礼记》是一个广泛的名称。这些"记"里包含着《礼古经》的一部分。汉代所见的"记"很多，但流传到现在的只有三十八篇《大戴记》和四十九篇《小戴记》。后世所称《礼记》，多半专指《小戴记》说。大戴是戴德，小戴是戴圣，戴德的侄儿。相传他们是这两部书的编辑人。但二戴都是西汉的《仪礼》专家。汉代有"五经"博士，凡是一家一派的经学影响大的，都可以立博士。大戴仪礼学后来立了博士，小戴本人就是博士。汉代经师的家法最严，一家的学说里绝不能掺杂别家。但现存的两部"记"里都各掺杂着非二戴的学说。所以有人说这两部书是别人假托二戴的名字纂辑的，至少是二戴原书多半亡佚，由别人拉杂凑成的——可是成书也还在汉代——这两部书里，《小戴记》容易些，后世诵习的人比较多些，所以差不多专占了《礼记》的名字。

春秋三传第六（国语附）

    "春秋"是古代记事史书的通称。古代朝廷大事，多在春秋二季举行，所以记事的书用这个名字。各国有各国的春秋，但是后世都不传了。传下的只有一部《鲁春秋》，《春秋》成了它的专名，便是《春秋经》了。传说这部《春秋》是孔子作的，至少是他编的。鲁哀公十四年，鲁西有猎户打着一只从没有见过的独角怪兽，想着定是个不祥的东西，将它扔了。这个新闻传到了孔子那里，他便去看。他一看，就说，"这是麟啊，为谁来的呢！干什么来的呢！唉唉！我的道不行了！"说着流下泪来，赶忙将袖子去擦，泪点儿却已滴到衣襟上。原来麟是个仁兽，是个祥瑞的东西，圣帝明王在位，天下太平，它才会来，不然是不会来的。可是那时代哪有圣帝明王？天下正乱纷纷的，麟来的真不是时候，所以让猎户打死，它算是倒了运了。

    孔子这时已经年老，也常常觉着生的不是时候，不能行道，他为周朝伤心，也为自己伤心。看了这只死麟，一面同情它，一面也引起自己的无限感慨。他觉着生平说了许多教，当世的人君总不信他，可见空话不能打动人。他发愿修一部《春秋》，要让人从具体的事例里，得到善恶的教训，他相信这样得来的教训比抽象的议论深切著明的多。他觉得修成了这部《春秋》，虽然不能行道，也算不白活一辈子。这便动起手来，九个月书就成功了。书起于鲁隐公，终于获麟，因获麟有感而作，所以叙到获麟绝笔，是纪念的意思。但是《左传》里所载的《春秋经》，获麟后还有，而且在记了"孔子卒"的哀公十六年后还有，据说那都是他的弟子们续修的了。

这个故事虽然够感伤的，但我们从种种方面知道，它却不是真的。《春秋》只是鲁国史官的旧文，孔子不曾掺进手去。《春秋》可是一部信史，里面所记的鲁国日食，有三十次和西方科学家所推算的相合，这绝不是偶然的。不过书中残阙、零乱和后人增改的地方，都很不少。书起于隐公元年，到哀公十四年止，共二百四十二年（公元前 722—前 481 年），后世称这二百四十二年为春秋时代。书中纪事按年月日，这叫作编年。编年在史学上是个大发明，这教历史系统化，并增加了它的确实性。《春秋》是我国现存的第一部编年史。书中虽用鲁国纪元，所记的却是各国的事，所以也是我们第一部通史。所记的齐桓公、晋文公的霸迹最多，后来说"尊王攘夷"是《春秋》大义，便是从这里着眼。

古代史官记事，有两种目的：一是征实，二是劝惩。像晋国董狐不怕权势，记"赵盾弒其君"，齐国太史记"崔杼弒其君"，虽杀身不悔，都为的是征实和惩恶，作后世的鉴戒。但是史文简略，劝惩的意思有时不容易看出来，因此便需要解说的人。《国语》记楚国申叔时论教太子的科目，有"春秋"一项，说"春秋"有奖善惩恶的作用，可以戒劝太子的心。孔子是第一个开门授徒，拿经典教给平民的人，《鲁春秋》也该是他的一种科目。关于劝惩的所在，他大约有许多口义传给弟子们。他死后，弟子们散在四方，就所能记忆的又教授开去。《左传》《公羊传》《穀梁传》，所谓"春秋三传"里，所引孔子解释和评论的话，大概就是指的这一些。

三传特别注重《春秋》的劝惩作用；征实与否，倒在其次。按三传的看法，《春秋》大义可以从两方面说：明辨是非，分别善恶，提倡德义，从成败里见教训，这是一；夸扬霸业，推尊周室，亲爱中国，排斥夷狄，实现民族大一统的理想，这是二。前者是人君的明鉴，后者是拨乱反正的程序。这都是王道。而敬天事鬼，也包括在王道里。《春秋》里记灾，表示天罚；记鬼，表示恩仇，也还是劝惩的意思。古代记事的书常夹杂着好多的迷信和理想，《春秋》也不免如此。三传的看法，大体上是对的。但在解释经文的时候，却往往一个字一个字地咬嚼；这一咬嚼，便不顾上下文穿凿傅会起来了。《公羊》《穀梁》，尤其如此。

这样咬嚼出来的意义就是所谓"书法"，所谓"褒贬"，也就是所谓"微言"。后世最看重这个。他们说孔子修《春秋》，"笔则笔，削则削"，"笔"是书，"削"不是书，都有大道理在内。又说一字之褒，比教你做王公还荣耀，一字之贬，比将你做罪人杀了还耻辱。本来孟子说过，"孔子成《春秋》而乱臣贼子惧"，那似乎只指概括的劝惩作用而言。等到褒

孔子（前 551—前 479）

贬说发展，孟子这句话倒像更坐实了。而孔子和《春秋》的权威也就更大了。后世史家推尊孔子，也推尊《春秋》，承认这种书法是天经地义。但实际上他们却并不照三传所咬嚼出来的那么穿凿傅会地办，这正和后世诗人尽管推尊《毛诗》《传》《笺》里比兴的解释，实际上却不那样穿凿傅会的作诗一样。三传，特别是《公羊传》和《穀梁传》，和《毛诗》《传》《笺》，在穿凿解经这件事上是一致的。

三传之中，公羊、穀梁两家全以解经为主，左氏却以叙事为主。公、穀以解经为主，所以咬嚼得更厉害些。战国末期，专门解释《春秋》的有许多家，公、穀较晚出而仅存。这两家固然有许多彼此相异之处，但渊源似乎是相同的，他们所引别家的解说也有些是一样的。这两种春秋经传经过秦火，多有残阙的地方，到汉景帝、武帝时候，才有经师重加整理，传授给人。公羊、穀梁只是家派的名称，仅存姓氏，名字已不可知。至于他们解经的宗旨，已见上文。《春秋》本是儒家传授的经典，解说的人，自然也离不了儒家，在这一点上，三传是大同小异的。

《左传》这部书，汉代传为鲁国左丘明所作。这个左丘明，有的说是"鲁君子"，有的说是孔子的朋友，后世又有说是鲁国的史官的。这部书历来讨论的最多。汉时有"五经"博士，凡解说"五经"自成一家之学的，都可立为博士。立了博士，便是官学，那派经师便可做官受禄。当时《春秋》立了《公》《穀》二传的博士。《左传》流传得晚些，古文派经师也给它争立博士。今文派却说这部书不得孔子《春秋》的真传，不如公、穀两家。后来虽一度立了博士，可是不久还是废了。倒是民间传习的渐多，终于大行！原来公、穀不免空谈，《左传》却是一部仅存的古代编年通史（残缺又少），用处自然大得多。《左传》以外，还有一部分国记载的《国语》，汉代也认为左丘明所作，称为《春秋外传》。后世学者怀疑这一说的很多。据近人的研究，《国语》重在"语"，记事颇简略，大约出于另一著者的手，而为《左传》著者的重要史料之一。这书的说教，也不外尚德、尊天、敬神、爱民，和《左传》是很相近的。只不知著者是谁。其实《左传》著者我们也不知道。说是左丘明，但矛盾太多，不能教人相信。《左传》成书的时代大概在战国，比《公》《穀》二传早些。

　　《左传》这部书大体依《春秋》而作，参考群籍，详述史事，征引孔子和别的"君子"解经评史的言论，吟味书法，自成一家言。但迷信卜筮，所记祸福的预言，几乎无不应验，这却大大违背了征实的精神，而和儒家的宗旨也不合了。晋范宁作《穀梁传序》说，"左氏艳而富，其失也巫"。"艳"是文章美，"富"是材料多，"巫"是多叙鬼神，预言祸福。这是句公平话。注《左传》的，汉代就不少，但那些许多已散失。现存的只有晋杜预注，算是最古了。

　　杜预作《春秋序》，论到《左传》，说"其文缓，其旨远"。"缓"是委婉，"远"是含蓄。这不但是好史笔，也是好文笔。所以《左传》不但是史学的权威，也是文学的权威。《左传》的文学本领，表现在记述辞令和描写战争上。春秋列国，盟会颇繁，使臣会说话不会说话，不但关系荣辱，并且关系利害，出入很大，所以极重辞令。《左传》所记当时君臣的话，从容委曲，意味深长。只是平心静气地说，紧要关头却不放松一步，真所谓恰到好处。这固然是当时风气如此，但不经《左传》著者的润饰工夫，也绝不会那样在纸上活跃的。战争是个复杂的程序。叙得头头是道，已经不易，叙得有声有色，更难。这差不多全靠忙中有闲，透着优游不迫神儿，才成。这却正是《左传》著者所擅长的。

四书第七

　　"四书""五经"到现在还是我们口头上一句熟语。"五经"是《易》《书》《诗》《礼》《春秋》，"四书"按照普通的顺序是《大学》《中庸》《论语》《孟子》，前二者又简称《学》《庸》，后二者又简称《论》《孟》。有了简称，可见这些书是用得很熟的。本来呢，从前私塾里，学生入学，是从"四书"读起的。这是那些时代的小学教科书，而且是统一的标准的小学教科书，因为没有不用的。那时先生不讲解，只让学生背诵，不但得背正文，而且得背朱熹的小注。只要囫囵吞枣的念，囫囵吞枣的背，不懂不要紧，将来用得着，自然会懂的。怎么说将来用得着？那些时候行科举制度。科举是一种竞争的考试制度，考试的主要科目是八股文，题目都出在"四书"里，而且是朱注

孟子（前 372—前 289）

的"四书"里。科举分几级，考中的得着种种出身或资格，凭着这种资格可以建功立业，也可以升官发财。作好作歹，都得先弄个资格到手。科举几乎是当时读书人惟一的出路。每个学生都先读"四书"，而且读的是朱注，便是这个缘故。

将朱注"四书"定为科举用书，是从元仁宗皇庆二年（公元1313年）起的。规定这四种书，自然因为这些书本身重要，有人人必读的价值。规定朱注，也因为朱注发明书义比旧注好些，切用些。这四种书原来并不在一起，《学》《庸》都在《礼记》里，《论》《孟》是单行的。这些书原来只算是诸子书，朱子原来也只称为"四子"，但《礼记》《论》《孟》在汉代都立过博士，已经都升到经里去了。后来唐代的"九经"里虽然只有《礼记》，宋代的"十三经"却又将《论》《孟》收了进去。①《中庸》很早就被人单独注意，汉代已有关于《中庸》的著作，六朝时也有，可惜都不传了。关于《大学》的著作却直到司马光的《大学通义》才开始，这部书也不传了。这些著作并不曾教《学》《庸》普及，教《学》《庸》和《论》《孟》同样普及的是朱子的注，"四书"也是他编在一起的，"四书"的名字也因他而有。

但最初用力提倡这几种书的是程颢、程颐兄弟。他们说："《大学》是孔门的遗书，是初学者入德的门径。只有从这部书里，还可以知道古人做学问的程序。从《论》《孟》里虽也可看出一些，但不如这部书的分明易晓。学者必须从这部书入手，才不会走错了路。"这里没提到《中庸》。可是他们是很推尊《中庸》的。他们在另一处说："'不偏'叫作'中'，'不易'叫作'庸'；'中'是天下的正道，

---

① 九经：《易》《书》《诗》，三礼，《春秋》三传。十三经：《易》《书》《诗》，三礼，《春秋》三传，《论语》《孝经》《尔雅》《孟子》。

'庸'是天下的定理。《中庸》是孔门传授心法的书，是子思记下来传给孟子的。书中所述的人生哲理，意味深长；会读书的细加玩赏，自然能心领神悟，终身受用不尽。"这四种书到了朱子手里才打成一片。他接受二程的见解，加以系统的说明，四种书便贯串起来了。

他说，古来有小学大学。小学里教洒扫进退的规矩，和礼、乐、射、御、书、数，所谓"六艺"的。大学里教穷理、正心、修己、治人的道理。所教的都切于民生日用，都是实学。《大学》这部书便是古来大学里教学生的方法，规模大，节目详。而所谓"格物、致和、诚意、正心、修身、齐家、治国、平天下"，是循序渐进的。程子说是"初学者入德的门径"，就是为此。这部书里的道理，并不是为一时一事说的，是为天下后世说的。这是"垂世立教的大典"，所以程子举为初学者的第一部书。《论》《孟》虽然也切实，却是"应机接物的微言"，问的不是一个人，记的也不是一个人。浅深先后，次序既不分明，抑扬可否，用意也不一样，初学者领会较难。所以程子放在第二步。至于《中庸》，是孔门的心法，初学者领会更难，程子所以另论。

但朱子的意思，有了《大学》的提纲挈领，便能领会《论》《孟》里精微的分别去处，融贯了《论》《孟》的旨趣，也便能领会《中庸》里的心法。人有人心和道心，人心是私欲，道心是天理。人该修养道心，克制人心，这是心法。朱子的意思，不领会《中庸》里的心法，是不能从大处着眼，读天下的书，论天下的事的。他所以将《中庸》放在第三步，和《大学》《论》《孟》合为"四书"，作为初学者的基础教本。后来规定"四书"为科举用书，原也根据这番意思。不过朱子教人读"四书"，为的成人，后来人读"四书"，却重在猎取功名，这是不合于他提倡的本心的。至于顺序变为《学》《庸》《论》《孟》，那是书贾因为《学》《庸》篇页不多，合为一本的缘故；通行既久，居然约定俗成了。

《礼记》里的《大学》，本是一篇东西，朱子给分成经一章，传十章。传是解释经的。因为要使传合经，他又颠倒了原文的次序，并补上一段儿。他注《中庸》时，虽没有这样大的改变，可是所分的章节，也与郑玄注的不同。所以这两部书的注，称为《大学章句》《中庸章句》。《论》《孟》的注，却是融合各家而成，所以称为《论语集注》《孟子集注》。《大学》的经一章，朱子想着是曾子追述孔子的话，传十章，他相信是曾子的意思，由弟子们记下的。《中庸》的著者，朱子和程子一样，都接受《史记》的记载，认为是子思。但关于书名的解释，他修正了一些。他说，"中"除"不偏"外，还有"无过无不及"的意思。"庸"解作"不易"，不如解作"平常"的好。照近人的研究，《大学》的思想和文字，很有和荀子相同的地方，大概是荀子学派的著作。《中庸》首尾和中段思想不一贯，从前就有人疑心。照近来的看法，这部书的中段也许是子思原著的一部分，发扬孔子的学说，如"时中""忠恕""知仁勇""五伦"等。首尾呢，怕是另一关于《中庸》的著作，经后人混合起来的；这里发扬的是孟子的天人相通的哲理，所谓"至诚""尽性"，都是的。著者大约是一个孟子学派。

《论语》是孔子弟子们记的。这部书不但显示一个伟大的人格——孔子，并且让读者学习许多做学问做人的节目：如"君子""仁""忠恕"，如"时习""阙疑""好古""隅反""择善""困学"等，都是可以终身应用的。《孟子》据说是孟子本人和弟子公孙丑、万章等共同编定的。书中说"仁"兼说"义"，分辨"义""利"甚严，而辩"性善"，教人求"放心"，影响更大。又说到"养浩然之气"，那"至大至刚""配义与道"的"浩然之气"，这是修养的最高境界，所谓天人相通的哲理。书中攻击杨朱、墨翟两派，辞锋咄咄逼人。这在儒家叫作攻异端，功劳是很大的。孟子生在战国时代，他不免"好辩"，他自己也觉得的。他的话流露着"英气""有圭角"，和孔子的温润是不同的。所以儒家只称为"亚圣"，次于孔子一等。《孟子》有东汉的赵岐注。《论语》有孔安国、马融、郑玄诸家注，却都已残佚，只零星的见于魏何晏的《集解》里。汉儒注经，多以训诂名物为重。但《论》《孟》词意显明，所以只解释文句，推阐义理而止。魏晋以来，玄谈大盛，孔子已经道家化，解《论语》的也多参入玄谈，参入当时的道家哲学。这些后来却都不流行了。到了朱子，给《论》《孟》作注，虽说融会各家，其实也用他自己的哲学作架子。他注《学》《庸》，更显然如此。他的哲学切于世用，所以一般人接受了，将他解释的孔子当作真的孔子。

他那一套"四书"注实在用尽了平生的力量，改定至再至三，直到临死的时候，他还在改定《大学》诚意章的注。注以外又作了"四书或问"，发扬注义，并论述对于旧说的或取或舍的理由。他在"四书"上这样下工夫，一面固然为了诱导初学者，一面还有一个用意，便是排斥老、佛，建立道统。他在《中庸章句序》里论到诸圣道统的传承，末尾自谦说，"于道统之传，不敢妄议"。其实他是隐隐在以传道统自期呢。《中庸》传授心法，正是道统的根本。将它加在《大学》《论》《孟》之后而成"四书"，朱子自己虽然说是给初学者打基础，但一大半恐怕还是为了建立道统，不过他自己不好说出罢了。他注"四书"在宋孝宗淳熙年间（公元 1174—1189年）。他死后朝廷将他的"四书"注审定为官书，从此盛行起来。他果然成了传儒家道统的大师了。

战国策第八

　　春秋末年，列国大臣的势力渐渐膨胀起来。这些大臣都是世袭的，他们一代一代聚财养众，明争暗夺了君主的权力，建立起自己的特殊地位。等到机会成熟，便跳起来打倒君主自己干。那时候各国差不多都起了内乱。晋国让韩、魏、赵三家分了，姓姜的齐国也让姓田的大夫占了。这些，周天子只得承认了。这是封建制度崩坏的开始。那时候周室也经过了内乱，土地大半让邻国抢去，剩下的又分为东、西周。东、西周各有君王，彼此还争争吵吵的。这两位君王早已失去春秋时代"共主"的地位，而和列国诸侯相等了。后来列国纷纷称王，周室更不算回事。他们至多能和宋、鲁等小国君主等量齐观罢了。

　　秦、楚两国也经过内乱，可是站住了。它们本是边远的国家，却渐渐伸张势力到中原来。内乱平后，大加整顿，努力图强，声威便更广了。还有极北的燕国，向来和中原国家少来往，这时候也有力量向南参加国际政治了。秦、楚、燕和新兴的韩、魏、赵、齐，是那时代的大国，称为"七雄"。那些小国呢，从前可以仰仗霸主的保护，做大国的附庸。现在可不成了，只好让人家吞的吞，并的并。算只留下宋、鲁等两三国，给七雄当缓冲地带。封建制度既然在崩坏中，七雄便各成一单位，各自争存，各自争强，国际政局比春秋时代紧张多了。战争也比从前严重多了。列国都在自己边界上修起长城来。这时候军器进步了，从前的兵器都用铜打成，现在有用铁打成的了。战术也进步了。攻守的方法都比从前精明，从前只用兵车和步卒，现在却发展了骑兵了。这时候还有以帮人家作战为职业的人。这时候的战争，杀伤是很多的。孟子说，"争地以战，杀人盈野，争城以战，杀人盈城"，可见那凶惨的情形。后人因此称这时代为战国时代。

在长期混乱之后，贵族有的做了国君，有的渐渐衰灭。这个阶级算是随着封建制度崩坏了。那时候的国君，没有了世袭的大臣，便集权专制起来。辅助他们的是一些出身贵贱不同的士人。那时候君主和大臣都竭力招揽有技能的人，甚至学鸡鸣、学狗盗的也都收留着。这是所谓"好客""好士"的风气。其中最高的是说客，是游说之士。当时国际关系紧张，战争随时可起。战争到底是劳民伤财的，况且难得有把握，重要的还是外交的功夫。外交办得好，只凭口舌排难解纷，可以免去战祸，就是不得不战，也可以多找一些与国，一些帮手。担负这种外交的人，便是那些策士，那些游说之士。游说之士既然这般重要，所以立谈可以取卿相。只要有计谋，会辩说就成，出身的贵贱倒是不在乎的。

七雄中的秦，从孝公用商鞅变法以后，日渐强盛。到后来成了与六国对峙的局势。这时候的游说之士，有的劝六国联合起来抗秦，有的劝六国联合起来亲秦。前一派叫"合纵"，是联合南北各国的意思，后一派叫"连横"，是联合东西各国的意思——只有秦是西方的国家。合纵派的代表是苏秦，连横派的是张仪。他们可以代表所有的战国游说之士。后世提到游说的策士，总想到这两个人，提到纵横家，也总是想到这两个人。他们都是鬼谷先生的弟子。苏秦起初也是连横派。他游说秦惠王，秦惠王老不理他，穷得要死，只好回家。妻子、嫂嫂、父母，都瞧不起他。他恨极了，用心读书，用心揣摩，夜里倦了要睡，用锥子扎大腿，血流到脚上。这样整一年，他想着成了，便出来游说六国合纵。这回他果然成功了，佩了六国相印，又有势又有钱。打家里过的时候，父母郊迎三十里，妻子低头，嫂嫂趴在地上谢罪。他叹道："人生世上，势位富贵，真是少不得的！"张仪和楚相喝酒，楚相丢了一块璧。手下人说张仪穷而无行，一定是他偷的，绑起来打了几百下。张仪始终不认，只好放了他。回家，他妻子说："唉，要不是读书游说，哪会受这场气！"他不理，只说："看我舌头还在罢？"妻子笑道："舌头是在的。"他说："那就成！"后来果然做了秦国的相。苏秦死后，他也大大得意了一番。

苏秦使锥子扎腿的时候，自己发狠道："哪有游说人主不能得金玉锦绣，不能取卿相之尊的道理！"这正是战国策士的心思。他们凭他们的智谋和辩才，给人家划策，办外交，谁用他们就帮谁。他们是职业的，所图的是自己的功名富贵。帮你的时候帮你，不帮的时候也许害你。翻覆，在他们看来是没有什么的。本来呢，当时七雄分立，没有共主，没有盟主，各干各的，谁胜谁得势。国际间没有是非，爱帮谁就帮谁，反正都一样。苏秦说连横不成，就改说合纵，在策士看来，这正是当然。张仪说舌头在就行，说是说非，只要会说，这也正是职业的态度。他们自己没有理想，没有主张，只求揣摩主上的心理，拐弯儿抹角投其所好。这需要技巧，《韩非子·说难篇》专论这个。说得好固然可以取"金玉锦绣"和"卿相之尊"，说得不好也会招杀身之祸，利害所关如此之大，苏秦费一

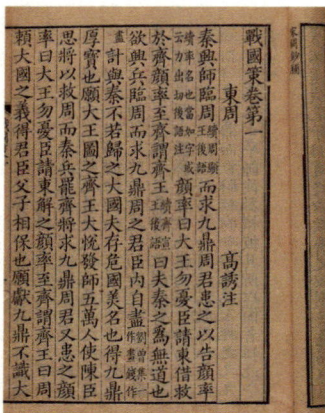

《战国策》内页

整年研究揣摩不算多。当时各国所重的是威势，策士所说原不外战争和诈谋。但要因人、因地进言，广博的知识和微妙的机智都是不可少的。

记载那些说辞的书叫《战国策》，是汉代刘向编定的，书名也是他提议的。但在他以前，汉初著名的说客蒯通，大约已经加以整理和润饰，所以各篇如出一手。《汉书》本传里记着他"论战国时说士权变，亦自序其说，凡八十一篇，号曰《隽永》"，大约就是刘向所根据的底本了。蒯通那枝笔是很有力量的。铺陈的伟丽，叱咤的雄豪，固然传达出来了，而那些曲折微妙的声口，也丝丝入扣，千载如生。读这部书，真是如闻其语，如见其人。汉以来批评这部书的都用儒家的眼光。刘向的序里说战国时代"捐礼让而贵战争，弃仁义而用诈谲，苟以取强而已矣"，可以代表。但他又说这些是"高才秀士"的"奇策异智""亦可喜，皆可观"。这便是文辞的作用了。宋代有个李文叔，也说这部书所记载的事"浅陋不足道"，但"人读之，则必乡其说之工，而忘其事之陋者，文辞之胜移之而已"。又道，说的还不算难，记的才真难得呢。① 这部书除文辞之胜外，所记的事，上接春秋时代，下至楚、汉兴起为止，共二百零二年（公元前403—前202年），也是一部重要的古史。所谓战国时代，便指这里的二百零二年。而战国的名称也是刘向在这部书的序里定出的。

---

　　　① 李格非《书战国策后》。

史记汉书第九

　　说起中国的史书,《史记》《汉书》,真是无人不知,无人不晓。这有两个原因。一则这两部书是最早的有系统的历史,再早虽然还有《尚书》《鲁春秋》《国语》《春秋左氏传》《战国策》等,但《尚书》《国语》《战国策》,都是记言的史,不是记事的史。《春秋》和《左传》是记事的史了,可是《春秋》太简短,《左氏传》虽够铺排的,而跟着《春秋》编年的系统,所记的事还不免散碎。《史记》创了"纪传体",叙事自黄帝以来到著者当世,就是汉武帝的时候,首尾三千多年。《汉书》采用了《史记》的体制,却以汉事为断,从高祖到王莽,只二百三十年。后来的史书全用《汉书》的体制,断代成书。二十四史里,《史记》《汉书》以外的二十二史都如此。这称为"正史"。《史记》《汉书》,可以说都是"正史"的源头。二则,这两部书都成了文学的古典;两书有许多相同处,虽然也有许多相异处。大概东汉、魏、晋到唐,喜欢《汉书》的多,唐以后喜欢《史记》的多,而明、清两代尤然。这是两书文体各有所胜的缘故。但历来班、马并称,《史》《汉》连举,它们叙事写人的技术,毕竟是大同的。

《史记》，汉司马迁著。司马迁，字子长，左冯翊夏阳（今陕西韩城）人，（景帝中元五年，公元前145年生，卒年不详。）他是太史令司马谈的儿子。小时候在本乡只帮人家耕耕田、放放牛玩儿。司马谈做了太史令，才将他带到京师（今西安）读书。他十岁的时候，便认识"古文"的书了。二十岁以后，到处游历，真是足迹遍天下。他东边到过现在的河北、山东及江、浙沿海，南边到过湖南、江西、云南、贵州，西边到过陕、甘、西康等处，北边到过长城等处；当时的"大汉帝国"，除了朝鲜、河西（今宁夏一带）、岭南几个新开郡外，他都走到了。他的出游，相传是父亲命他搜求史料去的；但也有些处是因公去的。他搜得了多少写的史料，没有明文，不能知道。可是他却看到了好些古代的遗迹，听到了好些古代的轶闻。这些都是活史料，他用来印证并补充他所读的书。他作《史记》，叙述和描写往往特别亲切有味，便是为此。他的游历不但增扩了他的见闻，也增扩了他的胸襟。他能够综括三千多年的事，写成一部大书，而行文又极其抑扬变化之致，可见出他的胸襟是如何的阔大。

　　他二十几岁的时候，应试得高第，做了郎中。武帝元封元年（公元前110年），大行封禅典礼，步骑十八万，旌旗千余里。司马谈是史官，本该从行，但是病得很重，留在洛阳不能去。司马迁却跟去了。回来见父亲，父亲已经快死了，拉着他的手呜咽着道："我们先人从虞夏以来，世代做史官，周末弃职他去，从此我家便衰微了。我虽然恢复了世传的职务，可是不成，你看这回封禅大典，我竟不能从行，真是命该如此！再说孔子因为眼见王道缺，礼乐衰，才整理文献，论《诗》《书》，作《春秋》，他的功绩是不朽的。孔子到现在又四百多年了，各国只管争战，史籍都散失了，这得搜求整理。汉朝一统天下，明主、贤君、忠臣、死义之士，也得记载表彰。我做了太史令，却没能尽职，无所论著，真是惶恐万分。你若能继承先业，再做太史令，成就我的未竟之志，扬名于后世，那就是大孝了。你想着我的话罢。"司马迁听了父亲这番遗命，低头流泪答道："儿子虽然不肖，定当将你老人家所搜集的材料，小心整理起来，不敢有所遗失。"司马谈便在这年死了，司马迁这年三十六岁。父亲的遗命指示了他一条伟大的路。

父亲死的第三年，司马迁果然做了太史令。他有机会看到许多史籍和别的藏书，便开始作整理的工夫。那时史料都集中在太史令手里，特别是汉代各地方行政报告，他那里都有。他一面整理史料，一面却忙着改历的工作，直到太初元年（公元前104年），太初历完成，才动手著他的书。天汉二年（公元前99年），李陵奉了贰师将军李广利的命，领了五千兵，出塞打匈奴。匈奴八万人围着他们；他们杀伤了匈奴一万多，可是自己的人也死了一大半。箭完了，又没吃的，耗了八天，等贰师将军派救兵。救兵竟没有影子，匈奴却派人来招降。李陵想着回去也没有脸，就降了。武帝听了这个消息，又急又气。朝廷里纷纷说李陵的坏话。武帝问司马迁，李陵到底是个怎样的人。李陵也做过郎中，和司马迁同过事，司马迁是知道他的。

他说李陵这个人秉性忠义，常想牺牲自己，报效国家。这回以少敌众，兵尽路穷，但还杀伤那么些人，功劳其实也不算小。他决不是怕死的人，他的降大概是假意的，也许在等机会给汉朝出力呢。武帝听了他的话，想着贰师将军是自己派的元帅，司马迁却将功劳归在投降的李陵身上，真是大不敬，便教将他抓起来，下在狱里。第二年，武帝杀了李陵全家，处司马迁宫刑。宫刑是个大辱，

司马迁（前 145—约前 90 年）

污及先人，见笑亲友。他灰心失望已极，只能发愤努力，在狱中专心致志写他的书，希图留个后世名。过了两年，武帝改元太始，大赦天下。他出了狱，不久却又做了宦者做的官——中书令，重被宠信。但他还继续写他的书。直到征和二年（公元前 91 年），全书才得完成，共一百三十篇，五十二万六千五百字。他死后，这部书部分的流传。到宣帝时，他的外孙杨恽才将全书献上朝廷去，并传写公行于世。汉人称为《太史公书》《太史公》《太史公记》《太史记》。魏晋间才简称为《史记》，《史记》便成了定名。这部书流传时颇有缺佚，经后人补续改窜了不少。只有元帝、成帝间褚少孙补的有主名，其余都不容易考了。

司马迁是窃比孔子的。孔子是在周末官守散失时代第一个保存文献的人，司马迁是秦火以后第一个保存文献的人。他们保存的方法不同，但是用心一样。《史记·自序》里记着司马迁和上大夫壶遂讨论作史的一番话。司马迁引述他的父亲称扬孔子整理"六经"的丰功伟业，而特别着重《春秋》的著作。他们父子都是相信孔子作《春秋》的。他又引董仲舒所述孔子的话："我有种种觉民救世的理想，凭空发议论，恐怕人不理会，不如借历史上现成的事实来表现，可以深切著明些。"这便是孔子作《春秋》的趣旨，他是要明王道，辨人事，分明是非、善恶、贤不肖，存亡继绝，补敝起废，作后世君臣龟鉴。《春秋》实在是礼义的大宗，司马迁相信礼治是胜于法治的。他相信《春秋》包罗万象，采善贬恶，并非以刺讥为主。像他父亲遗命所说的，汉兴以来，人主明圣盛德，和功臣、世家、贤大夫之业，是他父子职守所在，正该记载表彰。他的书记汉事较详，固然是史料多，也是他意主尊汉的缘故。他排斥暴秦，要将汉远承三代。这正和今文家说的《春秋》尊鲁一样，他的书实在是窃比《春秋》的。他虽自称只是"厥协'六经'异传，整齐百家杂语"，述而不作，不敢与《春秋》比，那不过是谦词罢了。

他在《报任安书》里说他的书"欲以究天人之际，通古今之变，成一家之言"。《史记·自序》里说，"罔（网）罗天下放佚旧闻，王迹所兴，原始察终，见盛观衰，论考之行事"。"王迹所兴"，始终盛衰，便是"古今之变"，也便是"天人之际"。"天人之际"只是天道对于人事的影响，这和所谓"始终盛衰"都是阴阳家言。阴阳家倡"五德终始说"，以为金、木、水、火、土五行之德，互相克胜，终始运行，循环不息。当运者盛，王迹所兴，运去则衰。西汉此说大行，与"今文经学"合而为一。司马迁是请教过董仲舒的，董就是今文派的大师；他也许受了董的影响。"五德终始说"原是一种历史哲学，实际的教训只是让人君顺时修德。

《史记》虽然窃比《春秋》，却并不用那咬文嚼字的书法，只据事实录，使善恶自见。书里也有议论，那不过是著者牢骚之辞，与大体是无关的。原来司马迁自遭李陵之祸，更加努力著书。他觉得自己已经身废名裂，要发抒意中的郁结，只有这一条通路。他在《报任安书》和《史记·自序》里引了文王以下到韩非诸贤圣，都是发愤才著书的。他自己也是个发愤著书的人。天道的无常，世变的无常，引起了他的慨叹，他悲天悯人，发为牢骚抑扬之辞。这增加了他的书的情韵。后世论文的人推尊《史记》，一个原因便在这里。

班彪论前史得失，却说他"论议浅而不笃，其论术学，则崇黄、老而薄'五经'，序货殖，则轻仁义而羞贫穷，论游侠，则贱守节而贵俗功"，以为"大敝伤道"。班固也说他"是非颇谬于圣人"。其实推崇道家的是司马谈。司马迁时，儒学已成独尊之势，他也成了一个推崇的人了。至于《游侠》《货殖》两传，确有他的身世之感。那时候有钱可以赎罪，他遭了李陵之祸，刑重家贫，不能自赎，所以才有"羞贫穷"的话，他在穷窘之中，交游竟没有一个抱不平来救他的，所以才有称扬游侠的话。这和《伯夷传》里天道无常的疑问，都只是偶一借题发挥，无关全书大旨。东汉王允死看"发愤"著书一语，加上咬文嚼字的成见，便说《史记》是"佞臣"的"谤书"，那不但误解了《史记》，也太小看了司马迁。

《史记》体例有五：十二本纪，记帝王政迹，是编年的；十表，以分年略记世代为主；八书，记典章制度的沿革；三十世家，记侯国世代存亡；七十列传，类记各方面人物。史家称为"纪传体"，因为"纪传"是最重要的部分。古史不是断片的杂记，便是顺按年月的纂录，自出机杼，创立规模，以驾驭去取各种史料的，从《史记》起始。司马迁的确能够贯穿经传，整齐百家杂语，成一家言。他明白"整齐"的必要，并知道怎样去"整齐"，这实在是创作，是以述为作。他这样将自有文化以来三千年间君臣士庶的行事，"合一炉而冶之"，却反映着秦汉大一统的局势。《春秋左氏传》虽也可算通史，但是规模完具的通史，还得推《史记》为第一部书。班固根据他父亲班彪的意见，说司马迁"善叙事理，辩而不华，质而不俚；其文直，其事核，不虚美，不隐恶，故谓之实录"。"直"是"简省"的意思。简省而能明确，便见本领。《史记》共一百三十篇，列传占了全书的过半数。司马迁的史观是以人物为中心的。他最长于描写，靠了他的笔，古代许多重要人物的面形，至今还活现在纸上。

《汉书》，汉班固著。班固，字孟坚，扶风安陵（今陕西咸阳）人，（光武帝建武八年生，和帝永元四年卒，公元32—92年。）他家和司马氏一样，也是个世家，《汉书》是子继父业，也和司马迁差不多。但班固的凭藉，比司马迁好多了。他曾祖班斿，博学有才气，成帝时，和刘向同校皇家藏书。成帝赐了他全套藏书的副本，《史记》也在其中。当时书籍流传很少，得来不易。班家得了这批赐书，真像大图书馆似的。他家又有钱，能够招待客人。后来有好些学者，老远的跑到他家来看书，扬雄便是一个。班斿的次孙班彪，既有书看，又得接触许多学者，于是尽心儒术，成了一个史学家。《史记》以后，续作很多，但不是偏私，就是鄙俗，班彪加以整理补充，著了六十五篇《后传》。他详论《史记》的得失，大体确当不移。他的书似乎只有本纪和列传，世家是并在列传里。这部书没有流传下来，但他的儿子班固的《汉书》是用它作底本的。

班固生在河西，那时班彪避乱在那里。班固有弟班超，妹班昭，后来都有功于《汉书》。他五岁时随父亲到那时的京师洛阳。九岁时能作文章，读诗赋。大概是十六岁罢，他入了洛阳的大学，博览群书。他治学不专守一家；只重大义，不沾沾在章句上。又善作辞赋。为人宽和容众，不以才能骄人。在大学里读了七年书，

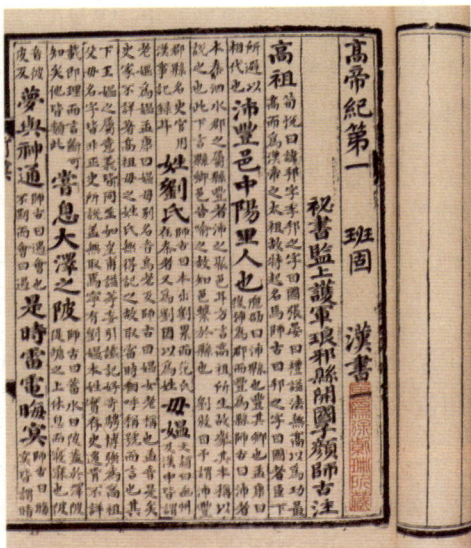

颜师古注《汉书》内页

二十三岁上，父亲死了，他回到安陵去。明帝永平元年（公元58年），他二十八岁，开始改撰父亲的书。他觉得《后传》不够详的，自己专心精究，想完成一部大书。过了三年，有人上书给明帝，告他私自改作旧史。当时天下新定，常有人假造预言，摇惑民心，私改旧史，更有机会造谣，罪名可以很大。

明帝当即诏令扶风郡逮捕班固，解到洛阳狱中，并调看他的稿子。他兄弟班超怕闹出大乱子，永平五年（公元62年），带了全家赶到洛阳；他上书给明帝，陈明原委，请求召见。明帝果然召见。他陈明班固不敢私改旧史，只是续父所作。那时扶风郡也已将班固稿子送呈。明帝却很赏识那稿子，便命班固做校书郎，兰台令史，跟别的几个人同修世祖（光武帝）本纪。班家这时候很穷，班超也做了一名书记，帮助哥哥养家。后来班固等又述诸功臣的事迹，作列传载记二十八篇奏上。这些后来都成了刘珍等所撰的《东观汉记》的一部分，与《汉书》是无关的。

明帝这时候才命班固续完前稿。永平七年（公元64年），班固三十三岁，在兰台重新写他的大著。兰台是皇家藏书之处，他取精用弘，比家中自然更好。次年，班超也做了兰台令史。虽然在官不久，就从军去了，但一定给班固帮助很多。章帝即位，好辞赋，更赏识班固了。他因此得常到宫中读书，往往连日带夜的读下去。大概在建初七年（公元 82 年），他的书才大致完成。那年他是五十一岁了。和帝永元元年（公元 89 年），车骑将军窦宪出征匈奴，用他做中护军，参议军机大事。这一回匈奴大败，逃得不知去向。窦宪在出塞三千多里外的燕然山上刻石纪功，教班固作铭。这是著名的大手笔。

　　次年他回到京师，就做窦宪的秘书。当时窦宪威势极盛；班固倒没有仗窦家的势欺压人，但他的儿子和奴仆却都无法无天的。这就得罪了许多地面上的官儿，他们都敢怒而不敢言。有一回他的奴子喝醉了，在街上骂了洛阳令种兢。种兢气恨极了，但也只能记在心里。永元四年（公元 92 年），窦宪阴谋弑和帝，事败，自杀。他的党羽，或诛死，或免官。班固先只免了官，种兢却饶不过他，逮捕了他，下在狱里。他已经六十一岁了，受不得那种苦，便在狱里死了。和帝得知，很觉可惜，特地下诏申斥种兢，命他将主办的官员抵罪。班固死后，《汉书》的稿子很散乱。他的妹子班昭也是高才博学，嫁给曹世叔，世叔早死，她的节行并为人所重。当时称为曹大家。这时候她奉诏整理哥哥的书，并有高才郎官十人，从她研究这部书——经学大师扶风马融，就在这十人里。书中的八表和天文志那时还未完成，她和马融的哥哥马续参考皇家藏书，将这些篇写定，这也是奉诏办的。

　　《汉书》的名称从《尚书》来，是班固定的。他说唐、虞、三代当时都有记载，颂述功德。汉朝却到了第六代才有司马迁的《史记》。而《史记》是通史，将汉朝皇帝的本纪放在尽后头，并且将尧的后裔的汉和秦、项放在相等的地位，这实在不足以推尊本朝。况《史记》只到武帝而止，也没有成段落似的。他所以断代述史，起于高祖，终于平帝时王莽之诛，共十二世，二百三十年，作纪、表、志、传凡百篇，称为《汉书》。班固著《汉书》，虽然根据父亲的评论，修正了《史记》的缺失，但断代的主张，却是他的创见。他这样一面保存了文献，一面贯彻了发扬本朝功德的趣旨。所以后来的正史都以他的书为范本，名称也多叫作"书"。他这个创见，影响是极大的。他的书所包举的，比《史记》更为广大，天地、鬼神、人事、政治、道德、艺术、文章，尽在其中。

书里没有世家一体，本于班彪《后传》。汉代封建制度，实际上已不存在，无所谓侯国，也就无所谓世家。这一体的并入列传，也是自然之势。至于改"书"为"志"，只是避免与《汉书》的"书"字相重，无关得失。但增加了《艺文志》，叙述古代学术源流，记载皇家藏书目录，所关却就大了。《艺文志》的底本是刘歆的《七略》。刘向、刘歆父子都曾奉诏校读皇家藏书；他们开始分别源流，编订目录，① 使那些"中秘书"渐得流传于世，功劳是很大的。他们的原著都已不存，但《艺文志》还保留着刘歆《七略》的大部分。这是后来目录学家的宝典。原来秦火之后，直到成帝时，书籍才渐渐出现。成帝诏求遗书于天下，这些书便多聚在皇家。刘氏父子所以能有那样大的贡献，班固所以想到在《汉书》里增立《艺文志》，都是时代使然。司马迁便没有这样好运气。

《史记》成于一人之手，《汉书》成于四人之手。表、志由曹大家和马续补成。纪、传从昭帝至平帝有班彪的《后传》作底本。而

---

① 刘向著有《别录》。

从高祖至武帝，更多用《史记》的文字。这样一看，班固自己作的似乎太少。因此有人说他的书是"剽窃"而成，算不得著作。但那时的著作权的观念还不甚分明，不以抄袭为嫌。而史书也不能凭虚别构。班固删润旧文，正是所谓"述而不作"。他删润的地方，却颇有别裁，绝非率尔下笔。史书叙汉事，有阙略的，有隐晦的，经他润色，便变得详明。这是他的独到处。汉代"明主、贤君、忠臣、死义之士"，他实在表彰得更为到家。书中收载别人整篇的文章甚多，有人因此说他是"浮华"之士。这些文章大抵关系政治学术，多是经世有用之作。那时还没有文集，史书加以搜罗，不失保存文献之旨。至于收录辞赋，却是当时的风气和他个人的嗜好。不过从现在看来，这些也正是文学史料，不能抹煞的。

班、马优劣论起于王充《论衡》。他说班氏父子"文义浃备，纪事详瞻"，观者以为胜于《史记》。王充论文，是主张"华实俱成"的。汉代是个辞赋的时代，所谓"华"，便是辞赋化。《史记》当时还用散行文字，到了《汉书》，便弘丽精整，多用排偶，句子也长了。这正是辞赋的影响。自此以后，直到唐代，一般文士，大多偏爱《汉书》，专门传习，《史记》的传习者却甚少。这反映

王充《论衡》内页

着那时期崇尚骈文的风气。唐以后，散文渐成正统，大家才提倡起《史记》来。明归有光及清桐城派更力加推尊，《史记》差不多要驾乎《汉书》之上了。这种优劣论起于二书散整不同，质文各异，其实是跟着时代的好尚而转变的。

晋代张辅，独不好《汉书》。他说："世人论司马迁、班固才的优劣，多以固为胜，但是司马迁叙三千年事，只五十万言，班固叙二百年事，却有八十万言。烦省相差如此之远，班固哪里赶得上司马迁呢！"刘知几《史通》却以为"《史记》虽叙三千年事，详备的也只汉兴七十多年，前省后烦，未能折中；若教他作《汉书》，恐怕比班固还要烦些"。刘知几左袒班固，不无过甚其辞。平心而论，《汉书》确比《史记》繁些。《史记》是通史，虽然意在尊汉，不妨详近略远，但叙汉事到底不能太详；司马迁是知道"折中"的。《汉书》断代为书，尽可充分利用史料，尽其颂述功德的职分。载事既多，文字自然繁了，这是一。《汉书》载别人文字也比《史记》多，这是二。《汉书》文字趋向骈体，句子比散体长，这是三。这都是"事有必至，理有固然"，不足为《汉书》病。范晔《后汉书·班固传赞》说班固叙事"不激诡，不抑抗，赡而不秽，详而有体，使读之者亹亹而不厌"，这是不错的。

宋代郑樵在《通志·总序》里抨击班固，几乎说得他不值一钱。刘知几论通史不如断代，以为通史年月悠长，史料亡佚太多，所可采录的大都陈陈相因，难得新异。《史记》已不免此失。后世仿作，贪多务得，又加上繁杂的毛病，简直教人懒得去看。按他的说法，像《鲁春秋》等，怕也只能算是截取一个时代的一段儿，相当于《史记》的叙述汉事，不是无首无尾，就是有首无尾。这都不如断代史的首尾一贯好。像《汉书》那样，所记的只是班固的近代，史料丰富，搜求不难。只需破费工夫，总可一新耳目，"使读之者亹亹而不厌"的。郑樵的意见恰相反。他注重会通，以为历史是联贯的，要明白因革损益的轨迹，非会通不可。通史好在能见其全，能见其大。他称赞《史记》，说是"'六经'之后，惟有此作"。他说班固断汉为书，古今间隔，因革不明，失了会通之道，真只算是片段罢了。其实通古和断代，各有短长，刘、郑都不免一偏之见。

《史》《汉》可以说是各自成家。《史记》"文直而事核"，《汉书》"文赡而事详"。司马迁感慨多，微情妙旨，时在文字蹊径之外，《汉书》却一览之余，情词俱尽。但是就史论史，班固也许比较客观些，比较合体些。明茅坤说"《汉书》以矩矱胜"，清章学诚说"班氏守绳墨""班氏体方用智"，都是这个意思。晋傅玄评班固，"论国体则饰主阙而折忠臣，叙世教则贵取容而贱直节"。[1] 这些只关识见高低，不见性情偏正，和司马迁《游侠》《货殖》两传蕴含着无穷的身世之痛的不能相比，所以还无碍其为客观的。总之，《史》《汉》二书，文质和繁省虽然各不相同，而所采者博，所择者精，却是一样。组织的弘大，描写的曲达，也同工异曲。二书并称良史，绝不是偶然的。

----

① 《史通·书事》。

诸子第十

　　春秋末年，封建制度开始崩坏，贵族的统治权，渐渐维持不住。社会上的阶级，有了紊乱的现象。到了战国，更看见农奴解放，商人抬头。这时候一切政治的、社会的、经济的制度，都起了根本的变化。大家平等自由，形成了一个大解放的时代。在这个大变动当中，一些才智之士对于当前的情势，有种种的看法，有种种的主张；他们都想收拾那动乱的局面，让它稳定下来。有些倾向于守旧的，便起来拥护旧文化、旧制度，向当世的君主和一般人申述他们拥护的理由，给旧文化、旧制度找出理论上的根据。也有些人起来批评或反对旧文化、旧制度；又有些人要修正那些。还有人要建立新文化、新制度来代替旧的；还有人压根儿反对一切文化和制度。这些人也都根据他们自己的见解各说各的，都"持之有故，言之成理"。这便是诸子之学，大部分可以称为哲学。这是一个思想解放的时代，也是一个思想发达的时代，在中国学术史里是稀有的。

　　诸子都出于职业的"士"。"士"本是封建制度里贵族的末一级，但到了春秋、战国之际，"士"成了有才能的人的通称。在贵族政治未崩坏的时候，所有的知识、礼、乐等等，都在贵族手里，平民是没份的。那时有知识技能的专家，都由贵族专养专用，都是在官的。到了贵族政治崩坏以后，贵族有的失了势，穷了，养不起自用的专家。这些专家失了业，流落到民间，便卖他们的知识技能为生。凡有权有钱的都可以临时雇用他们。他们起初还是伺候贵族的时候多，不过不限于一家贵族罢了。这样发展了一些自由职业，靠这些自由职业为生的，渐渐形成了一个特殊阶级，便是"士农工商"的"士"。这些"士"，这些专家，后来居然开门授徒起来。徒弟多了，声势就大了，地位也高了。他们除掉执行自己的职业之外，不免根据他们专门的知识技能，研究起当时的文化和制度来了。这就有了种种看法和主张。各"思以其道易天下"。诸子百家便是这样兴起的。

第一个开门授徒发扬光大那非农非工非商非官的"士"的阶级的，是孔子。孔子名丘，他家原是宋国的贵族，贫寒失势，才流落到鲁国去，他自己做了一个儒士。儒士是以教书和相礼为职业的，他却只是一个"老教书匠"。他的教书有一个特别的地方，就是"有教无类"。他大招学生，不问身家，只要缴相当的学费就收。收来的学生，一律教他们读《诗》《书》等名贵的古籍，并教他们礼、乐等功课。这些从前是只有贵族才能够享受的，孔子是第一个将学术民众化的人。他又带着学生，周游列国，游说当世的君主，这也是从前没有的。他一个人开了讲学和游说的风气，是"士"阶级的老祖宗。他是旧文化、旧制度的辩护人，以这种姿态创始了所谓儒家。所谓旧文化、旧制度，主要的是西周的文化和制度，孔子相信是文王、周公创造的。继续文王、周公的事业，便是他给他自己的使命。他自己说，"述而不作，信而好古"，所述的，所信所好的，都是周代的文化和制度。《诗》《书》《礼》《乐》等是周文化的代表，所以他拿来作学生的必修科目。这些原是共同的遗产，但后来各家都讲自己的新学说，不讲这些，讲这些的始终只有"述而不作"的儒家。因此《诗》《书》《礼》《乐》等便成为儒家的专有品了。

孔子是个博学多能的人，他的讲学是多方面的。他讲学的目的在于养成"人"，养成为国家服务的人，并不在于养成某一家的学者。他教学生读各种书，学各种功课之外，更注重人格的修养。他说为人要有真性情，要有同情心，能够推己及人，这所谓"直""仁""忠""恕"；一面还得合乎礼，就是遵守社会的规范。凡事只问该做不该做，不必问有用无用；只重义，不计利。这样的人才配去干政治，为国家服务。孔子的政治学说，是"正名主义"。他想着当时制度的崩坏，阶级的紊乱，都是名不正的缘故。君没有君道，臣没有臣道，父没有父道，子没有子道，实和名不能符合起来，天下自然乱了。救时之道，便是"君君、臣臣、父父、子子"。正名定分，社会的秩序，封建的阶级便会恢复的。他是给封建制度找了一个理论的根据。这个正名主义，又是从《春秋》和古史官的种种书法归纳得来的。他所谓"述而不作"，其实是以述为作，就是理论化旧文化、旧制度，要将那些维持下去。他对于中国文化的贡献，便在这里。

荀子（约前313—前238）

孔子以后，儒家还出了两位大师，孟子和荀子。孟子名轲，邹人；荀子名况，赵人。这两位大师代表儒家的两派。他们也都拥护周代的文化和制度，但更进一步的加以理论化和理想化。孟子说人性是善的。人都有恻隐心、羞恶心、辞让心、是非心，这便是仁、义、礼、智等善端，只要能够加以扩充，便成善人。这些善端，又总称为"不忍人之心"。圣王本于"不忍人之心"，发为"不忍人之政"，便是"仁政""王政"。一切政治的、经济的制度都是为民设的，君也是为民设的——这却已经不是封建制度的精神了。和王政相对的是霸政。霸主的种种制作设施，有时也似乎为民，其实不过是达到好名、好利、好尊荣的手段罢了。荀子说人性是恶的。性是生之本然，里面不但没有善端，还有争夺放纵等恶端。但是人有相当聪明才力，可以渐渐改善学好；积久了，习惯自然，再加上专一的功夫，可以到圣人的地步。所以善是人为的。孟子反对功利，他却注重它。他论王霸的分别，也从功利着眼。孟子注重圣王的道德，他却注重圣王的威权。他说生民之初，纵欲相争，乱得一团糟，圣王建立社会国家，是为明分、息争的。礼是社会的秩序和规范，作用便在明分；乐是调和情感的，作用便在息争。他这样从功利主义出发，给一切文化和制度找到了理论的根据。

　　儒士多半是上层社会的失业流民，儒家所拥护的制度，所讲、所行的道德也是上层社会所讲、所行的。还有原业农工的下层失业流民，却多半成为武士。武士是以帮人打仗为职业的专家。墨翟便出于武士。墨家的创始者墨翟，鲁国人，后来做到宋国的大夫，但出身大概是很微贱的。"墨"原是做苦工的犯人的意思，大概是个浑名；"翟"是名字。墨家本是贱者，也就不辞用那个浑名自称他们的学派。墨家是有团体组织的，他们的首领叫作"巨子"，墨子

墨子纪念馆内景

大约就是第一任"巨子"。他们不但是打仗的专家,并且是制造战争器械的专家。

但墨家和别的武士不同,他们是有主义的。他们虽以帮人打仗为生,却反对侵略的打仗;他们只帮被侵略的弱小国家做防卫的工作。《墨子》里只讲守的器械和方法,攻的方面,特意不讲。这是他们的"非攻"主义。他们说天下大害,在于人的互争;天下人都该视人如己,互相帮助,不但利他,而且利己。这是"兼爱"主义。墨家注重功利,凡与国家人民有利的事情,才认为有价值。国家人民,利在富庶,凡能使人民富庶的事物是有用的,别的都是无益或有害。他们是平民的代言人,所以反对贵族的周代的文化和制度。他们主张"节葬""短丧""节用""非乐",都和儒家相反。他们说他们是以节俭勤苦的夏禹为法的。他们又相信有上帝和鬼神，能够赏善罚恶。这也是下层社会的旧信仰。儒家和墨家其实都是守旧的，不过一个守原来上层社会的旧，一个守原来下层社会的旧罢了。

压根儿反对一切文化和制度的是道家。道家出于隐士。孔子一生曾遇到好些"避世"之士，他们着实讥评孔子。这些人都是有知识学问的。他们看见时世太乱，难以挽救，便消极起来，对于世事，取一种不闻不问的态度。他们讥评孔子"知其不可而为之"，费力不讨好，他们自己便是知其不可而不为的、独善其身的聪明人。后来有个杨朱，也是这一流人，他却将这种态度理论化了，建立"为我"的学说。他主张"全生保真，不以物累形"。将天下给他，换他小腿上一根汗毛，他是不干的。天下虽大，是外物；一根毛虽小，却是自己的一部分。所谓"真"，便是自然。杨朱所说的只是教人因生命的自然，不加伤害，"避世"便是"全生保真"的路。不过世事变化无穷，避世未必就能避害，杨朱的教义到这里却穷了。老子、庄子的学说似乎便是从这里出发，加以扩充的。杨朱实在是道家的先锋。

老子相传姓李名耳，楚国隐士。楚人是南方新兴的民族，受周文化的影响很少，他们往往有极新的思想。孔子遇到那些隐士，也都在楚国，这似乎不是偶然的。庄子名周，宋国人，他的思想却接近楚人。老学以为宇宙间事物的变化，都遵循一定的公律，在天然界如此，在人事界也如此。这叫作"常"。顺应这些公律，便不须避害，自然能避害。所以说，"知常曰明"。事物变化的最大公律是物极则反。处世接物，最好先从反面下手。"将欲翕之，必固张之；将欲弱之，必固强之；将欲废之，必固兴之；将欲夺之，必固与之""大直若屈，大巧若拙，大辩若讷"。这样以退为进，便不至于有什么冲突了。因为物极则反，所以社会上政治上种种制度，推行起来，结果往往和原来目的相反。"法令滋彰，盗贼多有。"治天下本求有所作为，但这是费力不讨好的，不如排除一切制度，顺应自然，无为而为，不治而治。那就无不为，无不治了。自然就是"道"，就是天地万物所以生的总原理。物得道而生，是道的具体表现。一物所以生的原理叫作"德"，"德"是"得"的意思。所以宇宙万物都是自然的。这是老学的根本思想，也是庄学的根本思想。但庄学比老学更进一步。他们主张绝对的自由，绝对的平等。天地万物，无时不在变化之中，不齐是自然的。一切但须顺其自然，所有的分别，所有的标准，都是不必

明嘉靖青铜老子骑牛香薰

要的。社会上、政治上的制度，硬教不齐的齐起来，只徒然伤害人性罢了。所以圣人是要不得的，儒、墨是"不知耻"的。按庄学说，凡天下之物都无不好，凡天下的意见，都无不对；无所谓物我，无所谓是非。甚至死和生也都是自然的变化，都是可喜的。明白这些个，便能与自然打成一片，成为"无入而不自得"的至人了。老、庄两派，汉代总称为道家。

庄学排除是非，是当时"辩者"的影响。"辩者"汉代称为名家，出于讼师。辩者的一个首领郑国邓析，便是春秋末年著名的讼

师。另一个首领梁相惠施，也是法律行家。邓析的本事在对于法令能够咬文嚼字的取巧，"以是为非，以非为是"。语言文字往往是多义的。他能够分析语言文字的意义，利用来作种种不同甚至相反的解释。这样发展了辩者的学说。当时的辩者有惠施和公孙龙两派。惠施派说，世间各个体

庄子（约前 369—前 286）

的物，各有许多性质；但这些性质，都因比较而显，所以不是绝对的。各物都有相同之处，也都有相异之处。从同的一方面看，可以说万物无不相同；从异的一方面看，可以说万物无不相异。同异都是相对的，这叫作"合同异"。

公孙龙，赵人。他这一派不重个体而重根本，他说概念有独立分离的存在。譬如一块坚而白的石头，看的时候只见白，没有坚；摸的时候只觉坚，不见白。所以白性与坚性两者是分离的。况且天下白的东西很多，坚的东西也很多，有白而不坚的，也有坚而不白的。也可见白性与坚性是分离的，白性使物白，坚性使物坚；这些虽然必须因具体的物而见，但实在有着独立的存在，不过是潜存罢了。这叫作"离坚白"。这种讨论与一般人感觉和常识相反，所以当时以为"怪说""琦辞""辩而无用"。但这种纯理论的兴趣，在哲学上是有它的价值的。至于辩者对于社会政治的主张，却近于墨家。

儒、墨、道各家有一个共通的态度，就是托古立言；他们都假托古圣贤之言以自重。孔子托于文王、周公，墨子托于禹，孟子托于尧、舜，老、庄托于传说中尧、舜以前的人物；一个比一个古，

一个压一个。不托古而变古的只有法家。法家出于"法术之士"，法术之士是以政治为职业的专家。贵族政治崩坏的结果，一方面是平民的解放，一方面是君主的集权。这时候国家的范围，一天一天扩大，社会的组织也一天一天复杂。人治、礼治，都不适用了。法术之士便创一种新的政治方法帮助当时的君主整理国政，作他们的参谋。这就是法治。当时现实政治和各方面的趋势是变古——尊君权、禁私学、重富豪。法术之士便拥护这种趋势，加以理论化。

他们中间有重势、重术、重法三派，而韩非子集其大成。他本是韩国的贵族，学于荀子。他采取荀学、老学和辩者的理论，创立他的一家言；他说势、术、法三者都是"帝王之具"，缺一不可。势的表现是赏罚，赏罚严，才可以推行法和术。因为人性究竟是恶的。术是君主驾御臣下的技巧。综核名实是一个例。譬如教人做某官，按那官的名位，该能做出某些成绩来，君主就可以照着去考核，看他名实能相副否。又如臣下有所建议，君主便叫他去做，看他能照所说的做到否。名实相副的赏，否则罚。法是规矩准绳，明主制下了法，庸主只要守着，也就可以治了。君主能够兼用法、术、势，就可以一驭万，以静制动，无为而治。诸子都讲政治，但都是非职业的，多偏于理想。只有法家的学说，从实际政治出发，切于实用。中国后来的政治，大部分是受法家的学说支配的。

古代贵族养着礼、乐专家，也养着巫祝、术数专家。礼、乐原来的最大的用处在丧、祭。丧、祭用礼、乐

韩非子（前281—前233）

专家，也用巫祝，这两种人是常在一处的同事。巫祝固然是迷信的，礼、乐里原先也是有迷信成分的。礼、乐专家后来沦为儒士，巫祝术数专家便沦为方士。他们关系极密切，所注意的事有些是相同的。汉代所称的阴阳家便出于方士。古代术数注意于所谓"天人之际"，以为天道人事互相影响。战国末年有些人更将这种思想推行起来，并加以理论化，使它成为一贯的学说。这就是阴阳家。

当时阴阳家的首领是齐人驺衍。他研究"阴阳消息"，创为"五德终始"说。"五德"就是五行之德。五行是古代的信仰。驺衍以为五行是五种天然势力，所谓"德"。每一德，各有盛衰的循环。在它当运的时候，天道人事，都受它支配。等到它运尽而衰，为别一德所胜、所克，别一德就继起当运。木胜土，金胜木，火胜金，水胜火，土胜水，这样"终始"不息。历史上的事变都是这些天然势力的表现。每一朝代，代表一德，朝代是常变的，不是一家一姓可以永保的。阴阳家也讲仁义名分，却是受儒家的影响。那时候儒家也在开始受他们的影响，讲《周易》，作《易传》。到了秦汉间，儒家更几乎与他们混和为一，西汉今文家的经学大部便建立在阴阳家的基础上。后来"古文经学"虽然扫除了一些"非常""可怪"之论，但阴阳家的思想已深入人心，牢不可拔了。

秦始皇兵马俑

战国末期，一般人渐渐感着统一思想的需要，秦相吕不韦便是作这种尝试的第一个人。他教许多门客合撰了一部《吕氏春秋》。现在所传的诸子书，大概都是汉人整理编定的；他们大概是将同一学派的各篇编辑起来，题为某子。所以都不是有系统的著作。《吕氏春秋》却不然，它是第一部完整的书。吕不韦所以编这部书，就是想化零为整，集合众长，统一思想。他的基调却是道家。秦始皇统一天下，李斯为相，实行统一思想。他烧书，禁天下藏"《诗》《书》百家语"。但时机到底还未成熟，而秦不久也就亡了，李斯是失败了。所以汉初诸子学依然很盛。

　　到了汉武帝的时候，淮南王刘安仿效吕不韦的故智，教门客编了一部《淮南子》，也以道家为基调，也想来统一思想。但成功的不是他，是董仲舒。董仲舒向武帝建议："'六经'和孔子的学说以外，各家一概禁止。邪说息了，秩序才可统一，标准才可分明，人民才知道他们应走的路。"武帝采纳了他的话。从此，帝王用功名利禄提倡他们所定的儒学，儒学统于一尊；春秋战国时代言论思想极端自由的空气便消灭了。这时候政治上既开了从来未有的大局面，社会和经济各方面的变动也渐渐凝成了新秩序，思想渐归于统一，也是自然的趋势。在这新秩序里，农民还占着大多数，宗法社会还保留着，旧时的礼教与制度一部分还可适用，不过民众化了罢了。另一方面，要创立政治上、社会上各种新制度，也得参考旧的。这里便非用儒者不可了。儒者通晓以前的典籍，熟悉以前的制度，而又能够加以理想化、理论化，使那些东西秩然有序，粲然可观。别家虽也有政治社会学说，却无具体的办法，就是有，也不完备，赶不上儒家，在这建设时代，自然不能和儒学争胜。儒学的独尊，也是当然的。

辞赋第十一

屈原是我国历史里永被纪念着的一个人。旧历五月五日端午节，相传便是他的忌日；他是投水死的，竞渡据说原来是表示救他的，粽子原来是祭他的。现在定五月五日为诗人节，也是为了纪念的缘故。他是个忠臣，而且是个缠绵悱恻的忠臣；他是个节士，而且是个浮游尘外、清白不污的节士。"举世皆浊而我独清，众人皆醉而我独醒"，他的身世是一出悲剧。可是他永生在我们的敬意尤其是我们的同情里。"原"是他的号，"平"是他的名字。他是楚国的贵族，怀王时候，做"左徒"的官。左徒好像现在的秘书。他很有学问，熟悉历史和政治，口才又好。一方面参赞国

屈原（约前 340—前 278）

事，一方面给怀王见客，办外交，头头是道。怀王很信任他。

当时楚国有亲秦、亲齐两派，屈原是亲齐派。秦国看见屈原得势，便派张仪买通了楚国的贵臣上官大夫、靳尚等，在怀王面前说他的坏话。怀王果然被他们所惑，将屈原放逐到汉北去。张仪便劝怀王和齐国绝交，说秦国答应割地六百里。楚和齐绝了交，张仪却说答应的是六里。怀王大怒，便举兵伐秦，不料大败而归。这时候想起屈原来了，将他召回，教他出使齐国。亲齐派暂时抬头。但是亲秦派不久又得势。怀王终于让秦国骗了去，拘留着，就死在那里。这件事是楚人最痛心的，屈原更不用说了。可是怀王的儿子顷襄王，却还是听亲秦派的话，将他二次放逐到江南去。他流浪了九年，秦国的侵略一天紧似一天；他不忍亲见亡国的惨象，又想以一死来感悟顷襄王，便自沉在汨罗江里。

《楚辞》中《离骚》和《九章》的各篇，都是他放逐时候所作。《离骚》尤其是千古流传的杰构。这一篇大概是二次被放时作的。他感念怀王的信任，却恨他糊涂，让一群小人蒙蔽着，播弄着。而顷襄王又不能觉悟，以致国土日削，国势日危。他自己呢，"信而见疑，忠而被谤"，简直走投无路，满腔委屈，千端万绪的，没人可以诉说。终于只能告诉自己的一支笔，《离骚》便是这样写成的。"离骚"是"别愁"或"遭忧"的意思。他是个富于感情的人，那一腔遏抑不住的悲愤，随着他的笔奔进出来，"东一句，西一句，天上一句，地下一句"，只是一片一段的，没有篇章可言。这和人在疲倦或苦痛的时候，叫"妈呀！""天哪！"一样；心里乱极了，闷极了，叫叫透一口气，自然是顾不到什么组织的。

篇中陈说唐、虞、三代的治，桀、纣、羿、浇的乱，善恶因果，历历分明，用来讽刺当世，感悟君王。他又用了许多神话里的譬喻和动植物的譬喻，委曲地表达出他对于怀王的忠爱，对于贤人君子的向往，对于群小的深恶痛疾。他将怀王比作美人，他是"求之不得""辗转反侧"，情辞凄切，缠绵不已。他又将贤臣比作香草。"美人香草"从此便成为政治的譬喻，影响后来解诗、作诗的人很大。汉淮南王刘安作《离骚传》说："《国风》好色而不淫，《小雅》怨诽而不乱，若《离骚》者可谓兼之矣。""好色而不淫"似乎就指美人香草用作政治的譬喻而言；"怨诽而不乱"是怨而不怒的意思。虽然我们相信《国风》的男女之辞并非政治的譬喻，但断章取义，淮南王的话却是《离骚》的确切评语。

　　《九章》的各篇原是分立的，大约汉人才合在一起，给了"九章"的名字。这里面有些是屈原初次被放时作的，有些是二次被放时作的。差不多都是"上以讽谏，下以自慰"，引史事，用譬喻，也和《离骚》一样。《离骚》里记着屈原的世系和生辰，这几篇里也记着他放逐的时期和地域，这些都可以算是他的自叙传。他还作了《九歌》《天问》《远游》《招魂》等，却不能算自叙传，也"不皆是怨君"，后世都说成怨君，便埋没了他的别一面的出世观了。他其实也是一"子"，也是一家之学。这可以说是神仙家，出于巫。《离骚》里说到周游上下四方，驾车的动物，驱使的役夫，都是神话里的。《远游》更全是说的周游上下四方的乐处。这种游仙的境

九歌图

303

界，便是神仙家的理想。

《远游》开篇说，"悲时俗之迫厄兮，愿轻举而远游"，篇中又说，"临不死之旧乡"。人间世太狭窄了，也太短促了，人是太不自由自在了。神仙家要无穷大的空间，所以要周行无碍，要无穷久的时间，所以要长生不老。他们要打破现实的、有限的世界，用幻想创出一个无限的世界来。在这无限的世界里，所有的都是神话里的人物，有些是美丽的，也有些是丑怪的。《九歌》里的神大都可爱；《招魂》里一半是上下四方的怪物，说得顶怕人的，可是一方面也奇诡可喜。因为注意空间的扩大，所以对于天地、山川、日月、星辰，在在都有兴味。《天问》里许多关于天文地理的疑问，便是这样来的。一面惊奇天地之广大，一面也惊奇人事之诡异——善恶因果，往往有不相应的。《天问》里许多关于历史的疑问，便从这里着眼。这却又是他的入世观了。

要达到游仙的境界，须要"虚静以恬愉""无为而自得"，还须

郭沫若题词的屈原纪念馆

导引养生的修炼功夫，这在《远游》里都说了。屈原受庄学的影响极大。这些都是庄学。周行无碍，长生不老，以及神话里的人物，也都是庄学。但庄学只到"我"与自然打成一片而止，并不想创造一个无限的世界。神仙家似乎比庄学更进了一步。神仙家也受阴阳家的影响。阴阳家原也讲天地广大，讲禽兽异物的。阴阳家是齐学。齐国滨海，多有怪诞的思想。屈原常常出使到那里，所以也沾了齐气。还有齐人好"隐"。"隐"是"遁词以隐意，谲譬以指事"，是用一种滑稽的态度来讽谏。淳于髡可为代表。楚人也好"隐"。屈原是楚人，而他的思想又受齐国的影响，他爱用种种政治的譬喻，大约也不免沾点齐气。但是他不取滑稽的态度，他是用一副悲剧面孔说话的。《诗大序》所谓"谲谏"，所谓"言之者无罪，闻之者足以戒"，倒是合适的说明。至于像《招魂》里的铺张排比，也许是纵横家的风气。

《离骚》各篇多用"兮"字足句，句逗以参差不齐为主。"兮"字足句，三百篇中已经不少。句逗参差，也许是"南音"的发展。"南"本是南乐的名称；三百篇中的二南，本该与风、雅、颂分立为四。二南是楚诗，乐调虽已不能知道，但和风、雅、颂必有异处。从二南到《离骚》，现在只能看出句逗由短而长、由齐而畸的一个趋势；这中间变迁的轨迹，我们还能找到一些。总之，绝不是突如其来的。这句逗的发展，大概多少有音乐的影响。从《汉书·王褒传》，可以知道楚辞的诵读是有特别的调子的，这正是音乐的影响。屈原诸作奠定了这种体制，模拟的日渐其多。就中最出色的是宋玉，他作了《九辩》，宋玉传说是屈原的弟子。《九辩》的题材和体制都模拟《离骚》和《九章》，算是代屈原说话，不过没有屈原那样激切罢了。宋玉自己可也加上一些新思想。他是第一个描写"悲秋"的人。还有个景差，据说是《大招》的作者；《大招》是模拟《招魂》的。

到了汉代，模拟《离骚》的更多，东方朔、王褒、刘向、王逸都走着宋玉的路。大概武帝时候最盛，以后就渐渐地差了。汉人称这种体制为"辞"，又称为"楚辞"。刘向将这些东西编辑起来，成为《楚辞》一书。东汉王逸给作注，并加进自己的拟作，叫作《楚辞章句》。北宋洪兴祖又作《楚辞补注》；《章句》和《补注》合为《楚辞》标准的注本。但汉人又称《离骚》等为"赋"。《史记·屈原传》说他"作《怀沙》之赋"。《怀沙》是《九章》之一，本无"赋"名。《传》尾又说，"宋玉、唐勒、景差之徒，皆好辞而以赋见称"。《汉书·艺文志·诗赋略》列"屈原赋二十五篇"，就是《离骚》等。大概"辞"是后来的名字，专指屈、宋一类作品。

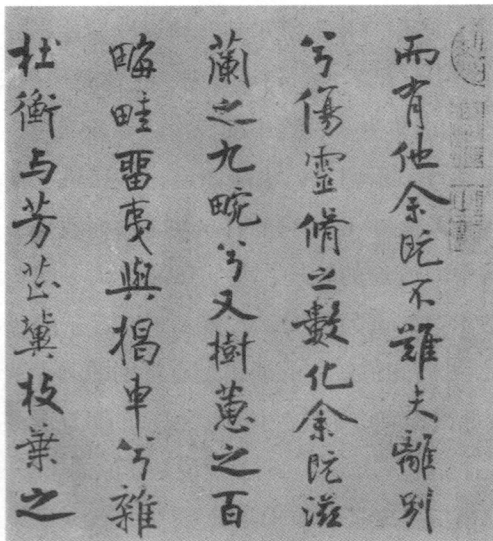

米芾书法《离骚》（局部）

赋虽从辞出，却是先起的名字，在未采用"辞"的名字以前，本包括"辞"而言。所以浑言称"赋"，称"辞赋"，分言称"辞"和"赋"。后世引述屈、宋诸家，只通称"楚辞"，没有单称"辞"的。但却有称"骚""骚体""骚赋"的，这自然是《离骚》的影响。

荀子的《赋篇》最早称"赋"。篇中分咏"礼""知""云""蚕""箴"（针）五件事物，像是谜语，其中颇有讽世的话，可以说是"隐"的支流余裔。荀子久居齐国的稷下，又在楚国做过县令，死在那里。他的好"隐"，也是自然的。《赋篇》总题分咏，自然和后来的赋不同，但是安排客主，问答成篇，却开了后来赋家的风气。荀赋和屈辞原来似乎各是各的，这两体的合一，也许是在贾谊手里。贾谊是荀卿的再传弟子，他的境遇却近于屈原，又久居屈原的故乡，很可能的，他模拟屈原的体制，却袭用了荀卿的"赋"的名字。这种赋日渐发展，屈原诸作也便被称为"赋"。"辞"的名字许是后来因为拟作多了，才分化出来，作为此体的专称的。辞本是"辩解的言语"的意思，用来称屈、宋诸家所作，倒也并无不合之处。

《汉书·艺文志·诗赋略》分赋为四类。"杂赋"十二家是总集，可以不论。屈原以下二十家，是言情之作。陆贾以下二十一家，已佚，大概近于纵横家言。就中"陆贾赋三篇"，在贾谊之先，但作品既不可见，是他自题为赋，还是后人追题，不能知道，只好存疑了。荀卿以下二十五家，大概是叙物明理之作。这三类里，贾谊以后各家，多少免不了屈原的影响，但已渐有散文化的趋势；第一类中的司马相如便是创始的人。——托为屈原作的《卜居》《渔父》，通篇散文化，只有几处用韵，似乎是《庄子》和荀赋的混合体制，又当别论。——散文化更容易铺张些。"赋"本是"铺"的意思，铺张倒是本来面目。可是铺张的作用原在讽谏，这时候却为铺张而铺张，所谓"劝百而讽一"。当时汉武帝好辞赋，作者极众，争相竞胜，所以致此。扬雄说，"诗人之赋丽以则，辞人之赋丽以淫"。"诗人之赋"便是前者，"辞人之赋"便是后者。甚至有诙谐嫚戏，毫无主旨的。难怪辞赋家会被人鄙视为倡优了。

东汉以来，班固作《两都赋》，"概众人之所眩曜，折以今之法度"。张衡仿他作《二京赋》，晋左思又仿作《三都赋》。这种赋铺叙历史地理，近于后世的类书，是陆贾、荀卿两派的混合，是散文的更进一步。这和屈、贾言情之作却迥不相同了。此后赋体渐渐缩短，字句却整炼起来。那时期一般诗文都趋向排偶化，赋先是领着走，后来是跟着走，作赋专重写景述情，务求精巧，不再用来讽谏。这种赋发展到齐、梁、唐初为极盛，称为"俳体"的赋。"俳"是游戏的意思，对讽谏而言，其实这种作品倒也并非滑稽戏之作。唐代古文运动起来，宋代加以发挥光大，诗文不再重排偶而趋向散文化，赋体也变了。像欧阳修的《秋声赋》，苏轼的前、后《赤壁赋》，虽然有韵而全篇散行，排偶极少，比《卜居》《渔父》更其散文的。这称为"文体"的赋。唐宋两代，以诗赋取士，规定程式。那种赋定为八韵，调平仄，讲对仗，制题新巧，限韵险难。这只是一种技艺罢了。这称为"律赋"。对"律赋"而言，"俳体"和"文体"的赋都是"古赋"；这"古赋"的名字和"古文"的名字差不多，真正"古"的如屈、宋的辞，汉人的赋，倒是不包括在内的。赋似乎是我国特有的体制；虽然有韵，而就它全部的发展看，却与文近些，不算是诗。

诗第十二

汉武帝立乐府，采集代、赵、秦、楚的歌谣和乐谱，教李延年作协律都尉，负责整理那些歌辞和谱子，以备传习唱奏。当时乐府里养着各地的乐工好几百人，大约便是演奏这些乐歌的。歌谣采来以后，他们先审查一下。没有谱子的，便给制谱；有谱子的，也得看看合适不合适，不合适的地方，便给改动一些。这就是"协律"的工作。歌谣的"本辞"合乐时，有的保存原来的样子，有的删节，有的加进些复沓的甚至不相干的章句。"协律"以乐为主，只要合调，歌辞通不通，他们是不大在乎的。他们有时还在歌辞里夹进些泛声；"辞"写大字，"声"写小字。但流传久了，声辞混杂起来，后世便

李延年

309

不容易看懂了。这种种乐歌，后来称为"乐府诗"，简称就叫"乐府"。北宋太原郭茂倩收集汉乐府以下历代合乐的和不合乐的歌谣，以及模拟之作，成为一书，题作《乐府诗集》。他所谓"乐府诗"，范围是很广的。就中汉乐府，沈约《宋书·乐志》特称为"古辞"。

汉乐府的声调和当时称为"雅乐"的三百篇不同，所采取的是新调子。这种新调子有两种："楚声"和"新声"。屈原的辞可为楚声的代表。汉高祖是楚人，喜欢楚声。楚声比雅乐好听，一般人不用说也是喜欢楚声的，楚声便成了风气。武帝时乐府所采的歌谣，楚以外虽然还有代、赵、秦各地的，但声调也许差不很多。那时却又输入了新声。新声出于西域和北狄的军歌，李延年多多采取这种调子唱奏歌谣，从此大行，楚声便让压下去了。楚声的句调比较雅乐参差得多，新声的更比楚声参差得多。可是楚声里也有整齐的五言，楚调曲里各篇更全然如此，像著名的《白头吟》《梁甫吟》《怨歌行》都是的。这就是五言诗的源头。

汉乐府以叙事为主。所叙的社会故事和风俗最多，历史及游仙的故事也占一部分。此外便是男女相思和离别之作，格言式的教训，人生的慨叹等等。这些都是一般人所喜欢的题材。用一般人所喜欢的调子，歌咏一般人所喜欢的题材，自然可以风靡一世。哀帝即位，却以为这些都是不正经的乐歌，他废了乐府，裁了多一半乐工——共四百四十一人，——大概都是唱奏各地乐歌的。当时颇想恢复雅乐，但没人懂得，只好罢了。不过一般人还是爱好那些乐歌。这风气直到汉末不变。东汉时候，这些乐歌已经普遍化，文人仿作的渐多，就中也有仿作整齐的五言的，像班固《咏史》。但这种五言的拟作极少，而班固那一首也未成熟，钟嵘在《诗品序》里评为"质木无文"，是不错的。直到汉末，一般文体都走向整炼一路，试验这五言体的便多起来，而最高的成就是《文选》所录的《古诗十九首》。

旧传最早的五言诗，是《古诗十九首》和苏武、李陵诗，说"十九首"里有七首是枚乘作的，和苏、李诗都出现于汉武帝时代。但据近来的研究，这十九首古诗实在都是汉末的作品，和苏、李诗虽题了苏、李的名字，却不合于他们的事迹，从风格上看，大约也和"十九首"出现在差不多的时候。这十九首古诗并非一人之作，也非一时之作，但都模拟言情的乐府。歌咏的多是相思离别，以及人生无常、当及时行乐的意思，也有对于邪臣当道、贤人放逐、朋友富贵相忘、知音难得等事的慨叹。这些都算是普遍的题材，但后一类是所谓"失志"之作，自然兼受了《楚辞》的影响。钟嵘评古诗，"可谓几乎一字千金"。因为所咏的几乎是人人心中所要说的，却不是人人口中、笔下所能说的，而又能够那样平平说出，曲曲说出，所以是好。"十九首"只像对朋友说家常话，并不在字面上用工夫，而自然达意，委婉尽情，合于所谓"温柔敦厚"的诗教。到唐为止，这是五言诗的标准。

汉献帝建安年间（公元 196—219 年），文学极盛，曹操和他的儿子曹丕、曹植两兄弟是文坛的主持人，而曹植更是个大诗家。这时乐府声调已多失传，他们却用乐府旧题，改作新词，曹丕、曹植兄弟尤其努力在五言体上。他们一班人也作独立的五言诗。叙游宴，述恩荣，开后来应酬一派。但只求明白诚恳，还是歌谣本色。就中曹植在曹丕做了皇帝之后，颇受猜忌，忧患的情感，时时流露在他的作品里。诗中有了"我"，所以独成大家。这时候五言作者既多，开始有了工拙的评论，曹丕说刘桢"五言诗之善者，妙绝时人"，便是例子。但真正奠定了五言诗的基础的是魏代的阮籍，他是第一个用全力作五言诗的人。

阮籍是老、庄和屈原的信徒。他生在魏晋交替的时代，眼见司马氏三代专权，欺负曹家，压迫名士，一肚皮牢骚只得发泄在酒和诗里。他作了《咏怀诗》八十多首，述神话，引史事，叙艳情，托于鸟兽草木之名，主旨不外说富贵不能常保，祸患随时可至，年岁有限，一般人钻在利禄的圈子里，不知放怀远大，真是可怜之极。他的诗充满了这种悲悯的情感，"忧思独伤心"一句可以表见。这里《楚辞》的影响很大。钟嵘说他"源出于《小雅》"，似乎是皮相之谈。本来五言诗自始就脱不了《楚辞》的影响，不过他尤其如此。他还没有用心琢句，但语既浑括，譬喻又多，旨趣更往往难详。这许是当时的不得已，却因此增加了五言诗文人化的程度。他是这样扩大了诗的范围，正式成立了抒情的五言诗。

晋代诗渐渐排偶化、典故化。就中左思的《咏史诗》，郭璞的《游仙诗》，也取法《楚辞》，借古人及神仙抒写自己的怀抱，为后世所宗。郭璞是东晋初的人。跟着就流行了一派玄言诗。孙绰、许询是领袖。他们作诗，只是融化老、庄的文句，抽象说理，所以钟嵘说像"道德论"。这种诗千篇一律，没有"我"。《兰亭集诗》各人所作四言、五言各一首，都是一个味儿，正是好例。但在这种影响下，却孕育了陶渊明和谢灵运两个大诗人。陶渊明，浔阳柴桑人，做了几回小官，觉得做官不自由，终于回到田园，躬耕自活。他也是老、庄的信徒，从躬耕里领略到自然的恬美和人生的道理。他是第一个将田园生活描写在诗里的人。他的躬耕免祸的哲学也许不是新的，可都是他从真实生活里体验得来的，与口头的玄理不同，所以亲切有味。诗也不妨说理，但须有理趣，他的诗能够做到这一步。他作诗也只求明白诚恳，不排不典。他的诗是散文化的，

文征明书法《归去来兮辞》

这违反了当时的趋势，所以《诗品》只将他放在中品里。但他后来确成了千古"隐逸诗人之宗"。

　　谢灵运，宋时做到临川太守。他是有政治野心的，可是不得志。他不但是老、庄的信徒，也是佛的信徒。他最爱游山玩水，常常领了一群人到处探奇访胜；他的自然的哲学和出世的哲学教他沉溺在山水的清幽里。他是第一个在诗里用全力刻画山水的人；他也可以说是第一个用全力雕琢字句的人。他用排偶，用典故，却能创造新鲜的句子，不过描写有时不免太繁重罢了。他在赏玩山水的时候，也常悟到一些隐遁的、超旷的人生哲理，但写到诗里，不能和那精巧的描写打成一片，像硬装进去似的。这便不如陶渊明的理趣足，但比那些"道德论"自然高妙得多。陶诗教给人怎样赏味田园，谢诗教给人怎样赏味山水；他们都是发现自然的诗人。陶是写意，谢是工笔。谢诗从制题到造句，无一不是工笔，他开了后世诗人着意描写的路子。他所以成为大家，一半也在这里。

齐武帝永明年间（公元 483—493 年），"声律说"大盛。四声的分别，平仄的性质，双声叠韵的作用，都有人指出，让诗文作家注意。从前只着重句末的韵，这时更着重句中的"和"。"和"就是念起来顺口，听起来顺耳。从此诗文都力求谐调，远于语言的自然。这时的诗，一面讲究用典，一面讲究声律，不免有侧重技巧的毛病。到了梁简文帝，又加新变，专咏艳情，称为"宫体"，诗的境界更狭窄了。这种形式与题材的新变，一直影响到唐初的诗。这时候七言的乐歌渐渐发展。汉、魏文士仿作乐府，已经有七言的，但只零星偶见，后来舞曲里常有七言之作。到了宋代，鲍照有《行路难》十八首，人生的感慨颇多，和舞曲描写声容的不一样，影响唐代的李白、杜甫很大。但是梁以来七言的发展，却还跟着舞曲的路子。不跟着鲍照的路子，这些都是宫体的谐调。

唐代谐调发展，成立了律诗绝句，称为近体；不是谐调的诗，称为古体；又成立了古近体的七言诗。古体的五言诗也变了格调。这些都是划时代的。初唐时候，大体上还继续着南朝的风气，辗转在艳情的圈子里。但是就在这时候，沈佺期、宋之问奠定了律诗的体制。南朝论声律，只就一联两句说；沈、宋却能看出谐调有四种句式。两联四句才是谐调的单位，可以称为周期。这单位后来写成"仄仄平平仄 平平仄仄平 平平平仄仄 仄仄仄平平"的谱。沈、宋在一首诗里用两个周期，就是重叠一次，这样，声调便谐和富厚，又不致单调，这就是八句的律诗。律有"声律""法律"两义。律诗体制短小，组织必须经济，才能发挥它的效力，"法律"便是这个意思。但沈、宋的成就只在声律上，"法律"上的进展，还等待后来的作家。

宫体诗渐渐有人觉得腻味了，陈子昂、李白等说这种诗颓靡浅薄，没有价值。他们不但否定了当时古体诗的题材，也否定了那些诗的形式。他们的五言古体，模拟阮籍的《咏怀》，但是失败了。一般作家却只大量的仿作七言的乐府歌行，带着多少的排偶与谐调。——当时往往就这种歌行里截取谐调的四句入乐奏唱。——可是李白更撇开了排偶和谐调，作他的七言乐府。李白，蜀人，明皇时做供奉翰林，触犯了杨贵妃，不能得志。他是个放浪不羁的人，便辞了职，游山水，喝酒，作诗。他的乐府很多，取材很广。他是借着乐府旧题来抒写自己生活的。他的生活态度是出世的，他作诗也全任自然。人家称他为"天上谪仙人"，这说明了他的人和他的诗。他的歌行增进了七言诗的价值，但他的绝句更代表着新制。绝句是五言或七言的四句，大多数是谐调。南北朝民歌中，五言四句的谐调最多，影响了唐人；南朝乐府里也有七言四句的，但不太多。李白和别的诗家纷纷制作，大约因为当时输入的西域乐调宜于这体制，作来可供宫廷及贵人家奏唱。绝句最短小，贵含蓄，忌说尽。李白所作，自然而不觉费力，并且暗示着超远的境界，他给这新体诗立下了一个标准。

李白（701—762）

315

但是真正继往开来的诗人是杜甫。他是河南巩县人。安禄山陷长安，肃宗在灵武即位，他从长安逃到灵武，做了"左拾遗"的官，因为谏救房琯，被放了出去。那时很乱，又是荒年，他辗转流落到成都，依靠故人严武，做到"检校工部员外郎"，所以后来称为杜工部。他在蜀中住了很久。严武死后，他避难到湖南，就死在那里。他是儒家的信徒，"致君尧舜上，再使风俗淳"是他的素志。又身经乱离，亲见了民间疾苦。他的诗努力描写当时的情形，发抒自己的感想。唐代以诗取士，诗原是应试的玩意儿，诗又是供给乐工歌妓唱了去伺候宫廷及贵人的玩意儿。李白用来抒写自己的生活，杜甫用来抒写那个大时代，诗的领域扩大了，价值也增高了。而杜甫写"民间的实在痛苦，社会的实在问题，国家的实在状况，人生的实在希望与恐惧"，更给诗开辟了新世界。

他不大仿作乐府，可是他描写社会生活正是乐府的精神，他的写实的态度也是从乐府来的。他常在诗里发议论，并且引证经史百家；但这些议论和典故都是通过了他的满腔热情奔进出来的，所以还是诗。他这样将诗历史化和散文化，他这样给诗创造了新语言。古体的七言诗到他手里正式成立，古体的五言诗到他手里变了格调。从此"温柔敦厚"之外，又开了"沉着痛快"一派。五言律诗，王维、孟浩然已经不用来写艳情而用来写山水，杜甫却更用来表现广大的实在的人生。他的七言律诗，也是如此。他作律诗很用心在组织上。他的五言律诗最多，差不多穷尽了这体制的变化。他的绝句直述胸怀，嫌没有余味，但那些描写片段的生活印象的，却也不缺少暗示的力量。他也能欣赏自然，晚年所作，颇有清新的刻画的句子。他又是个有谐趣的人，他的诗往往透着滑稽的风味。但这种滑稽的风味和他的严肃的态度调和得那样恰到好处，一点也不至于减损他和他的诗的身份。

杜甫的影响直贯到两宋时代，没有一个诗人不直接、间接学他的，没有一个诗人不发扬光大他的。古文家韩愈，跟着他将诗进一步散文化，而又造奇喻，押险韵，铺张描写，像汉赋似的。他的诗逞才使气，不怕说尽，是"沉着痛快"的诗。后来有元稹、白居易二人在政治上都升沉了一番，他们却继承杜甫写

杜甫（712—770）

实的表现人生的态度。他们开始将这种态度理论化，主张诗要"上以补察时政，下以泄导人情""嘲风雪，弄花草"是没有意义的。他们反对雕琢字句，主张诚实自然。他们将自己的诗分为"讽谕"的和"非讽谕"的两类。他们的诗却容易懂，又能道出人人心中的话，所以雅俗共赏，一时风行。当时最流传的是他们新创的谐调的七言叙事诗，所谓"长庆体"的，还有社会问题诗。

晚唐诗向来推李商隐、杜牧为大家。李一生辗转在党争的影响中，他和温庭筠并称，他们的诗又走回艳情一路。他们集中力量在律诗上，用典精巧，对偶整切。但李学杜、韩，器局较大，他的艳情诗有些实在是政治的譬喻，实在是感时伤事之作，所以地位在温之上。杜牧做了些小官儿，放荡不羁，而很负盛名，人家称为小杜——老杜是杜甫。他的诗词采华艳，却富有纵横气，又和温、李不同。然而都可以归为绮丽一派。这时候别的诗家也集中力量在律诗上。一些人专学张籍、贾岛的五言律，这两家都重苦吟，总琢磨

着将平常的题材写得出奇，所以思深语精，别出蹊径。但是这种诗写景有时不免琐屑，写情有时不免偏僻，便觉不大方。这是僻涩一派。另一派出于元、白，作诗如说话，嬉笑怒骂，兼而有之，又时时杂用俗语。这是粗豪一派。这些其实都是杜甫的鳞爪，也都是宋诗的先驱。绮丽一派只影响宋初的诗，僻涩、粗豪两派却影响了宋一代的诗。

宋初的诗专学李商隐，末流只知道典故对偶，真成了诗玩意儿。王禹偁独学杜甫，开了新风气。欧阳修、梅尧臣接着发现了韩愈，起始了宋诗的散文化。欧阳修曾遭贬谪，他是古文家。梅尧臣一生不得志。欧诗虽学韩，却平易疏畅，没有奇险的地方。梅诗幽深淡远，欧评他"譬如妖韶女，老自有余态""初如食橄榄，其味久愈在"。宋诗散文化，到苏轼而极。他是眉州眉山（今四川眉山）人，因为攻击王安石的新法，一辈子升沉在党争中。他将禅理大量的放进诗里，开了一个新境界。他的诗气象宏阔，铺叙宛转，又长于譬喻，真到用笔如舌的地步，但不免"掉书袋"的毛病。他门下出了一个黄庭坚，是第一个有意地讲究诗的技巧的人。他是洪州分宁（今江西修水）人，也因党争的影响，屡遭贬谪，终于死在贬所。他作诗着重锻炼，着重句律。句律就是篇章字句的组织与变化。他开了江西诗派。

刘克庄《江西诗派小序》说他"荟萃百家句律之长，究极历代体制之变，搜猎奇书，穿穴异闻，作为古律，自成一家，虽只字半句不轻出"。他不但讲究句律，并且讲究运用经史以至奇书异闻，来增富他的诗。这些都是杜甫传统的发扬光大。王安石已经提倡杜诗，但到黄庭坚，这风气才昌盛。黄还是继续将诗散文化，但组织得更经济些。他还是在创造那阔大的气象，但要使它更富厚些。他所求的是新变。他研究历代诗的利病，将作诗的规矩得失，指示给后学，教他们知道路子，自己去创造，发展到变化不测的地步，所以能够独开一派。他不但创新，还主张点化陈腐以为新。创新需要人才，点化陈腐，中才都可勉力作去。他不但能够"以故为新"，并且能够"以俗为雅"。其实宋诗都可以说是如此，不过他开始有意运用这两个原则罢了。他的成就尤其在七言律上，组织固然更精密，音调也谐中有拗，使每个字都斩绝地站在纸面上，不至于随口滑过去。

南宋的三大诗家都是从江西派变化出来的。杨万里为人有气节；他的诗常常变格调。写景最工，新鲜活泼的譬喻，层见叠出，而且不碎不僻，能从大处下手。写人的情意，也能铺叙纤悉，曲尽其妙；所谓"笔端有口，句中有眼"。他作诗只是自然流出，可是一句一转，一转一意，所以只觉得熟，不觉得滑。不过就全诗而论，范围究竟狭窄些。范成大是个达官，他是个自然诗人，清新中兼有拗峭。陆游是个爱君爱国的诗人。吴之振《宋诗钞》说他学杜而能得杜的心。他的诗有两种：一种是感激豪宕、沉郁深婉之作，一种是流连光景、清新刻露之作。他作诗也重真率，轻"藻绘"，所谓"文章本天成，妙手偶得之"。他活到八十五岁，诗有万首；最熟于诗律，七言律尤为擅长。——宋人的七言律实在比唐人进步。

向来论诗的对于唐以前的五言古诗，大概推尊，以为是诗的正宗。唐以后的五言古诗，却说是变格，价值差些，可还是诗。诗以"吟咏情性"，该是"温柔敦厚"的。按这个界说，齐、梁、陈、隋的五言古诗其实也不够格，因为题材太小，声调太软，算不得"敦厚"。七言歌行及近体成立于唐代，却只能以唐代为正宗。宋诗议论多，又一味刻画，多用俗语，拗折声调。他们说这只是押韵的文，不是诗。但是推尊宋诗的却以为天下事物穷则变，变则通，诗也是如此。变是创新，是增扩，也就是进步。若不容许变，那就只有模拟，甚至只有抄袭。那种"优孟衣冠"，甚至土偶木人，又有什么意义可言！即如模拟所谓盛唐诗的，末流往往只剩了空廓的架格和浮滑的声调，要是再不变，诗道岂不真穷了？所以诗的界说应该随时扩展，"吟咏情性""温柔敦厚"诸语，也当因历代的诗辞而调整原语的意义。诗毕竟是诗，无论如何的扩展与调整，总不会与文混合为一的。诗体正变说起于宋代，唐、宋分界说起于明代；其实历代诗各有胜场，也各有短处，只要知道新、变，便是进步，这些争论是都不成问题的。

文第十三

现存的中国最早的文，是商代的卜辞。这只算是些句子，很少有一章一节的。后来《周易》卦爻辞和《鲁春秋》也是如此，不过经卜官和史官按着卦爻与年月的顺序编纂起来，比卜辞显得整齐些罢了。便是这样，王安石还说《鲁春秋》是"断烂朝报"。所谓"断"，正是不成片段，不成章节的意思。卜辞的简略大概是工具的缘故，在脆而狭的甲骨上用刀笔刻字，自然不得不如此。卦爻辞和《鲁春秋》似乎没有能够跳出卜辞的氛围去，虽然写在竹木简上，自由比较多，却依然只跟着卜辞走。《尚书》就不同了。《虞书》《夏书》大概是后人追记，而且大部分是战国末年的追记，可以不论；但那几篇《商书》，即使有些是追记，也总在商、周之间。那不但有章节，并且成了篇，足以代表当时史的发展，就是叙述文的发展。而议论文也在这里面见了源头。卜辞是"辞"，《尚书》里大部分也是"辞"。这些都是官文书。

记言、记事的辞之外，还有讼辞。打官司的时候，原被告的口供都叫作"辞"。辞原是"讼"的意思，是辩解的言语。这种辞关系两造的利害很大，两造都得用心陈说。审判官也得用心听，他得公平地听两面儿的。这种辞也兼有叙述和议论。两造自己办不了，可以请教讼师，这至少是周代的情形。春秋时候，列国交际频繁，外交的言语关系国体和国家的利害更大，不用说更需慎重了。这也称为"辞"，又称为"命"，又合称为"辞命"或"辞令"。郑子产便是个善于辞命的人。郑是个小国，他办外交，却能教大国折服，便靠他的辞命。他的辞引古为证，宛转而有理，他的态度却坚强不屈。孔子赞美他的辞，更赞美他的"慎辞"。孔子说当时郑国的辞命，子产先教裨谌创意起草，交给世叔审查，再教行人子羽修改，末了儿他再加润色。他的确是很慎重的。辞命得"顺"，就是宛转而有理；还得"文"，就是引古为证。

孔子很注意辞命，他觉得这不是件易事，所以自己谦虚地说是办不了。但教学生却有这一科。他称赞宰我、子贡擅长言语，"言语"就是"辞命"。那时候言文似乎是合一的。辞多指说出的言语，命多指写出的言语，但也可以兼指。各国派使臣，有时只口头指示策略，有时预备下稿子让他带着走。这都是命。使臣受了命，到时候总还得随机应变，自己想说话。因为许多情形是没法预料的——当时言语，方言之外有"雅言"。"雅言"就是"夏言"，是当时的京话或官话。孔子讲学似乎就用雅言，不用鲁语。卜、《尚书》和辞命，大概都是历代的雅言。讼辞也许不同些。雅言用得既多，所以每字都能写出，而写出的和说出的雅言，大体上是一致的。孔子说"辞"只要"达"就成。辞是辞命，"达"是明白，辞多了像背书，少了说不明白，多少要恰如其分。辞命的重要，代表议论文的发展。

战国时代，游说之风大盛。游士立谈可以取卿相，所以最重说辞。他们的说辞却不像春秋的辞命那样从容宛转了。他们铺张局势，滔滔不绝，真像背书似的。他们的话，像天花乱坠，有时夸饰，有时诡曲，不问是非，只图激动人主的心。那时最重辩。墨子是第一个注意辩论方法的人，他主张"言必有三表"。"三表"是"上本之于古者圣王之事""下原察百姓耳目之实""废（发）以为刑政，观其中国家百姓人民之利"，便是三个标准。不过他究竟是个注重功利的人，不大喜欢文饰，"恐人怀其文，忘其'用'"，所以楚王说他"言多不辩"。——后来有了专以辩论为事的"辩者"，墨家这才更发展了他们的辩论方法，所谓《墨经》便成于那班墨家的手里。——儒家的孟、荀也重辩。孟子说，"予岂好辩哉？予不得已也"，荀子也说，"君子必辩"。这些都是游士的影响。但道家的老、庄，法家的韩非，却不重辩。《老子》里说，"信言不美，美言不信"。"老学"所重的是自然。《庄子》里说，"大辩不言"，"庄学"所要的是神秘。韩非也注重功利，主张以法禁辩，说辩"生于上之不明"。后来儒家作《易文言传》，也道："君子进德修业。忠信，所以进德也，修辞立其诚，所以居业也。"这不但是在暗暗地批评着游士好辩的风气，恐怕还在暗暗地批评着后来称为名家的"辩者"呢。《文言传》旧传是孔子所作，不足信，但这几句话和"辞达"论倒是合拍的。

孔子开了私人讲学的风气，从此也便有了私家的著作。第一种私家著作是《论语》，却不是孔子自作，而是他的弟子们记的他的说话。诸子书大概多是弟子们及后学者所记，自作的极少。《论语》以记言为主，所记的多是很简单的。孔子主张"慎言"，痛恨"巧言"和"利口"，他向弟子们说话，大概是很质直的，弟子们体念他的意思，也只简单地记出。到了墨子和孟子，可就铺排得多。《墨子》大约也是弟子们所记。《孟子》据说是孟子晚年和他的弟子公孙丑、万章等编定的，可也是弟子们记言的体制。那时是个"好辩"的时代。墨子虽不好辩，却也脱不了时代影响。孟子本是个好辩的人。记言体制的恢张，也是自然的趋势。这种记言是直接的对话，由对话而发展为独白，便是"论"。初期的论，言意浑括，《老子》可为代表。后来的《墨经》，《韩非子》"储说"的经，《管子》的《经言》，都是这体制。再进一步，便是恢张的论，《庄子·齐物论》等篇以及《荀子》《韩非子》《管子》的一部分，都是的。——群经诸子书里常常夹着一些韵句，大概是为了强调。后世的文也偶尔有这种例子。中国的有韵文和无韵文的界限，是并不怎样严格的。

还有一种"寓言"，借着神话或历史故事来抒论。《庄子》多用神话，《韩非子》多用历史故事。《庄子》有些神仙家言，《韩非子》是继承《庄子》的寓言而加以变化。战国游士的说辞也好用譬喻。譬喻成了风气，这开了后来辞赋的路。论是进步的体制，但还只以篇为单位，"书"的观念还没有。直到《吕氏春秋》，才成了第一部有系统的书。这部书成于吕不韦的门客之手，有十二纪、八览、六论，共三十多万字。十二代表十二月，八是卦数，六是秦代的圣数；这些数目是本书的间架，是外在的系统，并非逻辑的秩序，汉代刘安主编《淮南子》，才按照逻辑的秩序，结构就严密多了。自从有了私家著作，学术日渐平民化。著作越来越多，流传也越来越广。"雅言"便成了凝定的文体了。后世大体采用，言文渐渐分离。战国末期，"雅言"之外原还有齐语、楚语两种有势力的方言。但是齐语只在《春秋公羊传》里留下一些，楚语只在屈原的"辞"里留下几个助词如"羌""些"等，这些都让"雅言"压倒了。

伴随着议论文的发展，记事文也有了长足的进步。这里《春秋左氏传》是一座里程碑。在前有分国记言的《国语》，《左传》从它里面取材很多。那是铺排的记言，一面以《尚书》为范本，一面让当时记言体恢张的趋势推动着，成了这部书，其中自然免不了记事的文字。《左传》便从这里出发，将那恢张的趋势表现在记事文里。那时游士的说辞也有人分国记载，也是铺排的记言，后来成为《战国策》那部书。《左传》是说明《春秋》的，是中国第一部编年史。它最长于战争的记载，它能够将千头万绪的战事叙得层次分明，它的描写更是栩栩如生。它的记言也异曲同工，不过不算独创罢了。它可还算不得一部有自己的系统的书，它的顺序是依着《春秋》的。《春秋》的编年并不是自觉的系统，而且"断如复断"，也不成一部"书"。

汉代司马迁的《史记》才是第一部有自己的系统的史书。他创造了"纪传"的体制。他的书包括十二本纪、十表、八书、三十世家、七十列传，共五十多万字。十二是十二月，是地支，十是天干，八是卦数，三十取《老子》"三十辐共一毂"的意思，表示那些"辅弼股肱之臣""忠信行道以奉主上"。七十表示人寿之大齐，因为列传是记载人物的。这也是用数目的哲学作系统，并非逻辑的秩序，和《吕氏春秋》一样。这部书"厥协'六经异'，整齐百家杂语"，以剪裁与组织见长。但是它的文字最大的贡献，还在描写人物。左氏只是描写事，司马迁进一步描写人；写人更需要精细的观察和选择，比较的更难些。班彪论《史记》"善叙事理，辩而不华，质而不野，文质相称"，这是说司马迁行文委曲自然。他写人也是如此。他又往往即事寓情，低徊不尽。他的悲愤的襟怀，常流露在字里行间。明代茅坤称他"出《风》入《骚》"，是不错的。

汉武帝时候，盛行辞赋。后世说"楚辞汉赋"，真的，汉代简直可以说是赋的时代。所有的作家几乎都是赋的作家。赋既有这样

《吕氏春秋》内页

压倒的势力，一切的文体，自然都受它的影响。赋的特色是铺张、排偶、用典故。西汉记事记言，都还用散行的文字，语意大抵简明。东汉就在散行里夹排偶，汉魏之际，排偶更甚。西汉的赋，虽用排偶，却还重自然，并不力求工整，东汉到魏，越来越工整，典故也越用越多。西汉普通文字，句子很短，最短有两个字的。东汉的句子，便长起来，最短的是四个字。魏代更长，往往用上四下六或上六下四的两句以完一意。所谓"骈文"或"骈体"，便这样开始发展。骈体出于辞赋，夹带着不少的抒情的成分。而句读整齐，对偶工丽，可以悦目，声调和谐，又可悦耳，也都助人情韵。因此能够投人所好，成功了不废的体制。

梁昭明太子在《文选》里第一次提出"文"的标准，可以说是骈体发展的指路牌。他不选经、子、史，也不选"辞"。经太尊，不可选；史"褒贬是非，纪别异同"，不算"文"；子"以立意为宗，不以能文为本"；"辞"是子史的支流，也都不算"文"。他所选的只是"事出于沉思，义归乎翰藻"之作。"事"是"事类"，就是典故；"翰藻"兼指典故和譬喻。典故用得好的，譬喻用得好的，他才选在他的书里。这种作品好像各种乐器，"并为入耳之娱"，好像各种绣衣，"俱为悦目之玩"。这是"文"，和经、子、史及"辞"的作用不同，性质自异。后来梁元帝又说："吟咏风谣，流连哀思者谓之文。""文者，惟须绮縠纷披，宫征靡曼，唇吻遒会，情灵摇荡。"这是说，用典故、有对偶、谐声调的抒情作品才叫作"文"呢。这种"文"大体上专指诗赋和骈体而言，但应用的骈体如章奏等，却不算在里头。汉代本已称诗赋为"文"，而以"文辞"或"文章"称记言、记事之作。骈体原也是些记言、记事之作，这时候却被提出一部分来，与诗赋并列在"文"的尊称之下，真是"附庸蔚为大国"了。

这时有两种新文体发展。一是佛典的释译，一是群经的义疏。佛典翻译从前不是太直，便是太华。太直的不好懂，太华的简直

庄周梦蝶 雕塑

是魏、晋人讲老、庄之学的文字，不见新义。这些译笔都不能做到"达"的地步。东晋时候，后秦主姚兴聘龟兹僧鸠摩罗什为国师，主持译事。他兼通华语及西域语，所译诸书，一面曲从华语，一面不失本旨。他的译笔可也不完全华化，往往有"天然西域之语趣"。他介绍的"西域之语趣"是华语所能容纳的，所以觉得"天然"。新文体这样成立在他的手里。但他的翻译虽能"达"，却还不能尽"信"，他对原文是不太忠实的。到了唐代的玄奘，要求精确，才能"信""达"兼尽，集佛典释译的大成。这种新文体一面增扩了国语的词汇，也增扩了国语的句式。词汇的增扩，影响最大而易见，如现在口语里还用着的"因果""忏悔""刹那"等词，便都是佛典的译语。句式的增扩，直接的影响比较小些，但像文言里常用的"所以者何""何以故"等也都是佛典的译语。另一面，这种文体是"组织的，解剖的"。这直接影响了佛教徒的注疏和"科分"之学，间接影响了一般解经和讲学的人。

演释古人的话的有"故""解""传""注"等。用故事来说明或补充原文，叫作"故"。演释原来辞意，叫作"解"。但后来解释字句，也叫作"故"或"解"。"传"，转也，兼有"故""解"的各种意义。如《春秋左氏传》补充故事，兼阐明《春秋》辞意。《公羊传》《穀梁传》只阐明《春秋》辞意——用的是问答式的记言。《易传》推演卦爻辞的意旨，也是铺排的记言。《诗毛氏传》解释字句，并给每篇诗作小序，阐明辞意。"注"原只解释字句，但后来也有推演辞意、补充故事的。用故事来说明或补充原文，以及一般的解释辞意，大抵明白易晓。《春秋》三传和《诗毛氏传》阐明辞意，却是断章取义，甚至断句取义，所以支离破碎，无中生有。注字句的本不该有大出入，但因对于辞意的见解不同，去取字义，也

328

有个别的标准。注辞意的出入更大。像王弼注《周易》，实在是发挥老、庄的哲学。郭象注《庄子》，更是借了《庄子》发挥他自己的哲学。南北朝人作群经"义疏"，一面便是王弼等人的影响，一面也是翻译文体的间接影响。这称为"义疏"之学。

汉晋人作群经的注，注文简括，时代久了，有些便不容易通晓。南北朝人给这些注作解释，也是补充材料，或推演辞意。"义疏"便是这个。无论补充或推演，都得先解剖文义。这种解剖必然比注文解剖经文更精细一层。这种精细的却不算是破坏的解剖，似乎是佛典翻译的影响。就中推演辞意的有些也只发挥老、庄之学，虽然也是无中生有，却能自成片段，便比汉人的支离破碎进步。这是王弼等人的衣钵，也是魏晋以来哲学发展的表现。这是又一种新文体的分化。到了唐修《五经正义》，削去玄谈，力求切实，只以疏明注义为重。解剖字句的功夫，至此而极详。宋人所谓"注疏"的文体，便成立在这时代。后来清代的精详的考证文，就是从这里变化出来的。

不过佛典只是佛典，义疏只是义疏，当时没有人将这些当作"文"的。"文"只用来称"沉思翰藻"的作品。但"沉思翰藻"的"文"，渐渐有人嫌"浮""艳"了。"浮"是不直说，不简截说的意思。"艳"正是隋代李谔《上文帝书》中所指斥的："连篇累牍，不出月露之形，积案盈箱，唯是风云之状。"那时北周的苏绰是首先提倡复古的人，李谔等纷纷响应。但是他们都没有找到路子，死板地模仿古人到底是行不通的。唐初，陈子昂提倡改革文体，和者尚少。到了中叶，才有一班人"宪章六艺，能探古人述作之旨"，而元结、独孤及、梁肃最著。他们作文，主于教化，力避排偶，辞取朴拙。但教化的观念，广泛难以动众，而关于文体，他们不曾积极宣扬，因此未成宗派。开宗派的是韩愈。

韩愈，邓州南阳（今河南南阳）人。唐宪宗时，他做刑部侍郎，因谏迎佛骨被贬，后来官至吏部侍郎，所以称为韩吏部。他很称赞陈子昂、元结复古的功劳，又曾请教过梁肃、独孤及。他的脾气很坏，但提携后进，最是热肠。当时人不愿为师，以避标榜之名。他却不在乎，大收其弟子。他可不愿做章句师，他说师是"传道、授业、解惑"的。他实在是以文辞为教的创始者。他所谓"传道"，便是传尧、舜、禹、汤、文、武、周公、孔子、孟子的道；所谓"解惑"，便是排斥佛、老。他是以继承孟子自命的；他排佛、老，正和孔子的拒杨、墨一样。当时佛、老的势力极大，他敢公然排斥，而且因此触犯了皇帝，这自然足以惊动一世。他并没有传了什么新的道，却指示了道统，给宋儒开了先路。他的重要的贡献，还在他所提倡的"古文"上。

他说他作文取法《尚书》《春秋》《左传》《周易》《诗经》以及《庄子》《楚辞》《史记》、扬雄、司马相如等。《文选》所不收的经、子、史，他都排进"文"里去。这是一个大改革、大解放。他这样建立起文统来。但他并不死板的复古，而以变古为复古。他说，"惟古于辞必己出，降而不能乃剽贼"，又说，"惟陈言之务去，戛戛乎其难哉"，他是在创造新语。他力求以散行的句子换去排偶的句子，句逗总弄得参参差差的。但他有他的标准，那就是"气"。他说，"气盛则言之短长与声之高下者皆宜"，"气"就是自然的语气，也就是自然的音节。他还不能跳出那定体"雅言"的圈子而采用当时的白话，但有意的将白话的自然音节引到文里去，他是第一个人。在这一点上，所谓"古文"也是不"古"的。不过他提出"语气流畅"（气盛）这个标准，却给后进指点了一条明路。他的弟子本就不少，再加上私塾的，都往这条路上走，文体于是乎大变。这实在是新体的"古文"，宋代又称为"散文"——算成立在他的手里。

柳宗元与韩愈，宋代并称，他们是好朋友。柳作文取法《书》《诗》《礼》《春秋》《易》以及《穀梁》《孟》《荀》《庄》《老》《国语》《离骚》《史记》，也将经、子、史排在"文"里，和韩的文统大同小异。但他不敢为师，"摧陷廓清"的劳绩，比韩差得多。他的学问见解，却在韩之上，并不墨守儒言。他的文深幽精洁，最工游记；他创造了描写景物的新语。韩愈的门下有难、易两派。爱易派主张新而不失自然，李翱是代表。爱难派主张新就不妨奇怪，皇甫湜是代表。当时爱难派的流传盛些。他们矫枉过正，语艰意奥，扭曲了自然的语气，自然的音节，僻涩诡异，不易读诵。所以唐末宋初，骈体文又回光返照了一下。雕琢的骈体文和僻涩的古文先后盘踞着宋初的文坛。直到欧阳修出来，才又回到韩愈与李翱，走上平正通达的古文的路。

韩愈抗颜为人师而提倡古文，形势比较难；欧阳修居高位而提倡古文，形势比较容易。明代所称唐宋八大家，韩、柳之外，六家都是宋人。欧阳修为首，以下是曾巩、王安石、苏洵和他的儿子苏轼、苏辙。曾巩、苏轼是欧阳修的门生，别的三个也都是他提拔的。他真是

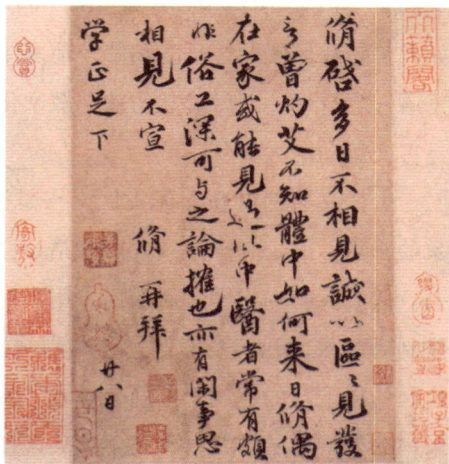

欧阳修书法

当时文坛的盟主。韩愈虽然开了宗派，却不曾有意的立宗派；欧、苏是有意的立宗派。他们虽也提倡道，但只促进了并且扩大了古文的发展。欧文主自然。他所作纡徐曲折，而能条达疏畅，无艰难劳苦之态，最以言情见长，评者说是从《史记》脱化而出。曾学问有根柢，他的文确实而谨严。王是政治家，所作以精悍胜人。三苏长于议论，得力于《战国策》《孟子》，而苏轼才气纵横，并得力于《庄子》。他说他的文"随物赋形""常行于所当行，常止于不可不止"，又说他意到笔随，无不尽之处，这真是自然的极致了。他的文，学的人最多。南宋有"苏文熟，秀才足"的俗谚，可见影响之大。

欧、苏以后，古文成了正宗。辞赋虽还算在古文里头，可是从辞赋出来的骈体却只拿来作应用文了。骈体声调铿锵，便于宣读，又可铺张词藻不着边际，便于酬酢，作应用文是很相宜的。所以流传到现在，还没有完全死去。但中间却经过了散文化。自从唐代中叶的陆贽开始。他的奏议切实恳挚，绝不浮夸，而且明白晓畅，用笔如舌。唐末骈体的应用文专称"四六"，却更趋雕琢。宋初还是如此。转移风气的也是欧阳修。他多用虚字和长句，使骈体稍稍近于语气之自然。嗣后群起仿效，散文化的骈文竟成了定体了。这也是古文运动的大收获。

唐代又有两种新文体发展。一是语录，一是"传奇"，都是佛家的影响。语录起于禅宗。禅宗是革命的宗派，他们只说法而不著书。他们大胆的将师父们的话参用当时的口语记下来。后来称这种体制为语录。他们不但用这种体制纪录演讲，还用来通信和讨论。这是新的记言的体制，里面夹杂着"雅言"和译语。宋儒讲学，也采用这种记言的体制，不过不大夹杂译语。宋儒的影响究竟比禅宗大得多，语录体从此便成立了，盛行了。传奇是有结构的小说。从前只有杂录或琐记的小说，有结构的从传奇起头。传奇记述艳情，也记述神怪，但将神怪人情化。这里面描写的人生，并非全是设想，大抵还是以亲切的观察作底子。这开了后来佳人才子和鬼狐仙侠等小说的先路。它的来源一方面是俳谐的辞赋，一方面是翻译的佛典故事。佛典里长短的寓言所给予的暗示最多。当时文士作传奇，原来只是向科举的主考官介绍自己的一种门路。当时应举的人在考试之前，得请达官将自己姓名介绍给主考官，自己再将文章呈给主考官看。先呈正经文章，过些时再呈杂文如传奇等，传奇可以见史才、诗、笔、议论，人又爱看，是科举的很好媒介。这样，作者便日渐其多了。

到了宋代，又有"话本"。这是白话小说的老祖宗。话本是"说话"的底本，"说话"略同后来的"说书"，也是佛家的影响。唐代佛家向民众宣讲佛典故事，连说带唱，本子夹杂"雅言"和口语，叫作"变文"。"变文"后来也有说唱历史故事及社会故事的。"变文"便是"说话"的源头。"说话"里也还有演说佛典这一派。"说话"是平民的艺术；宋仁宗很爱听，以后便变为专业，大流行起来了。这里面有说历史故事的，有说神怪故事的，有说社会故事的。"说话"渐渐发展，本来由一个或几个同类而不相关联的短故事，引出一个同类而不相关联的长故事的，后来却能将许多关联的故事组织起来，分为"章回"了。这是体制上一个大进步。

话本留存到现在的已经很少，但还足以见出后世的几部小说名著，如元罗贯中的《三国演义》，明施耐庵的《水浒传》，吴承恩的《西游记》，都是从话本演化出来的。不过这些已是文人的作品，而不是话本了。就中《三国演义》还夹杂着"雅言"，《水浒传》和《西游记》便都是白话了。这里除《西游记》以设想为主外，别的都可以说是写实的。这种写实的作风在清代曹雪芹的《红楼梦》里得着充分的发展。《三国演义》等书里的故事虽然是关联的，却不是连贯的。到了《红楼梦》，组织才更严密了，全书只是一个家庭的故事。虽然包罗万有，而能"一以贯之"，这不但是章回小说，而且是近代所谓"长篇小说"了。白话小说到此大成。

明代用八股文取士，一般文人都镂心刻骨的去简炼揣摩，所以极一代之盛。"股"是排偶的意思；这种体制，中间有八排文字互为对偶，所以有此称。——自然也有变化，不过"八股"可以说是一般的标准。——又称为"'四书'文"，因为考试里最重要的文字，题目都出在"四书"里。又称为"制艺"，因为这是朝廷法定的体制，又称为"时文"，是对古文而言。八股文也是推演经典辞意的。它的来源，往远处说，

《红楼梦》场景

可以说是南北朝义疏之学，往近处说，便是宋元两代的经义。但它的格律，却是从"四六"演化的。宋代定经义为考试科目，是王安石的创制，当时限用他的群经"新义"，用别说的不录。元代考试，限于"四书"，规定用朱子的章句和集注。明代制度，主要的部分也是如此。

经义的格式，宋末似乎已有规定的标准，元明两代大体上递相承袭。但明代有两种大变化：一是排偶，一是代古人语气。因为排偶，所以讲究声调；因为代古人语气，便要描写口吻。圣贤要像圣贤口吻，小人要像小人的。这是八股文的仅有的本领，大概是小说和戏曲的不自觉的影响。八股文格律定得那样严，所以得简炼揣摩，一心用在技巧上。除了口吻、技巧和声调之外，八股文是空洞无物的。而因为那样难，一般作者大都只能套套滥调，那真是"每下愈况"了。这原是君主牢笼士人的玩艺儿，但它的影响极大，明清两代的古文大家几乎没有一个不是八股文出身的。

清代中叶，古文有桐城派，便是八股文的影响。诗文作家自己标榜宗派，在前只有江西诗派，在后只有桐城文派。桐城派的势力，绵延了二百多年，直到民国初期还残留着，这是江西派比不上的。桐城派的开山祖师是方苞，而姚鼐集其大成。他们都是安徽桐城人，当时有"天下文章在桐城"的话，所以称为桐城派。方苞是八股文大家。他提倡归有光的文章，归也是明代八股文兼古文大家。方是第一个提倡"义法"的人。他论古文以为《六经》和《论语》《孟子》是根源，得其支流而义法最精的是《左传》《史记》，其次是《公羊传》《穀梁传》《国语》《国策》，两汉的书和疏，唐宋八家文——再下怕就要数到归有光了。这是他的，也是桐城派的文统论。"义"是用意，是层次；"法"是求雅、求洁的条目。雅是纯正不杂，如不可用语录中语、骈文中丽语、汉赋中板重字法、诗歌中俊语、《南史》《北史》中佻巧语以及佛家语。后来姚鼐又加上注疏语和尺牍语。洁是简省字句。这些"法"其实都是从八股文的格律引申出来的。方苞论文，也讲"阐道"，他是信程、朱之学的，不过所入不深罢了。

方苞受八股文的束缚太甚，他学得的只是《史记》、欧、曾、归的一部分，只是严整而不雄浑，又缺乏情韵。姚鼐所取法的还是这几家，虽然也不雄浑，却能"迂回荡漾，余味曲包"，这是他的新境界。《史记》本多含情不尽之处，所谓远神的。欧文颇得此味，归更向这方面发展——最善述哀，姚简直用全力揣摩。他的老师刘大櫆指出作文当讲究音节，音节是神气的迹象，可以从字句下手。姚鼐得了这点启示，便从音节上用力，去求得那绵邈的情韵。他的文真是所谓"阴与柔之美"。他最主张诵读，又最讲究虚助字，都是为此。但这分明是八股文讲究声调的转变。刘是雍正副榜，姚是乾隆进士，都是用功八股文的。当时汉学家提倡考据，不免繁琐的毛病。姚鼐因此主张义理、考据、词章三端相济，偏废的就是"陋"儒。但他的义理不深，考据多误，所有的还只是词章本领。他选了《古文辞类纂》，序里虽提到"道"，书却只成为古文的典范。书中也不选经、子、史；经也因为太尊，子、史却因为太多。书中也选辞赋。这部选本是桐城派的经典，学文的必由于此，也只须由于此。方苞评归有光的文庶几"有序"，但"有物之言"太少。曾国藩评姚鼐也说一样的话，其实桐城派都是如此。攻击桐城派的人说他们空疏浮浅，说他们范围太窄，全不错。但他们组织的技巧，言情的技巧，也是不可抹杀的。

姚鼐以后，桐城派因为路太窄，渐有中衰之势。这时候仪征阮元提倡骈文正统论。他以《文选序》和南北朝"文""笔"的分别为根据，又扯上传为孔子作的《易文言传》。他说用韵用偶的才是文，散行的只是笔，或是"直言"的"言"，"论难"的"语"。古文以立意、记事为宗，是子、史正流，终究与文章有别。《文言传》多韵语、偶语，所以孔子才题为"文"言。阮元所谓韵，兼指句末的韵与句中的"和"而言。原来南北朝所谓"文""笔"，本有两义："有韵为文，无韵为笔"，是当时的常言。——韵只是句末韵。阮元根据此语，却将"和"也算是韵，这是曲解一。梁元帝说有对偶、谐声调的抒情作品是文，骈体的章奏与散体的著述都是笔。阮元却只以散体为笔，这是曲解二。至于《文言传》，固然称"文"，却也称"言"，况且也非孔子所作——这更是傅会了。他的主张虽然也有一些响应的人，但是不成宗派。

曾国藩出来，中兴了桐城派。那时候一般士人，只知作八股文。另一面汉学、宋学的门户之争，却越来越厉害，各走偏锋。曾国藩为补偏救弊起见，便就姚鼐义理、考据、词章三端相济之说加以发扬光大。他反对当时一般考证文的芜杂琐碎，也反对当时崇道贬文的议论，以为要明先王之道，非精研文字不可，各家著述的见道多寡，也当以他们的文为衡量的标准。桐城文的病在弱在窄，他却能以深博的学问、弘通的见识、雄直的气势，使它起死回生。他才真回到韩愈，而且胜过韩愈。他选了《经史百家杂钞》，将经、史、子也收入选本里，让学者知道古文的源流，文统的一贯，眼光便比姚鼐远大得多。他的幕僚和弟子极众，真是登高一呼，群山四应。这样延长了桐城派的寿命几十年。

但"古文不宜说理"，从韩愈就如此。曾国藩的力量究竟也没有能够补救这个缺陷于一千年之后。而海通以来，世变日亟，事理的繁复，有些绝非古文所能表现。因此聪明才智之士渐渐打破古文的格律，放手作去。到了清末，梁启超先生的"新文体"可算登峰造极。他的文"时杂以俚语、韵语及外国语法，纵笔所至不检束，学者竞效之"。而"条理明晰，笔锋常带情感，对于读者，别有一种魔力"。但这种"魔力"也不能持久。中国的变化实在太快，这种"新文体"又不够用了。胡适之先生和他的朋友们这才起来提倡白话文，经过五四运动，白话文是畅行了。这似乎又回到古代言文合一的路。然而不然。这时代是第二回翻译的大时代。白话文不但不全跟着国语的口语走，也不全跟着传统的白话走，却有意的跟着翻译的白话走。这是白话文的现代化，也就是国语的现代化。中国一切都在现代化的过程中，语言的现代化也是自然的趋势，并不足怪的。

曾国藩书法

图书在版编目（CIP）数据

三大师谈国学：从梁启超到朱自清 / 梁启超，章太炎，朱自清著. — 赤峰：内蒙古科学技术出版社，2018.1

ISBN 978-7-5380-2930-7

Ⅰ. ①三… Ⅱ. ①梁… ②章… ③朱… Ⅲ. ①国学—研究—中国—近现代 Ⅳ. ①Z126.275

中国版本图书馆CIP数据核字（2018）第024661号

三大师谈国学：从梁启超到朱自清

著　　者：梁启超　章太炎　朱自清
责任编辑：张文娟
封面设计：李　莹
出版发行：内蒙古科学技术出版社
地　　址：赤峰市红山区哈达街南一段4号
网　　址：www.nm-kj.cn
邮购电话：0476-8227078
印　　刷：北京鑫海达印务有限公司
字　　数：240千
开　　本：960mm×640mm　　1/16
印　　张：21.75
版　　次：2018年1月第1版
印　　次：2018年7月第1次印刷
书　　号：ISBN 978-7-5380-2930-7
定　　价：85.00元

如出现印装质量问题，请与我社联系。电话：0476-8237455　8225264